Goldenes Zeitalter und Jahrhundert der Aufklärung

Gouden Eeuw and Age of Reason

Giovanni Simonetti (1652–1716): Stuckdetail aus der Porzellangalerie von Schloss Oranienbaum, um 1682

Erdmut Jost und Holger Zaunstöck (Hg.)
in Zusammenarbeit mit Wolfgang Savelsberg

Goldenes Zeitalter und Jahrhundert der Aufklärung

Kulturtransfer zwischen den Niederlanden
und dem mitteldeutschen Raum im 17. und 18. Jahrhundert

Gouden Eeuw and Age of Reason

Cultural Transfer between the Netherlands and
the Mid-German Territories in the 17th and 18th Century

mitteldeutscher verlag

Gefördert durch
das Land Sachsen-Anhalt
das Prorektorat für Forschung und wissenschaftlichen Nachwuchs
sowie die Zentrale Kustodie der Martin-Luther-Universität Halle-Wittenberg

Umschlagfoto: Oraniermonument auf dem historischen Marktplatz von Oranienbaum
Fonds auf den S. 10, 16, 32, 46, 62, 78, 94, 108, 128, 140 und 154: Chinoise Leinwandtapete in Schloss Oranienbaum, 1767

Bibliografische Information der Deutschen Nationalbibliothek
Die Deutsche Nationalbibliothek registriert diese Publikation in der Deutschen Nationalbibliografie;
detaillierte bibliografische Daten im Internet unter http://d-nb.de.

Alle Rechte vorbehalten.
Das Werk ist urheberrechtlich geschützt. Jede Verwertung außerhalb der Freigrenzen des Urheberrechts ist ohne Zustimmung des Verlages unzulässig und strafbar. Das gilt insbesondere für Vervielfältigungen, Übersetzungen, Mikroverfilmungen und die Einspeicherung und Verarbeitung in elektronischen Systemen.

2012
© mdv Mitteldeutscher Verlag GmbH
www.mitteldeutscherverlag.de

Gesamtherstellung: Mitteldeutscher Verlag, Halle (Saale)

ISBN 978-3-89812-880-3

Printed in the EU

Inhalt

Gunnar Berg und Daniel Fulda
Mitteldeutschland und der internationale Kulturtransfer 7

Thomas Müller-Bahlke
Geleitwort 9

Erdmut Jost und Holger Zaunstöck
Goldenes Zeitalter und Jahrhundert der Aufklärung – zur Einleitung 10

Michael Rohrschneider
Kulturtransfer im Zeichen des Gouden Eeuw:
Niederländische Einflüsse auf Anhalt-Dessau und Brandenburg-Preußen (1646–1700) 16

Freek Schmidt
Moving Monuments: Cultural Transfer and the Mobility of Architecture 32

Bettina Noak
Steven Blankaart (1650–1702) als Vermittler der cartesianischen Medizin in Deutschland 46

Udo Sträter
Interessierter Beobachter oder Agent in eigener Sache?
August Hermann Franckes Hollandreise 1705 62

Frank Grunert
Selbstaufklärung der Aufklärer. Hollandreisen um 1700 78

Suzanne Lambooy
Delfter Fayence: ein niederländischer Exportartikel par excellence 94

Brigitte Klosterberg, Mirjam-Juliane Pohl und Ole Fischer
Niederländische Buchbestände in der Bibliothek der Franckeschen Stiftungen 108

Inhalt

Joris van Eijnatten
The turning of the tide.
German-Dutch intellectual influences at the interface of Pietism and Enlightenment 128

Viktoria Franke
Johann Rudolph Deiman (1743–1808). Apostel von Immanuel Kant in den Niederlanden 140

Erdmut Jost
„… alles ist darin zu finden, nur keine Natur".
Holländische Gärten in der Wahrnehmung mitteldeutscher Reisender um 1800 154

Anhang

Autorinnen, Autoren und Herausgeber 168
Bildnachweis 171
Personenregister 173

Mitteldeutschland und der internationale Kulturtransfer

Je mehr unser Leben von unüberschaubaren globalen Zusammenhängen regiert wird, desto stärker wird das Bedürfnis nach regional verankerter Identität. Wohl auch von diesem Impuls getragen, hat die Wissenschaft in den letzten Jahren die konkreten Räume und Landschaften neu entdeckt, deren je spezifische Traditionen das Denken und Handeln der dort wirkenden Menschen bedingen. In Mitteldeutschland ist der kulturelle Reichtum, dessen man sich auf diese Weise bewusst werden kann, besonders groß, handelt es sich doch um eine deutsche Region, die über Jahrhunderte hinweg sowohl wirtschaftlich als auch geistig überaus produktiv war. Nicht von ungefähr hat Sachsen-Anhalt heute die größte Dichte von UNESCO-Weltkulturerbestätten unter allen Bundesländern. Eine dieser Stätten ist das Gartenreich Dessau-Wörlitz, dessen Erforschung die Aufgabe der Dessau-Wörlitz-Kommission (DWK) ist, die ihren Sitz am Interdisziplinären Zentrum für die Erforschung der Europäischen Aufklärung (IZEA) der Martin-Luther-Universität hat.

Der Reichtum des kulturellen Erbes in Mitteldeutschland wäre freilich missverstanden, würde man die Transfer- und Austauschprozesse übersehen, aus denen er erwachsen ist. Reisen, Im- und Exporte, Übersetzungen, ein Interesse dafür, wie es anderswo zugeht, die Orientierung an den jeweils besten erreichbaren Vorbildern – all dies treibt kulturelle Kreativität mächtig an. Das kulturelle Erbe, das gerade in Mitteldeutschland die besten Gründe für regionales Selbstbewusstsein bietet, war nie selbstgenügsam, sondern lebte immer schon in und aus europäischen Verflechtungen. Wenn dieses Erbe heute noch überregionale und bisweilen gar Weltgeltung beanspruchen darf, so verdankt es dies wesentlich der Fähigkeit, von auswärtigen Vorbildern zu lernen, Aufgenommenes weiterzuentwickeln und seinerseits wieder auszustrahlen. In diesen Hinsichten hat Kultur seit jeher einen globalen Zuschnitt.

Mit den Niederlanden stand Mitteldeutschland vor allem im 17. und 18. Jahrhundert – dem holländischen Gouden Eeuw sowie dem europaweiten Zeitalter der Aufklärung – in engen Beziehungen. Die Heirat der oranischen Prinzessin Henriette Catharina nach Anhalt-Dessau im Jahr 1659 trug dazu ebenso bei wie das Interesse der Halleschen Pietisten an niederländischer Theologie und Sozialreform oder die Weiterentwicklung des von Hugo Grotius begründeten Naturrechts an der neuen Universität in Halle. Höfische Malerei und kostbare Fayencen spielten in diesem Kulturtransfer ebenso eine Rolle wie Bücher und philosophische Ideen, wie Architektur- und Gartenstile oder medizinische Modelle.

Diesem Kulturtransfer ging die 2010 von der DWK gemeinsam mit den Franckeschen Stiftungen zu Halle und der Kulturstiftung DessauWörlitz veranstaltete Jahrestagung nach, nachdem sie sich im Jahr zuvor den Transferenzen aus England gewidmet hatte, welche die Wörlitzer Interieurs wesentlich mitgeprägt haben. Allen Wissenschaftlern und Institutionen, die zum Gelingen der Tagung beigetragen haben, danken wir sehr herzlich für ihr Engagement – und ebenso den vielen Besuchern aus nah und fern für ein so lebhaftes Interesse. Dank gebührt außerdem Dr. Erdmut Jost, PD Dr. Holger Zaunstöck und Dr. Wolfgang Savelsberg dafür, dass sie die vorliegende Publikation der DWK zu einem so ansprechenden Buch gestaltet haben.

Prof. Dr. Dr. Gunnar Berg, Vorsitzender der DWK
Prof. Dr. Daniel Fulda, Geschäftsführender Direktor des IZEA

Schloss Oranienbaum, Gartenseite vom Wasserbecken aus

Geleitwort

August Hermann Francke baute das hallesche Waisenhaus schon im frühen 18. Jahrhundert zu einem Zentrum weltweiter Verbindungen aus. Die Innovationskraft seiner Unternehmungen wurzelte nicht zuletzt in einem wohlstrukturierten Kommunikationsnetz, das nicht nur Hallesche Pietisten über die Grenzen von Ländern und Kontinenten hinweg miteinander verband, sondern das auch dazu diente, systematisch Informationen aus aller Welt zu sammeln. Dahinter stand nicht nur das Bedürfnis nach aktuellen Nachrichten, sondern noch mehr das grundlegende Interesse an allem Fremden und Neuartigen, letztlich mit dem Ziel, den eigenen Horizont zu erweitern, dazuzulernen und neue Ideen für die eigenen Unternehmungen fruchtbar zu machen.

Die protestantisch geprägten und vergleichsweise toleranten Niederlande boten hierfür zweifellos ein besonders geeignetes Feld. Amsterdam war einer der führenden Verlagsstandorte und damit wichtiges geistiges Zentrum in Europa; das niederländische Sozialwesen wurde von den Zeitgenossen als besonders fortschrittlich angesehen. Francke pflegte enge Beziehungen in die Niederlande, ein besonders wichtiger Korrespondent war der Nonkonformist Friedrich Breckling, der nach seiner Vertreibung aus Deutschland in Zwolle und Amsterdam lebte und mit Francke in einem regen geistigen Austausch stand. Das hallesche Waisenhaus arbeitete zudem mit niederländischen Kaufleuten zusammen, um den Waren- und Geldtransfer nach Übersee zu organisieren. Die Mitarbeiter, die von Halle aus nach Übersee entsandt wurden, reisten in aller Regel durch die Niederlande nach London, von wo aus sie nach Indien oder Nordamerika segelten. Auch deren Erfahrungsberichte über die Niederlande waren in Halle willkommen und wurden hier systematisch ausgewertet. Bereits 1697 hatte Francke eigens seinen engsten Mitarbeiter Georg Heinrich Neubauer in die Niederlande geschickt, um dort gezielte Informationen über das Sozialwesen und insbesondere die Waisenpflege sowie die entsprechenden Zweckbauten einzuholen. Die dort gesammelten Erkenntnisse verwertete Francke anschließend beim Aufbau seines Sozialwerks in Halle. Bis hin zur Architektur des halleschen Waisenhauses, heute das Hauptgebäude der Franckeschen Stiftungen, lässt sich ein unmittelbarer niederländischer Einfluss nachweisen.

So lag es nahe, von den Franckeschen Stiftungen aus eine wissenschaftliche Tagung zum Kulturtransfer zwischen Mitteldeutschland und den Niederlanden anzuregen. Der Konzeption von PD Dr. Holger Zaunstöck folgend, konnten mit der Dessau-Wörlitz-Kommission, der Kulturstiftung DessauWörlitz und dem Interdisziplinären Zentrum für die Erforschung der europäischen Aufklärung der Martin-Luther-Universität weitere hochkompetente Partner für diese Tagung gewonnen werden, die im Spätsommer 2010 in den Franckeschen Stiftungen sowie in der wunderschönen Schlossanlage von Oranienbaum unter internationaler Beteiligung stattfand. Für die Franckeschen Stiftungen ist dieses Projekt zugleich Ausdruck ihrer kontinuierlichen Kooperationen mit den anderen großen Kulturstiftungen in Sachsen-Anhalt. So richteten sie bereits 2008 eine gemeinsame Tagung mit der Stiftung Luther-Gedenkstätten aus, und 2012 folgt eine gemeinsame musikgeschichtliche Konferenz in Zusammenarbeit mit der Stiftung Händelhaus, Halle.

Das vorliegende Buch ist das bleibende Ergebnis einer anspruchsvollen Kooperation von insgesamt vier Partnern. Allen, die zum Gelingen beigetragen haben, insbesondere aber den beiden Herausgebern, sei für das kollegiale Miteinander herzlich gedankt.

Dr. Thomas Müller-Bahlke
Direktor der Franckeschen Stiftungen zu Halle

Golden Age and Age of Reason – An Introduction

In the 17th and 18th centuries, the Netherlands and the mid-German territories (*Mitteldeutschland*) were connected on almost all social levels – dynastically and politically as well as in the fields of religion and philosophy, science and literature, art and architecture, garden theory and the culture of travel. Exemplary symbols for these connections are the castle and park in Oranienbaum and August Hermann Franckes' Orphanage in Halle. These manifold relations are the subject of this edited volume. Drawing on the theoretical framework of 'cultural transfer', which studies the reciprocal links between two cultures, the volume analyses a wide range of themes: Dutch architecture, the culture of travel from *Mitteldeutschland* to the Netherlands, book collections and rare Dutch books, translations of religious and philosophical texts, the reception of Kant in the Netherlands, the burgeoning age of national stereotypes as seen in garden culture, and the reception of Delft faience and holistic medicine. The collection, which presents the findings from the 2010 annual symposium of the Dessau-Wörlitz-Commission based at the Interdisciplinary Centre for European Enlightenment Studies (IZEA) in collaboration with the Francke Foundations in Halle and the Cultural Foundation Dessau-Wörlitz, thus provides a 200-year panorama depicting the central foci, ruptures, and shifts in the cultural perceptions of two important early-modern cultural regions.

Goldenes Zeitalter und Jahrhundert der Aufklärung – zur Einleitung

Erdmut Jost und Holger Zaunstöck

Die Niederlande und der mitteldeutsche Kulturraum waren im 17. und 18. Jahrhundert – dem „Goldenen Zeitalter" dort und dem „Jahrhundert der Aufklärung" hier – durch intensive Austauschprozesse auf nahezu allen gesellschaftlichen Ebenen eng miteinander verbunden: Dynastie und Politik, Religion und Philosophie, Wissenschaft und Buchkultur, Kunst und Architektur, Gartentheorie und Reisekultur. In materieller Form, als Herrschafts-, Planstadt- und Waisenhausarchitektur, hat sich die Vorbildwirkung der Niederlande im 17. Jahrhundert gleichsam in die Topographie des mitteldeutschen Raumes eingeschrieben und damit gerade nicht nur die städtische Landschaft verändert, sondern insbesondere die Räume gesellschaftlichen Lebens, die Formen von Bildung und Kunst, von Fürsorge und Religion sowie die Kulturen des Wissens.

Die vielfältigen kulturellen Beziehungen zwischen den Niederlanden und dem mitteldeutschen Raum sind in den zurückliegenden Jahren in konkreten Themenbereichen und unter spezifischen Fragestellungen untersucht worden, so etwa im Fokus auf Schloss und Park Oranienbaum[1] oder auf die Sozialkonzepte August Hermann Franckes und des Halleschen Pietismus.[2] Damit besteht eine unmittelbare Verbindung zu einem allgemeinen Forschungstrend: Den niederländisch-deutschen Wechselbeziehungen wird seit den 1990er Jahren überhaupt verstärkt Aufmerksamkeit gewidmet,[3] zuletzt v. a. im Bereich der Literaturwissenschaft[4] und der Zeitgeschichte[5].

Der vorliegende Band, welcher die Ergebnisse der Jahrestagung der Dessau-Wörlitz-Kommission (DWK) 2010 dokumentiert, fügt sich in dieses Gesamtfeld ein und soll – im Blick auf den mitteldeutschen Raum, und hier insbesondere auf das Bundesland Sachsen-Anhalt bezogen – neue Wege gehen und neue Horizonte eröffnen. Denn durch die Kooperationsstruktur zwischen der DWK am Interdisziplinären Zentrum für die Erforschung der Europäischen Aufklärung, den Franckeschen Stiftungen zu Halle und der Kulturstiftung DessauWörlitz konnte eine über die Institutionen hinausreichende Fachkompetenz zusammengeführt werden, um ein für die Kulturgeschichte unseres Bundeslandes und der mitteldeutschen Kulturlandschaft zentrales Kapitel interdisziplinär und auf internationaler Ebene erstmals jenseits von Einzelthemen übergreifend zu vernetzen, zu thematisieren und zu erschließen.

Methodisch liegt den Beiträgen des Bandes ein Ansatz zugrunde, der auf dem in der internationalen 18.-Jahrhundert-Forschung etablierten und vielfältig produktiv erprobten Kulturtransferkonzept fußt, mit welchem Wechselwirkungen zwischen Kulturen (Inhalte – Medien – Akteure – Strukturen) und die damit verbundenen Auswirkungen auf die jeweiligen Lebenswelten beschrieben werden können. Dabei orientieren wir uns ausdrücklich an den theoretischen Prämissen der neuesten Kulturtransferforschung zur Frühen Neuzeit.[6] Wesentlich ist, dass wir in Bezug auf die Zentralbegriffe kulturellen Transfers – Ausgangskultur und Zielkultur – nicht mit der Kategorie einer vermeintlich homogenen und überzeitlich-stabilen ‚Nationalkultur' operieren, sondern, in Anlehnung an Michel Espagne[7] und Cornel Zwierlein,[8] von *Kulturräumen* sprechen, zwischen denen solche Transfers stattfinden. Mit dem Kulturraum-Paradigma machen wir ein Konzept fruchtbar, durch das kulturelle Regionen über territorial-historische und föderativ-aktuelle Grenzen hinweg gerade in ihrer je spezifischen historischen Genese dargestellt werden können.

Unser Ziel ist es mithin, an zwei wissenschaftlich-kulturell dichten und für die europäische Geschichte zentralen Räumen mit Hilfe konkreter Beispiele die Validität des Kulturtransferkonzepts zu exemplifizieren. Die Begriffe ‚Mitteldeutschland' und ‚Niederlande' werden dabei in heuristischer Funktion benutzt. Sie dienen als Etikettierung für zwei kulturelle Referenzräume, wobei die o.g. Grenzziehungen zwar nicht ignoriert, aber auch nicht kategorisch in den Vordergrund gestellt werden. Wir reden damit nicht der Konstruktion einer kulturell determinierten ‚deutschen Mitte' das Wort und legen daher auch keine festen Abgrenzungen des mitteldeutschen Raumes mit einer Identifizierung der heutigen Bundesländer Sachsen, Sachsen-Anhalt und Thüringen zugrunde.[9] Das Kulturraum-Paradigma, im Gegensatz zur Vorstellung einer homogenen, stabilen Nation oder Kultur, ermöglicht es stattdessen gleichsam, Grenzen zu überschreiten, Durchlässigkeiten und Transgressionen sichtbar zu machen und zu beschreiben. Insofern geht es darum, am konkreten Gegenstand zu prüfen, welche Impulse aufgenommen und prägende Bestandteile beider Kulturen geworden sind. Dass dabei auch territorial-geographische Aspekte anders gewichtet werden, ergibt sich aus dem historischen Befund; so etwa hinsichtlich der zentralen Bezugsebenen in diesem Feld zu Brandenburg-Preußen im 17. Jahrhundert bzw. in den Jahren um 1700. Unser Band bildet daher einen eigenständigen Beitrag zur Kulturtransferforschung, möchte aber zugleich dem Verständnishorizont der sachsen-anhaltischen Landesgeschichte bzw. mitteldeutschen Regionalgeschichte weitere Impulse als Teil europäischer Geschichte in vergleichender Perspektive geben. Insofern geht es auch um den Versuch, Landesgeschichte als ‚Dienstleistungsgeschichte' in Bundeslandgrenzen mit kulturräumlich ausgerichteter Regionalforschung exemplarisch zu verbinden.[10]

Ein wesentliches Ziel der Fallstudien ist es, die in der Forschung etablierte Periodisierung des niederländisch-deutschen Kulturtransfers – kulturelle Dominanz der Niederlande bis zum ‚Katastrophenjahr' 1672, zwiespältiges Verhältnis um 1700, Vorbildhaftigkeit deutscher Kultur ab ca. 1750, Pejorisierung niederländischer Kultur um 1800 – zu überprüfen. Dies geschieht mittels der Fokussierung auf vier zentrale Desiderate der Kulturtransferforschung.[11] Dabei handelt es sich – erstens – um die eingehende Untersuchung der *Vermittlungsinstanzen*, d.h., der Akteure, Netzwerke und Institutionen kulturellen Transfers. Zweitens kommen die *Modalitäten* derselben in den Blick, also Vermittlungswege und -weisen, Adaptions- und Rezeptionsformen sowie die Frage einer Wissensgenerierung durch Austausch. Drittens geht es um die *(Re-)Kontextualisierung* des Transfers v.a. in literarisch-kultureller, religiöser, sozialer und ökonomischer Hinsicht und schließlich – viertens – um die *Dynamiken* dieser Prozesse, d.h., um Ver- und ‚Entnetzung', multilaterale Verflechtungen, Reziprozität und Hybridität.

Die Aktivitäten eines europäisch-dynastischen Netzwerkes im 17. Jahrhundert, des Hauses Nassau-Oranien, beleuchten die Beiträge von *Michael Rohrschneider* und *Freek Schmidt*. Rohrschneider zeigt, wie Friedrich Heinrich von Oranien durch gezielte Verheiratung seiner vier Töchter u.a. nach Anhalt-Dessau und Brandenburg-Preußen nicht nur sein politisches Einflussgebiet erweiterte, sondern gleichzeitig Handlungsorte und -kontexte schuf, von denen aus holländische Kunst und Kultur ins Alte Reich vermittelt wurden. Demgegenüber wendet sich Schmidt einem kon-

Goldenes Zeitalter und Jahrhundert der Aufklärung – zur Einleitung

Abb. 1 Vorderansicht des Waisenhauses in Glaucha vor Halle (erbaut 1698-1700), kolorierte Zeichnung, vor 1750

kreten Transfer zu, der Propagierung und Durchsetzung des sogenannten *Holländischen Klassizismus*, eines hybriden, Elemente verschiedener nationaler Baukulturen verbindenden Architekturstils, der sich in ganz Europa ausbreitete und dabei in einem komplexen Prozess von Transfer und Re-Transfer beständig weiterentwickelt wurde. In den Beiträgen von *Bettina Noak*, *Udo Sträter* und *Frank Grunert* kommen gelehrte Netzwerke in den Blick. Am Beispiel der mitteldeutschen Rezeption der cartesianischen Schriften Steven Blankaarts skizziert Noak die adaptiven Verfahrensweisen einer Gruppe junger, avancierter Ärzte, welche die Medizin im aufklärerischen Sinne revolutionieren wollten. Sträter und Grunert dagegen zeigen in ihren Essays anhand der Reiseberichte von August Hermann Francke, Johann Burkhard Mencke, Gottlieb Stolle und Christoph August Heumann, wie die Zugehörigkeit zur europäischen *res publica theologica* bzw. *res publica litteraria* um 1700 die Grenzen zwischen fremd und eigen verwischen konnte; dies umso mehr, als v. a. auch in Holland lebende Deutsche aufgesucht wurden. Im Mittelpunkt des Interesses stand dabei die strategische ‚Kartierung' des als vorbildhaft empfundenen gelehrten und/ oder geistlichen Terrains: Die Reisenden erkundeten, teils im Auftrag, die Wirkung mitteldeutscher Autoren in den Niederlanden bzw. nutzten, wie im Falle Franckes, die Möglichkeit, in Kontakt auch zu radikalen theologischen Kreisen zu treten. Die unmittelbaren Folgen dieses Spezialinteresses zeichnen dann u. a. *Brigitte Klosterberg*, *Mirjam-Juliane Pohl* und *Ole Fischer* in ihrem Beitrag über niederländische Buchbestände in der Bibliothek der Franckeschen Stiftungen zu Halle nach: Francke hatte alle (logistischen) Hebel in Bewegung gesetzt, die Sammlung separatistischer Schriften des in den Niederlanden lebenden deutschen Theologen Friedrich Breckling für seine Bibliothek zu bekommen – obwohl dessen Schriften in einem brandenburgischen Edikt als ketzerisch gebrandmarkt worden waren.

Insgesamt zeigen die Beiträge zum 17. und frühen 18. Jahrhundert, dass die kulturelle Dominanz der Niederlande länger anhielt, als bislang angenommen. Bestätigen lässt sich gleichwohl das Forschungsdiktum eines Umschlages zugunsten der Vorbildhaftigkeit der deutschen Kultur nach 1750. So illustrieren die Essays von *Joris van Eijnatten* und *Viktoria Franke*, wie insbesondere unter Beteiligung des expandierenden Mediensektors niederländische literarisch-philosophische Netzwerke entstanden, die durch Rezeption und Übersetzung sowie durch die Gründung von Zeitschriften nach deutschem Vorbild die Ideen von Aufklärung und Idealismus in der niederländischen Gesellschaft implementieren wollten. Dass Kulturtransfer als wechselseitiger Prozess verläuft, zeigt beispielhaft der Beitrag von *Suzanne Lambooy* über Delfter Fayencen. Diese avancierten im 17. Jahrhundert zu einem derartigen Exportschlager, dass die Produkte in Deutschland – meist unter Beteiligung niederländischer Fachleute – imitiert wurden. Nach der Einführung des Meißener Porzellans um die Mitte des 18. Jahrhunderts allerdings kehrte sich das Verhältnis um: Die niederländischen Firmen kopierten nun die deutschen. Den Zusammenhang von kulturellem Austausch und der Herausbildung einer nationalen Identität behandelt abschließend *Erdmut Jost* in ihrem Essay über die Rezeption holländischer Gärten durch mitteldeutsche Reisende um 1800. Sie skizziert, wie nationale Stereotype die Wahrnehmung der Reisenden vorstrukturierten bzw. überformten und damit gezielt das selektive Bild einer unterlegenen niederländischen und einer überlegenen deutschen Kultur inszeniert wurde.

Unser besonderer Dank gilt dem Referat Kultur des Landesverwaltungsamtes Sachsen-Anhalt für die Ermöglichung der Tagung und dieser Publikation. Für ebenfalls großzügige Unterstützung danken wir dem Prorektorat für Forschung und wissenschaftlichen Nachwuchs der Martin-Luther-Universität Halle-Wittenberg, namentlich Rektor Prof. Dr. Udo Sträter und Prorektorin Prof. Dr. Gesine Foljanti-Jost. Außerdem danken wir dem Oberbürgermeister der Stadt Dessau-Rosslau, Klemens Koschig, unter dessen Patronat die DWK steht. Unser Dank gilt weiter unseren Kooperationspartnern. Zunächst den Franckeschen Stiftungen zu Halle – hier besonders ihrem Direktor, Dr. Thomas Müller Bahlke, sowie Dr. Kerstin Heldt –, die sowohl die Konferenz mitgetragen haben als auch, an den ersten beiden Veranstaltungstagen, unsere überaus umsichtigen Gastgeber waren. Sie ermöglichten es den Teilnehmern zudem, bei Führungen durch das Stiftungsgelände die prägende Kraft des niederländisch-deutschen Kulturtransfers mit eigenen Augen zu sehen. Danken möchten wir ebenso dem Interdisziplinären Zentrum für die Erforschung der Europäischen Aufklärung und seinem Geschäftsführenden Direktor, Prof. Dr. Daniel Fulda, das großzügig sowohl materielle als auch personelle Unterstützung bot, sowie der Botschaft des Königreichs der Niederlande, welche sich an den Reisekosten unserer niederländischen Referenten beteiligte. Ebenfalls sei der Kulturstiftung DessauWörlitz, vor allem Direktor Dr. Thomas Weiss, Dr. Wolfgang Savelsberg und Uwe Quilitzsch, für ihre Unterstützung, speziell für die Organisation des dritten Veranstaltungstages im Schloss und Park Oranienbaum, der uns allen unvergesslich bleiben wird, gedankt. Schließlich gilt unser Dank den Kollegen des Vorstands der DWK, insbesondere dem Vorsitzenden Prof. Dr. Dr. Gunnar Berg, für die konstruktive Zusammenarbeit und Unterstützung bei diesem Projekt vom Beginn der ersten Überlegungen 2008 an bis zur Drucklegung im Frühjahr 2012.

Für Organisationstätigkeiten im Rahmen der Tagung möchten wir weiterhin Christine Peter und

Kornelia Grün (Sekretariat des IZEA) danken. Für die Betreuung der Tagung möchten wir uns außerdem bei den Hilfskräften Karoline Lück und Erik Nagel (der auch das Register des Bandes anfertigte) herzlich bedanken. Zum Gelingen der Konferenz trug darüber hinaus die Aufführung von Rudolf Eschers *Sinfonia per dieci strumenti* durch Mitglieder der Staatskapelle Halle bei, kongenial dirigiert und moderiert durch ihren Intendanten Hans Rotman. Schließlich und insbesondere danken wir den Autorinnen und Autoren des Bandes für die instruktiven Vorträge und die schnelle und konstruktive Überführung in die Druckform.

Der Mitteldeutsche Verlag, namentlich Roman Pliske, Dr. Kurt Fricke, Matthias Littmann, Victoria Langner, hat dieses Buch in bewährter und verlässlicher Weise in seine schöne Form gebracht. Bianca Pick unterstützte die Textredaktion, Ronny Edelmann war als Graphiker tätig, die Franckeschen Stiftungen zu Halle sowie die Kulturstiftung DessauWörlitz stellten großzügig Bildmaterial aus ihren Archiven bereit. Ihnen allen sei herzlich gedankt.

Anmerkungen

1 Vgl. Horst Lademacher (Hg.), Dynastie in der Republik. Das Haus Oranien-Nassau als Vermittler niederländischer Kultur in deutschen Territorien im 17. und 18. Jahrhundert, München 1999 (= Onder den Oranje boom. Niederländische Kunst und Kultur im 17. und 18. Jahrhundert, München 1999; Textband); Wolfgang Savelsberg (Red.), Die Niederlande und Deutschland. Aspekte der Beziehungen zweier Länder im 17. und 18. Jahrhundert, Dessau 2000.
2 Claus Veltmann/Jochen Birkenmeier (Hg.), Kinder, Krätze, Karitas. Waisenhäuser in der Frühen Neuzeit, Halle 2009; Holger Zaunstöck (Hg.): Gebaute Utopien. Franckes Schulstadt in der Geschichte europäischer Stadtentwürfe, Halle 2010.
3 Vgl. v. a. den Forschungsbericht von Jan Konst, Inger Leemans und Bettina Noak in ihrer Einleitung zu: dies. (Hg.), Niederländisch-deutsche Kulturbeziehungen 1600–1830, Göttingen 2009, S. 9–28, hier S. 9–18.
4 Angelika Lehmann-Benz (Hg.), Schnittpunkte. Deutschniederländische Literaturbeziehungen im späten Mittelalter, Münster 2003; Wilhelm Amann (Hg.), Annäherungen. Wahrnehmung der Nachbarschaft in der deutsch-niederländischen Literatur des 19. und 20. Jahrhunderts, Münster 2004; Robert Peters/Jos M. M. Hermans unter Mitarb. von Anke Jarling (Hg.), Buch, Literatur und Sprache in den östlichen Niederlanden und im nordwestlichen Deutschland, Münster 2006.
5 Jacco Pekelder, Die Niederlande und die DDR. Bildformung und Beziehungen 1949–1989, Münster 2002; Wolfgang Schanze, Die Entwicklung der kulturellen Beziehungen zwischen den Niederlanden und Deutschland von 1945 bis zur Gegenwart, Frankfurt a. M. 2008; Hein A. M. Kleman/Friso Wielenga (Hg.), Deutschland und die Niederlande. Wirtschaftsbeziehungen im 19. und 20. Jahrhundert, Münster 2009.
6 Michael North (Hg.), Kultureller Austausch. Bilanz und Perspektiven der Frühneuzeitforschung, Köln/Weimar/Wien 2009. Vgl. dazu v. a. den Beitrag von Michael Rohrschneider in diesem Band.
7 Michel Espagne, Jenseits der Komparatistik. Zur Methode der Erforschung von Kulturtransfers. In: Ulrich Mölk (Hg.), Europäische Kulturzeitschriften um 1900 als Medien transnationaler und transdisziplinärer Wahrnehmung, Göttingen 2006, S. 13–32, hier S. 28.
8 Cornel Zwierlein, Die Auswirkung von *spatial turn* und Kulturtransferheuristik auf das Epochenkonzept „Frühe Neuzeit" (exemplifiziert anhand des Transfers des Versicherungsprinzips). In: North, Kultureller Austausch (wie Anm. 6), S. 43–67, hier S. 44.
9 Vgl. dazu Jürgen John, Gestalt und Wandel der „Mitteldeutschland"-Bilder. In: ders. (Hg.), „Mitteldeutschland". Begriff – Geschichte – Konstrukt, Rudolstadt 2001, S. 17–68; Monika Gibas/Rüdiger Haufe (Hg.), „Mythen der Mitte". Regionen als nationale Wertezentren. Konstruktionsprozesse und Sinnstiftungskonzepte im 19. und 20. Jahrhundert, Weimar 2008.
10 Vgl. dazu die Diskussion bei: Werner Freitag, Regionalgeschichte, Landesgeschichte, Bundeslandgeschichte. Zu den Möglichkeiten sachsen-anhaltinischer Landesgeschichtsforschung des Mittelalters und der Frühen Neuzeit. In: Sachsen und Anhalt. Jahrbuch der Historischen Kommission für Sachsen-Anhalt 24 (2002/2003), zugleich Festgabe für Walter Zöllner zum 70. Geburtstag, S. 73–82.
11 Vgl. Michael North, Kultureller Austausch in der Frühen Neuzeit. Eine Einleitung. In: North, Kultureller Austausch (wie Anm. 6), S. 1–7.

Cultural transfer under the sign of Gouden Eeuw: Dutch influences on Anhalt-Dessau and Brandenburg-Prussia

Cultural transfer from the Netherlands to the electorate of Brandenburg and the principality of Anhalt-Dessau in the second half of the seventeenth century is a research subject that has attracted the attention of historians for a long time. Focussing on the motives of the Dutchmen for acting in these largely devastated German territories, the dynastic factor must be emphasized in addition to the political, economical and denominational frameworks: Without the Orange marriages (1646 and 1659) of Frederick William, the Great Elector of Brandenburg, and John George II, Prince of Anhalt-Dessau, the Dutch cultural transfer to Brandenburg-Prussia and Anhalt-Dessau would not have been as intensively as it is assumed by current historical research. However, further research is necessary. Especially the feedbacks between the foreign activities of the Dutchmen and their work in their home country later on are not well known, and also the cultural interaction between Brandenburg-Prussia and Anhalt-Dessau still needs further study.

Kulturtransfer im Zeichen des Gouden Eeuw: Niederländische Einflüsse auf Anhalt-Dessau und Brandenburg-Preußen (1646–1700)

Michael Rohrschneider

Die Kulturtransferforschung ist eine noch vergleichsweise junge kulturwissenschaftliche Forschungsrichtung, die sich wachsender Beliebtheit erfreut. Sie wurde Mitte der 1980er Jahre maßgeblich von den beiden Germanisten Michel Espagne und Michael Werner angeregt, die sich zunächst vorrangig den deutsch-französischen Beziehungen im 18. und 19. Jahrhundert gewidmet haben. Aus der Vielzahl der Publikationen, die in diesem Forschungskontext inzwischen entstanden sind, seien die beiden programmatischen Aufsätze Espagnes und Werners hervorgehoben, die sie 1985 und 1987 in den Zeitschriften *Francia* und *Annales ESC* publizierten und die für die nachfolgende Kulturtransferforschung in vielerlei Hinsicht prägend geworden sind.[1] Seitdem blüht die Kulturtransferforschung, nicht zuletzt auch im Bereich der Geschichtswissenschaft, wo die Ansätze Espagnes und Werners inzwischen auf breiter Basis rezipiert werden.[2]

Versucht man, die Leitgedanken zu bündeln, welche die jüngere Forschung im Hinblick auf kulturelle Transferprozesse herausgearbeitet hat, so sind folgende Faktoren zu akzentuieren. Erstens: Der Begriff Kulturtransfer umfasst kulturelle Wechselbeziehungen, wobei der Reziprozität der Transfers besondere Aufmerksamkeit geschenkt wird. Zweitens: Kulturtransfer wird nicht als statischer, sondern als dynamischer Prozess verstanden, der, schematisch gesehen, drei grundsätzliche Bestandteile hat: a) die jeweilige Ausgangskultur, b) die Vermittlungsfiguren und -instanzen und c) die Zielkultur.[3] Es geht in der Kulturtransferforschung somit insbesondere darum, die kulturellen Artefakte (etwa Objekte, Texte und Diskurse) zu ermitteln, die von der Ausgangskultur übernommen werden, die Funktion und Bedeutung der vermittelnden Personen und Instanzen zu erschließen sowie die Adaptions- und Rezeptionsformen auf Seiten der Zielkultur zu ergründen.[4]

Wesentlich für dieses Forschungsparadigma ist die Tatsache, dass Fremdbezüge, anders als in der nationalstaatlich geprägten Einfluss-Forschung älterer Prägung, nicht mehr in erster Linie als Gefahr verstanden werden, sondern vielmehr in neutralem Sinn als konstitutive Elemente der Identität der jeweiligen Zielkultur.[5] Voraussetzung für die Analyse von Prozessen des Kulturtransfers sind dabei die grundsätzliche Vergleichbarkeit der Forschungsobjekte sowie die Berücksichtigung verschiedener Formen der Asymmetrien, die aus den räumlichen und zeitlichen Differenzen resultieren, die für diese Prozesse charakteristisch sind. Dies können mehr oder weniger ausgeprägte zeitliche oder räumliche Asymmetrien sein oder auch mehrdimensionale Asymmetrien, die zeitlicher, räumlicher und/oder sozialer Natur sind.[6]

Ziel der vorliegenden Studie ist es nun, den Transfer niederländischer Kultur während der zweiten Hälfte des 17. Jahrhunderts auf der eben skizzierten inhaltlichen und methodischen Grundlage der neueren Kulturtransferforschung zu analysieren, wobei der Schwerpunkt eindeutig auf Anhalt-Dessau und Brandenburg-Preußen gelegt wird, die beide in diesem Zeitraum mit guten Gründen als Hochburgen niederländisch geprägter Kultur bezeichnet werden können. Dabei betritt man ein Forschungsareal, dem von der niederländischen und deutschen Forschung traditionell große Aufmerksamkeit geschenkt wird. Beispielhaft sei an dieser Stelle der 2009 von Jan Konst, Inger Leemans und Bettina Noak herausgegebene Sammelband erwähnt, der Studien zu den niederländisch-deutschen Kulturbeziehungen im Zeitraum von 1600 bis 1830 vereint und eindringlich vor Augen führt, dass dieses Forschungsterrain trotz langjähriger intensiver Bemühungen bei weitem noch nicht hinreichend erschlossen ist.[7]

Im Folgenden kann es nicht darum gehen, den Transfer niederländischer Kultur nach Anhalt-Dessau und Brandenburg-Preußen in all seinen schillernden Facetten mit Anspruch auf Vollständigkeit nachzuzeichnen. Vielmehr ist es das Ziel der nachfolgenden Ausführungen, eine aktuelle Standortbestimmung vorzulegen, welche die Leistungen der bisherigen Forschung würdigt und Forschungsdesiderate benennt.

Die Untersuchung ist wie folgt gegliedert. In einem ersten Schritt rückt die Ausgangskultur des Kulturtransfers in das Zentrum, nämlich die Republik der Vereinigten Niederlande in ihrem Goldenen Zeitalter. In einem zweiten Schritt richtet sich der Fokus dann auf die Vermittler des Kulturtransfers. Und schließlich wird in einem dritten Schritt anhand eines Beispiels die Frage behandelt, wie die Zielkultur die Einflüsse der Ausgangskultur konkret rezipierte, wobei es abschließend auch besonders darum gehen soll, Defizite der bisherigen und Perspektiven künftiger Forschung aufzuzeigen.

I. Die Ausgangskultur: Die Republik der Vereinigten Niederlande

Die niederländische Ausstrahlungskraft auf die deutschen Territorien war im halben Jahrhundert nach dem Westfälischen Frieden wenn nicht exzeptionell, so doch zumindest gleichrangig mit der des ludovizianischen Frankreich und des Kaisertums Leopolds I. Heinz Duchhardt hat diesen markanten Sachverhalt treffend umschrieben: Wenn man „in Europa um 1660 Menschen, die über die kleinen und großen Sorgen ihres Alltags hinauszublicken imstande waren, gefragt [hätte], was denn den Charakter ihrer Gegenwart ausmache, welches Leitbild die politischen Strukturen ihrer Zeit präge und dominiere, so wäre von vielen wohl die Antwort gegeben worden, sie lebten in einem ‚niederländischen Zeitalter'".[8]

In diesem Zusammenhang ist es besonders bemerkenswert, dass sich die Vorbildhaftigkeit und der Einflussreichtum der niederländischen Republik nicht auf einige wenige Sektoren des politischen, wirtschaftlichen, militärischen und kulturellen Lebens beschränkten. Vielmehr sind auf deutscher Seite in einer Vielzahl von Bereichen Rezeptionsprozesse und Berührungspunkte zu verzeichnen, die ganz wesentlich auf der außerordentlichen Ausstrahlungskraft der nördlichen Niederlande in ihrem Goldenen Jahrhundert gründeten. Die diesbezügliche Forschungslage ist vergleichsweise gut, so dass an dieser Stelle nur einige wenige augenfällige Anhaltspunkte stellvertretend für diesen Befund genannt seien. Horst Lademacher hat zur Politik und Kultur der Niederlande im 17. Jahrhundert als Ergebnis seiner jahrzehntelangen Forschungen mit seiner 2007 erschienenen Monografie *Phönix aus der Asche?* eine bemerkenswerte Synthese vorgelegt, die Maßstäbe gesetzt hat und das Thema nahezu erschöpfend behandelt.[9]

Blicken wir nun also auf einige ausgewählte Bereiche, in denen die Niederlande eine Vorreiterrolle erlangten und in denen niederländische Einflüsse auf deutsche Territorien besonders wirkungsmächtig waren. Auf militärischem Terrain erwiesen sich die nassau-oranischen Heeresreformen, die in unauflöslichem Zusammenhang mit dem Überlebenskampf der aufständischen Niederländer gegen die Hegemonialmacht Spanien standen, in vielerlei Hinsicht als prägend für die Kriegskunst des 17. und 18. Jahrhunderts. Gerade niederländische Architekten und Festungsbaumeister waren es, die dem Zeitalter ihren Stempel aufdrückten und deren Fachkenntnise heiß begehrt waren.

Zudem entwickelten sich die nördlichen Niederlande im Verlauf ihres Goldenen Jahrhunderts bekanntlich zu einer Seemacht, deren maritime Vorrangstellung in einem erbitterten Ringen zunächst mit Spanien, später dann mit England und Frankreich etabliert wurde. Amsterdam lag im Schnittpunkt des atlantisch-europäischen Handels und wurde vor allem auf Kosten von Antwerpen zu einem florierenden Knotenpunkt des Welthandels.

Auf landwirtschaftlichem Gebiet waren die reichen nördlichen Niederlande ein wichtiger Impulsgeber für die deutschen Territorien. Denn diese hatten mit den vielerorts katastrophalen Folgen des Dreißigjährigen Krieges zu kämpfen und suchten nach effizienten Möglichkeiten, das Produktionsniveau zu steigern. Eine ausgesprochen hohe Spezialisierung und der Einsatz modernster Technologie sicherten den Niederlanden einen landwirtschaftlichen Vorsprung, der in den deutschen Territorien kurzfristig kaum einzuholen war und der förmlich zur Nachahmung und zum Import niederländischen Know-hows einlud.[10] In nahezu allen Fragen, welche die Verbesserung der Infrastruktur betrafen, waren niederländische Fachleute begehrt, seien es Experten für den Deich-, Kanal- und Schleusenbau oder auch Mühlenspezialisten.[11]

Darüber hinaus entwickelte sich Den Haag zu einer regelrechten Drehscheibe der sich immer fester formierenden europäischen Diplomatie, und der Hof der Prinzen von Oranien wurde zu einer glanzvollen Stätte, von der in politischer und kultureller Hinsicht mannigfaltige Impulse ausgingen, wie vor allem Olaf Mörke in seiner Habilitationsschrift eindrucksvoll dargelegt hat.[12]

Auch im Bereich der Wissenschaften und Künste erlangten die nördlichen Niederlande als „der Umschlagplatz des europäischen Geisteslebens"[13] im 17. Jahrhundert ein Renommee, das seinesgleichen suchte und dessen Genese in engem Zusammenhang mit der religiösen Duldsamkeit gesehen werden muss, die für das Erscheinungsbild der noch jungen, konfessionell von der calvinistischen „Öffentlichkeitskirche" geprägten Republik so maßgeblich war. Allein in der Stadt Amsterdam waren beispielsweise zwischen 1578 und 1648 zwölf und zwischen 1648 und 1700 sogar achtundzwanzig katholische Buchhändler tätig.[14] An der Amstel, so hat es Horst Lademacher im Kontext der großen Oranier-Ausstellung 1999/2000 anschaulich formuliert, verbrannte man weder Hexen noch Philosophen oder Katholiken.[15] Vielmehr wurden die Niederlande gewissermaßen zu einem Zufluchtsort für religiös verfolgte Gelehrte und Künstler, die hier die Möglichkeit erhielten, ihre Arbeiten zu publizieren. Ein Leidener Bürger des 17. Jahrhunderts hat diese charakteristische Duldsamkeit mit dem Diktum veranschaulicht, es sei nicht wünschenswert, die katholische Inquisition durch die Inquisition aus Genf, also durch die des Calvinismus, zu ersetzen.[16]

Das Stichwort Leiden verweist zugleich auf die außergewöhnliche Anziehungskraft, die niederländische Universitäten auf ausländische Studenten ausübten. An der Universität Leiden lehrten beispielsweise der Philologe, Philosoph und politische Denker Justus Lipsius, der wohl bekannteste Vertreter des niederländischen Neustoizismus, sowie der berühmte Völkerrechtler Hugo Grotius, um hier nur zwei prominente Beispiele zu nennen, die wegweisende Akzente setzten. Die niederländischen Universitäten wurden gerade für diejenigen deutschen Funktionseliten zu einer bevorzugten Ausbildungsstätte, die aus Territorien stammten, deren Landesherren mit den Nassau-Oraniern verwandtschaftlich verflochten waren.[17] Dazu zählten insbesondere Angehörige des Wetterauer Grafenvereins, das hessische Landgrafenhaus, die brandenburgischen Hohenzollern und die Fürsten von Anhalt.[18]

Die niederländische Sprache besaß infolge ihrer Reinheit und Klarheit Vorbildcharakter und diente als Anschauungsmaterial für Bemühungen im deutschen Reich, die Diktion der barocken deutschen Sprache zu verbessern. Erwähnt sei in diesem Kontext insbesondere der schlesische Dichter Martin Opitz, der sich intensiv mit der niederländischen Sprache und Literatur befasste und dessen Wirken mit den sprachreinigenden Bemühungen des sogenannten Palmenordens korrespondierte, also der *Fruchtbringenden Gesellschaft*, deren Mitglied Opitz war.[19]

Resümierend lässt sich auf der Grundlage der eben skizzierten Ausstrahlungskraft der niederländischen Ausgangskultur in ihrem Goldenen Jahrhundert im Hinblick auf die Zielkulturen, nämlich Anhalt-Dessau und Brandenburg-Preußen, mit Horst Lademacher von einem deutlichen west-östlichen Kulturgefälle sprechen,[20] denn die Unterschiede zwischen der blühenden Städtekultur der Niederlande und den beiden genannten, vom Dreißigjährigen Krieg stark in Mitleidenschaft gezogenen deutschen Territorien waren doch gravierend. Lademacher hat dafür auch das Bild einer Einbahnstraße von West nach Ost verwendet, die „als ein gut Stück Entwicklungshilfe apostrophiert werden darf".[21] Darauf wird später noch zurückzukommen sein, denn die neuere Kulturtransferforschung bemüht sich darum, gerade die Wechselbeziehungen dieser dynamischen Prozesse aufzuzeigen.

II. Vermittler des Kulturtransfers: die Oranierprinzessinnen und Johann Moritz von Nassau-Siegen

Wendet man sich nun in einem zweiten Schritt der im Rahmen der Kulturtransferforschung zentralen Frage zu, wer die konkreten Vermittlerfiguren und -instanzen niederländischer Kultur in das deutsche Reich waren, so lässt sich für die hier im Zentrum stehenden Territorien Anhalt-Dessau und Brandenburg-Preußen beim gegenwärtigen Forschungsstand konstatieren, dass die Vermittler auch und gerade auf der obersten politischen Ebene zu finden sind, nämlich im Bereich der betreffenden Fürstenhäuser selbst: Gemeint sind zum einen die beiden Töchter Friedrich Heinrichs von Nassau-Oranien, Louise Henriette und Henriette Catharina, die Eheschließungen mit dem Kurfürs-

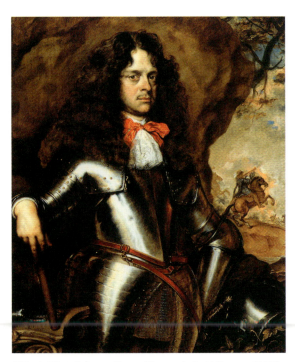

Abb. 1 Fürst Johann Georg II. von Anhalt-Dessau (1627–1693), Gemälde von Adriaen Hanneman, 1666

ten von Brandenburg bzw. dem Fürsten von Anhalt-Dessau eingingen, und gemeint ist zum anderen Johann Moritz von Nassau-Siegen.

Im Hinblick auf das Wirken der genannten Oranierinnen hat sich die Forschungslage im letzten Jahrzehnt deutlich verbessert, denn die beiden Prinzessinnen sind inzwischen zu Gegenständen monografischer Darstellungen geworden, die den Anforderungen der jüngeren Forschung gerecht werden. So hat Ulrike Hammer 2001 eine Darstellung des Wirkens der brandenburgischen Kurfürstin Louise Henriette vorgelegt, die den für unseren Kontext markanten Untertitel *Eine Oranierin als Mittlerin zwischen den Niederlanden und Brandenburg-Preußen* trägt.[22] Und Katharina Bechler hat sich in ihrer 2002 erschienenen Dissertation intensiv der Fürstin Henriette Catharina von Anhalt-Dessau und dem von ihr gegründeten Schloss Oranienbaum gewidmet.[23] Diese Arbeiten sind in dem größeren Zusammenhang der Erforschung der facettenreichen Wechselwirkungen zu sehen, die sich im 17. Jahrhundert ihren

Abb. 2 Fürstin Henriette Catharina von Anhalt-Dessau (1637–1708), Gemälde von Poul van der Stock (?) nach Jan Mijtens, 1667

Weg bahnten zwischen dem Haus Nassau-Oranien einerseits, das gewissermaßen als „Brückenglied zwischen den politischen Kulturen der niederländischen Republik und der deutschen Fürstenstaaten"[24] fungierte, und den Territorien im protestantisch geprägten Teil des deutschen Reiches andererseits.

Für den mit diesem Prozess einhergehenden niederländisch-deutschen Kulturtransfer hatten die 1646 und 1659 erfolgten Eheschließungen der beiden genannten Oranierprinzessinnen mit Kurfürst Friedrich Wilhelm von Brandenburg, dem später sogenannten Großen Kurfürsten, bzw. mit dem Fürsten von Anhalt-Dessau Johann Georg II. katalysatorische Wirkung. Zwar ist Klaus Vetter zuzustimmen, der mit Blick auf Brandenburg-Preußen zu Recht vor der Gefahr gewarnt hat, sämtliche niederländische Einflüsse von den Beziehungen zwischen den Oraniern und den Hohenzollern abzuleiten;[25] aber die beiden genannten oranischen Heiraten wirkten in vielerlei Hinsicht ohne Zweifel impulsgebend für den Prozess der Aufnahme niederländischer Einflüsse und können in ihrer Bedeutung für diesen Kulturtransfer kaum überschätzt werden.

Blickt man auf die wichtigen politischen und dynastischen Implikationen dieser beiden Heiraten, dann ist hervorzuheben, dass die Eheschließung mit einer oranischen Prinzessin für den brandenburgischen Kurfürsten wie für den Fürsten von Anhalt-Dessau eine ausgesprochen lukrative Angelegenheit darstellte, denn die Töchter Friedrich Heinrichs von Nassau-Oranien wurden reich ausgestattet. Wichtiger waren jedoch die politischen Intentionen, die sich mit diesen Heiraten verbanden. Für Kurfürst Friedrich Wilhelm und für Johann Georg II. von Anhalt-Dessau bedeuteten die Eheschließungen nämlich einen erheblichen Zugewinn an Renommee, da die verwandtschaftliche Anbindung an das berühmte Haus Nassau-Oranien gleichbedeutend war mit einer merklichen Statusaufwertung in den Augen der europäischen Öffentlichkeit.

Auch ist auf die konfessionelle Situation hinzuweisen, denn sowohl die Oranierinnen als auch der brandenburgische Kurfürst und der Fürst von Anhalt-Dessau gehörten der calvinistischen bzw. reformierten Konfession an.[26] Dies ist nicht zuletzt vor dem Hintergrund der Tatsache bedeutsam, dass von oranischer Seite gezielt ein familiäres Beziehungsnetz ins deutsche Reich geknüpft wurde, das auch und gerade Anhänger des reformierten Bekenntnisses umfasste.[27]

Der Große Kurfürst und der Dessauer Fürst waren durch die Eheschließungen mit den Oranierinnen verschwägert und überdies dienstlich verbunden, denn Johann Georg II. war 1658, also rund ein Jahr vor seiner oranischen Heirat, in kurbrandenburgische Dienste getreten.[28] Als Statthalter der Kur und Mark Brandenburg sowie als Generalfeldmarschall erlangte er die höchsten zivilen und militärischen Würden des Hohenzollernstaates, und als anhaltischer Landesherr war er ausgesprochen aufgeschlossen für niederländische Einflüsse.

Abb. 3 Louise Henriette von Oranien-Nassau, Kurfürstin von Brandenburg (1627–1667), Gemälde von Gerard von Honthorst, o. J.

Abb. 4 Friedrich Wilhelm Kurfürst von Brandenburg (1620–1688), Kupferstich von unbekanntem Künstler, o. J.

Mit Blick auf die konkrete Handhabung der vermittelnden Funktion der beiden Oranierprinzessinnen im Prozess des Kulturtransfers aus den Niederlanden ist nun in erster Linie darauf aufmerksam zu machen, dass die Oranierinnen und ihre Ehemänner im Hinblick auf niederländische Künstler und Experten als direkte Auftraggeber in Erscheinung traten. Dies ist von der Forschung vergleichsweise intensiv herausgearbeitet worden, auch wenn infolge der schwierigen Quellenlage in diesem Punkt durchaus noch weiterführender Forschungsbedarf besteht.

An dieser Stelle sei besonders eine Eigentümlichkeit erwähnt, die verdeutlicht, dass der Prozess des niederländischen Kulturtransfers nach Anhalt-Dessau und Brandenburg-Preußen gewissermaßen mehrpolig war, denn es war charakteristisch für die Indienstnahme niederländischer Künstler und Experten, dass diese in beiden erwähnten deutschen Territorien tätig wurden. Ein Beispiel, das diesen Sachverhalt sehr anschaulich zu verdeutlichen vermag, sei an dieser Stelle etwas ausführlicher erläutert, nämlich das Wirken des niederländischen Baumeisters Cornelis Ryckwaert.[29]

Ryckwaert war wahrscheinlich ein Schüler des bedeutenden niederländischen Architekten Pieter Post. Sein Geburtsdatum und sein Geburtsort sind unbekannt. Er war nachweislich seit 1662 am Bau der Johanniter-Residenz Schloss Sonnenburg für den Herrenmeister Johann Moritz von Nassau-Siegen tätig, der kurbrandenburgischer Statthalter und ein Verwandter der Oranier war. 1667 wurde Ryckwaert kurbrandenburgischer Festungsbaumeister in Küstrin, und einige Jahre später war er am Wiederaufbau des Corps de logis von Schloss Schwedt beteiligt. Von Brandenburg kam er wohl 1675 nach Anhalt, wo er seit 1677 am Bau des Coswiger Schlosses beteiligt war. Nachfolgend lei-

Abb. 5 Die vier Töchter des Statthalters Friedrich Heinrich von Oranien-Nassau, Gemälde von Jan Mijtens, 1666

tete er dann unter anderem den Bau des Schlosses Zerbst, der Trinitatis-Kirche in Zerbst und der sogenannten Gierbrücke oder „fliegenden Fähre" über die Elbe bei Roßlau nahe Dessau sowie des Schlosses Oranienbaum nahe Dessau. Es ist wahrscheinlich, dass Johann Georg II. von Anhalt-Dessau schon frühzeitig auf den Küstriner Festungsbaumeister aufmerksam geworden ist und aufgrund von dessen Fähigkeiten sein Engagement in Anhalt betrieb. Aus dem Jahr 1690 sind jedenfalls gemeinsame Inspektionen der Festung Küstrin und ihrer Umgebung in den Quellen greifbar, die auf ein vergleichsweise enges Zusammenwirken schließen lassen.[30] Ryckwaert starb am 9. November 1693 in Küstrin.

Zum Hauptwerk von Ryckwaerts Tätigkeit in Anhalt wurde Schloss Oranienbaum.[31] Diese Residenz reiht sich ein in die Schlossgründungen, die auf die vier Töchter des Oraniers Friedrich Heinrich zurückgehen: Schloss Oranienburg bei Berlin, Schloss Oranienstein bei Diez an der Lahn, der Oranienhof bei Kreuznach und eben Schloss Oranienbaum, das noch heute einen lebendigen Eindruck von der Prägekraft der niederländischen Kultur des 17. Jahrhunderts vermittelt und das mit guten Gründen als „reinste Verkörperung holländischer Kultur in Anhalt"[32] bezeichnet worden ist. Zitiert sei in diesem Zusammenhang Katharina Bechler: „Hintergrund und Absicht der gleichartigen und jeweils sehr zielstrebig durchgeführten

Abb. 6 Schloss Oranienstein in Diez

Bautätigkeit der Oranierinnen war die Erhaltung der oranischen Dynastie. Dieses von Amalia (der Gemahlin Friedrich Heinrichs von Nassau-Oranien, M. R.) initiierte Programm für den zukünftigen Fortbestand des ‚Hauses' Oranien hatte somit weitreichende Folgen für die Entwicklung der Schlossbaukunst und der Hofkultur des 17. und 18. Jahrhunderts, ganz besonders in Brandenburg und Anhalt."[33]

Zu erwähnen ist, dass auch Schloss Oranienburg ganz wesentlich durch niederländische Einflüsse geprägt war. Mit dem Umbau des alten Jagdschlosses Bötzow nördlich von Berlin wurden nämlich der österreichische Baumeister Johann Gregor Memhardt und als dessen wichtiger Mitarbeiter der Bredaer Schiffszimmermann Michael Matthias Smids beauftragt.[34] Memhardt war in den Niederlanden ausgebildet worden und wiederholt im Auftrag Kurfürst Friedrich Wilhelms dorthin gereist, um sich fortzubilden. Oranienburg und Oranienbaum waren gleichermaßen stark an der Bauweise des zeitgenössischen niederländischen Klassizismus ausgerichtet und vergleichsweise schlicht gehalten. Einflüsse von Pieter Post, der in Kontakt mit Kurfürstin Louise Henriette stand,[35] sind offenkundig.

Es kann nach neueren Forschungen keinen Zweifel daran geben, dass Kurfürstin Louise Henriette und Fürstin Henriette Catharina aufgrund ihres Wirkens wichtige Wegbereiterinnen des Im-

Abb. 7 Schloss Oranienbaum, Ehrenhof

portes niederländischer Kunst und Architektur nach Oranienburg bzw. Oranienbaum waren und dass sie somit im Sinne der jüngeren Forschung als Vermittler im Prozess des Kulturtransfers aus den Niederlanden bezeichnet werden können. Ihren Initiativen war es ganz maßgeblich zu verdanken, dass die finanziellen Mittel aufgebracht und Kontakte geknüpft wurden, um niederländische Künstler, Baumeister, Handwerker und Experten für Auftragsarbeiten zu gewinnen.

Vergleichsweise gut untersucht sind in diesem Zusammenhang beispielsweise die Arbeiten niederländischer bildender Künstler für den Berliner und Dessauer Hof.[36] Für Brandenburg-Preußen lässt sich festhalten, dass der diesbezügliche niederländische Einfluss zwar nicht erst durch Kurfürstin Louise Henriette entstand, dass er aber maßgeblich von ihr gefördert wurde.[37] So wurde im Jahr 1647, also kurz nach der Eheschließung des Kurfürsten mit der Oranierin, als erster niederländischer Maler Willem van Honthorst zum brandenburgischen Hofmaler ernannt.[38] Später wurde er auch für den Dessauer Hof tätig. Auch die Maler Jan Mijtens und Adriaen Hanneman, die im Stile van Dycks arbeiteten, wurden für das Kurfürstenpaar und das Dessauer Fürstenpaar tätig. Weitere Beispiele ließen sich anführen.[39] Es lässt sich also eine dahingehende Tendenz beobachten, dass niederländische Künstler durch die doppelte Aussicht, sowohl für den Berliner als auch für den Dessauer Hof tätig werden zu können, für Auftragsarbeiten gewonnen wurden, wobei nicht selten der bereits erwähnte Statthalter in Kleve, Johann Moritz von Nassau-Siegen, vermittelnd wirkte. Kleve war, bildlich gesprochen, das Tor, durch das niederländische Künstler nach Brandenburg und Anhalt kamen.[40] Diese Mittlerfunktion Johann Moritz' von Nassau-Siegen soll nun etwas eingehender betrachtet werden.

Dass Johann Moritz als wichtiges Verbindungsglied im Prozess der Vermittlung niederländischer Kultur nach Brandenburg-Preußen agierte, ist

Abb. 8 Schloss Oranienbaum, Gartenseite

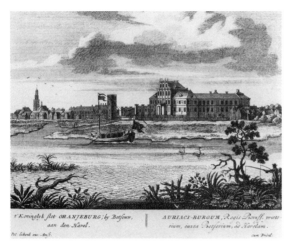

Abb. 9 Schloss Oranienburg bei Berlin, Kupferstich von Pieter Schenk, um 1700

schon von der älteren Forschung in aller Deutlichkeit betont worden. Anlässlich der Veranstaltungen und Publikationen zur vierhundertsten Wiederkehr seines Geburtstags im Jahr 2004 ist auf diese Mittlerfunktion erneut mit Nachdruck hingewiesen worden.[41]

Das Wirken Johann Moritz' war ganz maßgeblich durch seine Doppelrolle in niederländischen und kurbrandenburgischen Diensten geprägt. Seit 1620/21 hatte er militärische Erfahrungen in niederländischen Kriegsdiensten und 1637–1644 als Gouverneur von Niederländisch-Brasilien gesammelt, und 1647 war er zum Statthalter der westlichen kurbrandenburgischen Territorien Kleve, Mark und Ravensberg, später dann auch von Minden ernannt worden. Seine kurbrandenburgischen Ämter behielt er, von einer rund neunjährigen Unterbrechung seiner Statthalterschaft in Ravensberg abgesehen, bis zu seinem Tode 1679. In niederländischen Militärdiensten stieg er zudem bis zum Feldmarschall und Gouverneur von Utrecht auf.

Als Diener zweier Herren wirkte er nicht nur als Scharnier zwischen niederländischer und kurbrandenburgischer Außenpolitik,[42] sondern er war auch in vielfältiger Hinsicht als Vermittler niederländischer Kultur nach Brandenburg-Preußen aktiv. Der Briefwechsel[43] des Großen Kurfürsten mit Johann Moritz dokumentiert diese Funktion des „Brasilianers", wie er infolge seiner vormaligen Tätigkeit in Übersee genannt wurde, in aller Deutlichkeit, wobei besonders darauf hinzuweisen ist, dass sich der Transfer niederländischer Kultur durch seine Vermittlung auf ganz unterschiedlichen Arealen manifestierte.

So brachte Johann Moritz Architekten und Baumeister aus den Niederlanden mit nach Kleve und nahm damit auch Einfluss auf die Architektur und den Gartenbau in Brandenburg. Insbesondere seine ambitionierte Landschaftsgestaltung und Bautätigkeit besaßen große Ausstrahlungskraft und waren nicht selten niederländisch geprägt. Auf Cornelis Ryckwaert und Schloss Sonnenburg, das mit guten Gründen als „reiner ‚Import' des niederländischen Klassizismus" bezeichnet worden ist,[44] wurde bereits hingewiesen. Auch weiß man, dass Johann Moritz mit den beiden Architekten Pieter Post und Jacob van Campen, die am Bau des sogenannten Mauritshuis in Den Haag beteiligt waren, gut bekannt war.[45] Darüber hinaus sind die Baugeschichte des Potsdamer Stadtschlosses, das niederländische Einflüsse aufweist, und die dortigen Landschaftsgestaltungsmaßnahmen untrennbar mit Johann Moritz verbunden.[46] Und die Anlage von Berlins Prachtstraße Unter den Linden, die 1652 endgültig in Gang kam, ging nicht zuletzt auf niederländische Vorbilder zurück, die Johann Moritz in Den Haag kennengelernt hatte.[47] Auch ist, wie jüngst mit Nachdruck betont wurde,[48] unbestritten, dass es nicht nur einen Transfer von niederländischen Künstlern und Architekten nach Osten gegeben hat, sondern dass auch Technik und wirtschaftliche Ansätze von den Niederlanden aus – nicht selten unter mittelbarer Beteiligung des Brasilianers – über das Tor Kleve nach Brandenburg gelangten.

Bezeichnend für die engen Verbindungen Johann Moritz' zu den Oraniern und zu seinem brandenburgischen Dienstherrn ist zudem die Tatsache, dass er die 1659 in Groningen erfolgte Eheschließung zwischen Henriette Catharina von Nassau-Oranien und Johann Georg von Anhalt-Dessau mit vorbereitete.[49] Der Brasilianer war ein fester Bestandteil und Förderer des Familiensystems, das die Oranier im deutschen Reich etablierten, und auf das Ganze gesehen eine Persönlichkeit, deren vielgestaltiges Wirken untrennbar verbunden ist mit der Tatsache, dass niederländische Einflüsse in die kurbrandenburgischen Lande gelangten. Ohne die Vermittlungstätigkeit Johann Moritz', so steht zu vermuten, wäre die niederländische Kultur im Brandenburg-Preußen des Großen Kurfürsten höchst wahrscheinlich deutlich weniger stark rezipiert worden.

III. Die Zielkultur: Anhalt-Dessau und Brandenburg-Preußen

In einem letzten Schritt gilt es nun zu untersuchen, wie die geschilderten niederländischen Einflüsse auf Seiten der Zielkultur konkret adaptiert wurden. Hierzu sei ein Beispiel hervorgehoben, das sich angesichts des Veranstaltungsorts der Tagung förmlich aufdrängt und anhand dessen diese Fragestellung veranschaulicht werden kann: Gemeint sind die Gründungen von Waisenhäusern in Brandenburg-Preußen und Anhalt-Dessau.

Wie die neuere Forschung betont hat, hatte August Hermann Francke bei der Gründung des halleschen Waisenhauses niederländische Vorbilder vor Augen.[50] So unternahm bekanntlich ein Freund Franckes, der Theologiestudent Georg Heinrich Neubauer, 1697 eine Reise in die Niederlande, um in den dortigen Waisenhäusern Informationen zu sammeln, wie eine solche Einrichtung am erfolgversprechendsten zu betreiben sei.[51] Seine dort erworbenen Kenntnisse und Erfahrungen waren für den weiteren Aufbau der Franckeschen Stiftungen in Halle von nicht zu unterschätzender Bedeutung, wobei jedoch zu betonen ist, dass Francke die niederländische Praxis nicht bloß nachahmte, sondern durchaus weiterentwickelte. Der Ausstellungskatalog *Kinder, Krätze, Karitas. Waisenhäuser in der Frühen Neuzeit* hat 2009 nachdrücklich an die Vorbildrolle niederländischer Waisenhäuser für das hallesche Waisenhaus erinnert.[52]

Abb. 10 Johann Moritz Fürst zu Nassau-Siegen (1604–1679), Kupferstich von Adriaen Melaer, um 1659

Diese auf der empfundenen Vorbildhaftigkeit niederländischer Waisenhäuser gründende Rezeption diesbezüglicher Einflüsse niederländischer Provenienz war in Brandenburg-Preußen keineswegs unbekannt, sondern es bestand um 1700 in dieser Hinsicht bereits eine gewisse Tradition darin, sich von den niederländischen Waisenhäusern etwas abzuschauen. So hatte schon Kurfürstin Louise Henriette in Oranienburg ein Waisenhaus erbauen lassen, das 1665 seine Arbeit aufnahm. Konkreter Entstehungshintergrund war möglicherweise ein Gelübde der Kurfürstin, eine fromme Stiftung ins Leben zu rufen, wenn Gott ihre Gebete im Hinblick auf die ersehnte Geburt eines Thronfolgers erhören würde.[53] Es war also in erster Linie nicht der konkrete Bedarf ausschlaggebend, ein solches

Waisenhaus zu errichten, sondern Anlass waren vielmehr die persönliche Religiosität der Kurfürstin und ihre Hoffnung auf einen Thronfolger.

Die Gründung dieses Oranienburger Waisenhauses ist recht gut erforscht, so dass an dieser Stelle einige wenige Hinweise genügen sollen. Die durch Louise Henriette initiierte Errichtung des Waisenhauses erfolgte wie gesagt auf der Grundlage niederländischer Vorbilder. Vor allem das von ihrer Tante Maria von Oranien 1612 gestiftete Waisenhaus im niederländischen Buren wird von der Forschung in diesem Kontext genannt. Ähnlich wie im Falle des Burener Waisenhauses war das Wappen der Oranier über dem Haupteingang des Oranienburger Waisenhauses angebracht. Zur Finanzierung stiftete Louise Henriette jährlich 1.200 Reichstaler, deren Verwendung sie genau festlegte, wie sich überhaupt feststellen lässt, dass die Kurfürstin sehr detailliert und mit großer Fürsorge die Richtlinien und Abläufe des Waisenhauses regelte. Das Oranienburger Waisenhaus hatte ein langes Leben: Es blieb bis in das 20. Jahrhundert hinein bestehen und wurde erst 1923 inflationsbedingt geschlossen.

Für den Gesamtzusammenhang dieses Beitrages ist es nun besonders aufschlussreich, darauf hinzuweisen, dass das Oranienburger Waisenhaus gewissermaßen ein Pendant im Fürstentum Anhalt-Dessau hatte, denn auch Johann Georg II. und seine Gemahlin Henriette Catharina riefen, nachdem ihnen 1663 ein Stammhalter geboren worden war, ein Waisenhaus in der Stadt Dessau ins Leben, das fünf Mädchen und fünf Jungen beherbergen sollte.[54] Inwiefern dabei mittel- oder unmittelbar niederländische Vorbilder eine Rolle spielten und wie diese fürstliche Stiftung von der Untertanenschaft wahrgenommen wurde, wäre noch eingehender zu untersuchen.

Damit sind wir abschließend bei einem grundsätzlichen Problem im Hinblick auf die Auswirkungen des Transfers niederländischer Kultur und Errungenschaften auf die Zielkultur, das heißt in unserem Fall für Anhalt-Dessau und Brandenburg-Preußen. Bezogen auf diese beiden deutschen Territorien wissen wir beim gegenwärtigen Forschungsstand noch zu wenig über die von der Kulturtransferforschung betonten dynamischen Wechselwirkungen zwischen der Ausgangs- und der Zielkultur, ferner über die konkreten Adaptions- und Rezeptionsformen auf Seiten der Zielkultur sowie insbesondere über die jeweilige (Fremd-)Wahrnehmung der Erscheinungsformen niederländischer Kultur. In diesen Punkten fehlen umfassende, systematische Untersuchungen, die über konkrete Einzelfälle hinausgehen.[55]

Grundsätzlich ist Horst Lademacher zuzustimmen, wenn er im Hinblick auf den deutsch-niederländischen Kulturtransfer im Goldenen Zeitalter von einem Kulturgefälle und von einer „Einbahnstraße von West nach Ost" spricht.[56] Doch wäre es sicherlich reizvoll und weiterführend, eingehender zu untersuchen, wie die niederländischen Künstler und Fachleute ihr Wirken in den deutschen Territorien wahrnahmen und inwiefern sich ihre Tätigkeit in der Fremde bzw. für deutsche Auftraggeber langfristig als prägend erwies. Und gleichermaßen aufschlussreich wäre eine Rezeptionsgeschichte niederländischer Einflüsse auf Brandenburg-Preußen und Anhalt-Dessau aus der Perspektive der Untertanenschaft, die ja die Resultate des niederländischen Kulturtransfers direkt vor Augen hatte, denkt man etwa an die vielleicht prominentesten Beispiele, nämlich die Schlossbauten zu Oranienburg und Oranienbaum, oder an das Zusammenleben der deutschen Untertanen mit niederländischen Neusiedlern.

Auch besteht noch erheblicher Forschungsbedarf bezüglich der Frage, inwiefern im hier behandelten Fall der Transfer niederländischer Kultur nach Anhalt über das Relais Kleve bzw. Berlin-Potsdam erfolgte oder ob nicht auch gegenläufige Entwicklungen nachgewiesen werden können. Beim gegenwärtigen Forschungsstand wird man hinsichtlich der Stoßrichtung des niederländischen Kulturtransfers jedenfalls kaum von einer Einbahnstraße von Brandenburg-Preußen nach Anhalt-Dessau ausgehen können. Die Wechselwirkungen zwischen Brandenburg-Preußen und Anhalt-Dessau waren vermutlich zu dynamisch, als dass Anhalt-

Dessau bei der Rezeption niederländischer Einflüsse lediglich als ein kultureller Juniorpartner des Hohenzollernstaates anzusehen ist. Wahrscheinlicher sind reziproke Prozesse, die eben nicht nur von Brandenburg-Preußen, sondern zum Teil auch von Anhalt ausgingen. Man wird also eher von einem Kräftedreieck Niederlande, Brandenburg-Preußen, Anhalt-Dessau auszugehen haben.

IV. Fazit

Der Kulturtransfer aus den Niederlanden nach Anhalt-Dessau und Brandenburg-Preußen in der zweiten Hälfte des 17. Jahrhunderts hat die Forschung bereits seit längerem besonders interessiert. Richtet man den Fokus auf die Motive der Niederländer, in diesen durch den Dreißigjährigen Krieg verwüsteten Territorien tätig zu werden, dann wird man beim gegenwärtigen Forschungsstand neben den politischen, wirtschaftlichen und konfessionellen Rahmenbedingungen vor allem den dynastischen Faktor akzentuieren müssen: Ohne die oranischen Heiraten wäre der niederländische Kulturtransfer nach Anhalt-Dessau und Brandenburg-Preußen im Untersuchungszeitraum wahrscheinlich nicht in der Intensität verlaufen, wie es bei der gegenwärtigen Forschungslage anzunehmen ist. Allerdings bleibt festzuhalten, dass – dies kann hier nur angedeutet werden – gerade die diesbezügliche Quellenlage zum Teil nicht unproblematisch ist und dass die Forschung noch deutliche Defizite aufweist. Dies betrifft vor allem die Frage nach möglichen Rückwirkungen der Tätigkeit der Niederländer in der Fremde auf ihre niederländische Heimat und die entsprechenden Wechselwirkungen zwischen Brandenburg-Preußen und Anhalt-Dessau. Hier besteht für weiterführende Studien zweifellos noch Spielraum, den es zukünftig auszuschöpfen gilt.

Anmerkungen

1 Michel Espagne/Michael Werner, Deutsch-französischer Kulturtransfer im 18. und 19. Jahrhundert. Zu einem neuen interdisziplinären Forschungsprogramm des C. N. R. S. In: Francia 13 (1985), S. 502–510; dies., La construction d'une référence culturelle allemande en France: Genèse et histoire (1750–1914). In: Annales ESC 42 (1987), S. 969–992.
2 Vgl. jüngst Michael North (Hg.), Kultureller Austausch. Bilanz und Perspektiven der Frühneuzeitforschung, Köln/Weimar/Wien 2009.
3 Vgl. Hans-Jürgen Lüsebrink, Interkulturelle Kommunikation. Interaktion, Fremdwahrnehmung, Kulturtransfer, Stuttgart/Weimar 2005, hier insbes. S. 131–138.
4 Vgl. Wolfgang Schmale, Einleitung: Das Konzept „Kulturtransfer" und das 16. Jahrhundert. Einige theoretische Grundlagen. In: ders. (Hg.), Kulturtransfer. Kulturelle Praxis im 16. Jahrhundert, Innsbruck u. a. 2003, S. 41–61, hier S. 43.
5 Vgl. Thomas Angerer, Einleitung. In: ders./Jacques Le Rider (Hg.), „Ein Frühling, dem kein Sommer folgte"? Französisch-österreichische Kulturtransfers seit 1945, Wien/Köln/Weimar 1999, S. 11–23, hier S. 16.
6 Vgl. Hans-Jürgen Lüsebrink, Kulturtransfer – methodisches Modell und Anwendungsperspektiven. In: Ingeborg Tömmel (Hg.), Europäische Integration als Prozess von Angleichung und Differenzierung, Opladen 2001, S. 213–226, hier S. 214 f.
7 Jan Konst/Inger Leemans/Bettina Noak (Hg.), Niederländisch-Deutsche Kulturbeziehungen 1600–1830, Göttingen 2009.
8 Heinz Duchhardt, Das Zeitalter des Absolutismus, München 1989, S. 5.
9 Horst Lademacher, Phönix aus der Asche? Politik und Kultur der niederländischen Republik im Europa des 17. Jahrhunderts, Münster u. a. 2007.
10 Vgl. Heinz Schilling, Höfe und Allianzen. Deutschland 1648–1763, Berlin 1989, S. 74 ff.
11 Vgl. Diedericke Maurina Oudesluijs, Wirtschaft und Technik in Brandenburg-Preußen. In: Horst Lademacher (Hg.), Onder den Oranje boom. Textband. Dynastie in der Republik. Das Haus Oranien-Nassau als Vermittler niederländischer Kultur in deutschen Territorien im 17. und 18. Jahrhundert, München 1999, S. 385–398; dies., Einflüsse der niederländischen Wirtschaft und Technik auf Brandenburg. In: Kulturstiftung Dessau Wörlitz/Stiftung Historische Sammlungen des Hauses Oranien-Nassau (Hg.), Die Niederlande und Deutschland. Aspekte der Beziehungen zweier Länder im 17. und 18. Jahrhundert, Dessau 2000, S. 33–41.
12 Olaf Mörke, ‚Stadtholder' oder ‚Staetholder'? Die Funktion des Hauses Oranien und seines Hofes in der politischen Kultur der Vereinigten Niederlande im 17. Jahrhundert, Münster/Hamburg 1997.

13 Heinz Schilling, Die Republik der Vereinigten Niederlande – ein bewunderter und beargwöhnter Nachbar. In: Heinz Duchhardt (Hg.), In Europas Mitte. Deutschland und seine Nachbarn, Bonn 1988, S. 20–28, hier S. 21.
14 Horst Lademacher, Die Republik der Vereinigten Niederlande. Skizze eines politisch-kulturellen Erscheinungsbildes. In: Lademacher (Hg.), Oranje boom (wie Anm. 11), S. 9–23, hier S. 12.
15 Ebd.
16 Ebd., S. 11.
17 Vgl. Olaf Mörke, Das Haus Nassau-Oranien als Brückenglied zwischen den politischen Kulturen der niederländischen Republik und der deutschen Fürstenstaaten. In: Horst Lademacher (Hg.), Oranien-Nassau, die Niederlande und das Reich. Beiträge zur Geschichte einer Dynastie, Münster/Hamburg 1995, S. 47–67, hier S. 63.
18 Vgl. ebd., S. 49.
19 Vgl. Klaus Conermann, Die Mitglieder der Fruchtbringenden Gesellschaft 1617–1650. 527 Biographien, Transkription aller handschriftlichen Eintragungen und Kommentar zu den Abbildungen und Texten im Köthener Gesellschaftsbuch, Weinheim/Deerfield Beach 1985, S. 203–206.
20 Lademacher, Phönix (wie Anm. 9), S. 677.
21 Ebd., S. 674.
22 Ulrike Hammer, Kurfürstin Luise Henriette. Eine Oranierin als Mittlerin zwischen den Niederlanden und Brandenburg-Preußen, Münster u. a. 2001.
23 Katharina Bechler, Schloss Oranienbaum. Architektur und Kunstpolitik der Oranierinnen in der zweiten Hälfte des 17. Jahrhunderts, Halle 2002; vgl. insgesamt auch Hartmut Ross, Niederland, Oranien und Anhalt (insbes. im 17. Jahrhundert). In: Dillenburger Blätter 10 (1993) Nr. 22, S. 34–49.
24 So der Titel von Mörke, Haus Nassau-Oranien (wie Anm. 17).
25 Klaus Vetter, Oranien-Nassau und die Hohenzollern im 17./18. Jahrhundert. Zur Charakterisierung einer Beziehung. Wiederabdruck in: Lademacher (Hg.), Oranje boom (wie Anm. 11), S. 213–224, hier S. 213.
26 Vgl. dazu das zutreffende Urteil von Peter-Michael Hahn, Hofhaltung und Kulturtransfer nach Berlin-Cölln und Potsdam bis 1740. Zur Rezeption und Imitation höfischer Stilelemente. In: Jürgen Luh/Vinzenz Czech/Bert Becker (Red.), Preussen, Deutschland und Europa 1701–2001, Groningen 2003, S. 253–279, hier S. 273: „Die gemeinsame Konfession bot für viele der [niederländischen] Kunstschaffenden sicher eine wesentliche Voraussetzung, um im fernen Brandenburg ihrer Profession nachzugehen, zumal in der Heimat die statthalterlose Zeit sowie der englisch-holländische Seekrieg dem Luxushandwerk geringe Umsätze bescherten."
27 Vgl. insgesamt Simon Groenveld, Beiderseits der Grenze. Das Familiengeflecht bis zum Ende der ersten oranisch-nassauischen Dynastie, 1702. In: Lademacher (Hg.), Oranje boom (wie Anm. 11), S. 139–156; Bernard Woelderink, Die dynastischen Beziehungen zwischen Oranien-Nassau und deutschen Fürstentümern. In: Die Niederlande und Deutschland (wie Anm. 11), S. 43–51.
28 Vgl. Michael Rohrschneider, Johann Georg II. von Anhalt-Dessau (1627–1693). Eine politische Biographie, Berlin 1998, S. 51–66.
29 Vgl. insbes. Horst Dauer, Schloßbaukunst des Barock von Anhalt-Zerbst, Köln/Weimar/Wien 1999, S. 344 ff.; Bechler, Oranienbaum (wie Anm. 23), S. 75 ff.; Gabri van Tussenbroek, Grachten in Berlijn. Hollandse bouwers in de Gouden Eeuw, Amsterdam/Antwerpen 2006, S. 157–180.
30 Vgl. Rohrschneider, Johann Georg II. (wie Anm. 28), S. 404.
31 Zu Oranienbaum ist die Dissertation von Katharina Bechler grundlegend (vgl. Anm. 23); vgl. darüber hinaus aus jüngerer Zeit Thomas Weiss (Hg.), Oranienbaum – Huis van Oranje. Wiedererweckung eines anhaltischen Fürstenschlosses. Oranische Bildnisse aus fünf Jahrhunderten, Dessau 2003, S. 41–47.
32 Julie Harksen, Die Entstehung von Stadt und Schloß Oranienbaum. In: Dessauer Kulturspiegel 9 (1962), S. 364–369, hier S. 364.
33 Bechler, Schloss Oranienbaum (wie Anm. 23), S. 166.
34 Vgl. Hammer, Luise Henriette (wie Anm. 22), S. 89.
35 Vgl. Ebd., S. 119.
36 Vgl. beispielshalber Helmut Börsch-Supan, Der Einfluß der niederländischen Malerei auf die Entwicklung der Künste in Brandenburg. In: Vorstand der Deutsch-Niederländischen Gesellschaft (Hg.), Auf den Spuren der Niederländer zwischen Thüringer Wald und Ostsee. II. Symposium der Deutsch-Niederländischen Gesellschaft, Berlin 1994, S. 91–102; Wolfgang Savelsberg, Niederländische Bildkunst im Auftrag der Henriette Catharina. Abraham Snaphaen, ein Leidener Maler in anhaltischen Diensten. In: Weiss (Hg.), Oranienbaum (wie Anm. 31), S. 165–173; Alexandra Nina Bauer (Bearb.), Anhaltische Gemäldegalerie Dessau. Die holländischen Gemälde des 17. und 18. Jahrhunderts. Kritischer Bestandskatalog, Bd. 3, [Dößel] 2005.
37 Vgl. Hammer, Luise Henriette (wie Anm. 22), S. 117.
38 Vgl. ebd.
39 Vgl. insgesamt Alexandra Nina Bauer, Die Porträtmalerei für das Haus Oranien-Nassau in der zweiten Hälfte des 17. Jahrhunderts. In: Weiss (Hg.), Oranienbaum (wie Anm. 31), S. 143–151.
40 Vgl. in diesem Sinne auch Helmut Börsch-Supan, Jagdschloß Grunewald. Niederländische Maler am Hof des Großen Kurfürsten in Berlin. In: Museums-Journal 5 (1991), Heft 3, S. 34–38, hier S. 35.
41 Vgl. Irmgard Hantsche (Hg.), Johann Moritz von Nassau-Siegen (1604–1679) als Vermittler. Politik und Kultur am Niederrhein im 17. Jahrhundert, Münster u. a. 2005; Gerhard Brunn/Cornelius Neutsch (Hg.), Sein Feld war die Welt. Johann Moritz von Nassau-Siegen (1604–1679). Von Siegen über die Niederlande und Brasilien nach Brandenburg, Münster u. a. 2008.
42 Vgl. Michael Rohrschneider, Johann Moritz von Nassau-Siegen als Scharnier zwischen niederländischer und kurbrandenburgischer Außenpolitik. In: Hantsche (Hg.), Johann Moritz (wie Anm. 41), S. 187–205.

43 Otto Meinardus, Eigenhändige Briefe des Großen Kurfürsten an Johann Moritz von Nassau. In: Forschungen zur Brandenburgischen und Preußischen Geschichte 19 (1906), S. 115–155.
44 Katharina Bechler, Aspekte zu Johann Moritz als Übermittler von Kunst und Landschaftsgestaltung nach Brandenburg. In: Hantsche (Hg.), Johann Moritz (wie Anm. 41), S. 227–239, hier S. 231.
45 Ebd.
46 Vgl. ebd., S. 232–236.
47 Vgl. Wilhelm Diedenhofen, Mars und Minerva. Betrachtungen zur Gartenkunst des Johann Moritz in Kleve. In: Hantsche (Hg.), Johann Moritz (wie Anm. 41), S. 155–171, hier S. 158.
48 Vgl. Diedericke Maurina Oudesluijs, Johann Moritz von Nassau-Siegen als Vermittler von wirtschaftlichen und technischen Methoden und Ergebnissen. In: ebd., S. 207–226, hier explizit S. 221.
49 Vgl. Michael Rohrschneider, Eine anhaltisch-oranische Eheschließung und ihre Folgewirkungen: Überlegungen zu Dynastie und Politik in der zweiten Hälfte des 17. Jahrhunderts am Beispiel Anhalt-Dessaus. In: Die Niederlande und Deutschland (wie Anm. 11), S. 53–58, hier S. 56.
50 Vgl. Joke Spaans, Early modern orphanages between civic pride and social discipline: Francke's use of Dutch models. In: Udo Sträter/Josef N. Neumann (Hg. in Verbindung mit Renate Wilson), Waisenhäuser in der Frühen Neuzeit, Tübingen 2003, S. 183–196.
51 Vgl. Fred A. van Lieburg, Niederländische Waisenhäuser und reformierter Pietismus im 17. Jahrhundert. In: ebd., S. 169–181, hier S. 170. Vgl. auch den Beitrag von Udo Sträter in diesem Band.
52 Claus Veltmann/Jochen Birkenmeier (Hg.), Kinder, Krätze, Karitas. Waisenhäuser in der Frühen Neuzeit, Halle 2009, insbesondere die Beiträge: Das Hallesche Waisenhaus von August Hermann Francke, S. 175–192, Die Ausstrahlung des Halleschen Waisenhauses, S. 193–206.
53 Zum Folgenden vgl. Hammer, Luise Henriette (wie Anm. 22), S. 103–108.
54 Vgl. Franz Brückner, Häuserbuch der Stadt Dessau, Dessau 1975–2002, hier S. 902; vgl. dazu die Akten im Landeshauptarchiv Sachsen-Anhalt, Abteilung Dessau, Abteilung Dessau C 9 c Nr. 52.
55 Vgl. als Fallbeispiel Wilhelm van Kempen, Das Reisetage- und Skizzenbuch des Architekten Christoph Pitzler, eine Quelle zur anhaltischen Kunstgeschichte des 17. und 18. Jahrhunderts. In: Mitteilungen des Vereins für Anhaltische Geschichte und Alterthumskunde 14/1 (1920–1922), S. 93–99.
56 Vgl. Lademacher, Phönix (wie Anm. 9), S. 677; ähnlich jüngst Ilja Mieck, Preußen und Westeuropa. In: Wolfgang Neugebauer (Hg. unter Mitarbeit von Frank Kleinehagenbrock), Handbuch der preußischen Geschichte. Bd. 1: Das 17. und 18. Jahrhundert und Große Themen der Geschichte Preußens, Berlin/New York 2009, S. 411–851, hier S. 491.

Bewegliche Baudenkmäler: Kulturtransfer und die Mobilität der Architektur

Bauwerke nehmen innerhalb der Kulturtransferforschung einen ganz besonderen Platz ein: Zu ihrem ureigensten Wesen gehört es, *unbeweglich* zu sein, genau dort zu bleiben, wo sie sind. Architekturkonzepte dagegen sind universell *beweglich*; als Ideen, als Texte, Bilder oder Modelle können sie auch größte Entfernungen leicht überwinden. So findet sich z. B. im Herzen Brandenburgs eine Sonderform des Architekturstils des 17. Jahrhunderts, der sogenannte *Holländische Klassizismus*. Innerhalb des jahrhundertelangen Kulturtransfers zwischen den Niederlanden und dem mitteldeutschen Raum bildet die Baukultur der Prinzen von Oranien einen besonders interessanten Fall. Der vorliegende Artikel geht der Frage nach, wie und warum der Holländische Klassizismus in anderen Nationen so schnell auf Zustimmung stieß. Es wird zu zeigen sein, dass Oranier und Preußen eine gemeinsame Vorliebe für Architektur und die Reize des „Niederlandismus" verband.

Moving Monuments: Cultural Transfer and the Mobility of Architecture

Freek Schmidt

I. Architecture of the Oranges

For Henriette Catharina and her husband Johann Georg II von Anhalt-Dessau it was only natural that their *Oranienbaum* would recall architectural features of the familiar buildings the Oranges built in the Hague and their domains, spread across the united provinces of the Republic.[1] The architecture of residential palaces and country estates, instruments of princely propaganda under Frederik Hendrik (1584–1647), became crucial for his widow, Amalia van Solms in securing her own position and that of her daughters. To preserve the Orange dynasty in the absence of a male heir, Orange should become a household name. It was attached to the *Oranjezaal* in The Hague where the whole decoration was dedicated to the memory of the virtuous stadholder Frederik Hendrik, his ancestors and offspring. One painting showed the 'fiktive Regentschaft' of Orange, depicting Amalia with her four daughters, who went on to marry German princes and founded houses significantly named *Oranienhof, Oranjewoud, Oranienburg* and *Oranienbaum*. The architecture of their estates became charged with political and dynastic meaning, representing a successful and powerful dynasty that in reality was powerless because of the absence of male descendants – at least on the level of international nobility. To create *Oranienbaum*, several craftsmen and engineers came and helped with hydraulics and water management in the principality. The carpenter Cornelis Ryckwaert is today considered the architect of *Oranienbaum*, and has come to personify the know-how import of the Dutch in Middle Germany and Prussia.[2] He probably came to Brandenburg with Johann Moritz von Nassau-Siegen (1604–1679), who can be considered the most versatile mediator of the architecture that originated at the court of Frederik Hendrik in Holland.

Frederik Hendrik embraced architecture as a powerful tool for constructing identity, and to communicate dynastic ambitions. With his building campaigns he created a court architecture not seen before in the Republic.[3] Building palaces with magnificent gardens and creating and expanding collections of art were as much part of the couple's dynastic ambitions as were their strategic marriage policy and forging allegiances with prominent European princes. It secured their roles as important players on the European stage, with a court culture of display and pomp that could compete, in intensity rather than scale, with the royal residences of Paris, London, Heidelberg and Prague.[4] Many of his projects were initiated after the winter of 1620–1621, when Frederick V of Bohemia and Elizabeth Stuart found sanctuary in The Hague, giving the Oranges a taste of court culture that became even more important with Frederik Hendrik's assumption of the general stadholderate of the United Provinces and his marriage to Amalia of Solms in 1625.[5] The prince was inspired by royal conduct, ceremonial, and the art and architecture of the European princely courts. Although

Fig. 1 Frederick Henry of Orange-Nassau (1584–1647), 18th-century copy of a painting by Anthonis van Dyck

Fig. 2 Amalie of Orange-Nassau (1602–1675), born princess of Solms-Braunfels, 18th-century copy of a painting by Anthonis van Dyck

the group of courtiers and servants remained modest in terms of size and structure on a European scale, as the highest ranking servants in the federal Republic the Oranges were able to play a deceisive role.[6] International courtly culture required an architecture that sustained the prince's status in the Republic, but also referred to international standards of court architecture and the Orange's international diplomatic prestige.[7] It demanded a lavish appearance of appropriate architectural décor, demonstrating wealth and taste, and offering distinct spaces and interior furnishings for various occasions, gatherings, ceremonies and other festivities and ceremonies, to receive and entertain high raking guests.

From the very start, the prince looked beyond the borders of the Republic to gather the forms and the talents that were to shape this new architecture. As has been summarized, in the architecture of Frederik Hendrik and his 'circle', Italian and French examples for spaces such as courtyards, staircases, galleries, salons are both prominent.[8] For Honselaarsdijk, part of the house's architecture drew upon French, Italian, Flemish and Bohemian sources.[9] The original 'French design' for Ter Nieuburgh of the early 1630s was inspired by the Palais du Luxembourg, built in Paris for Maria de Medici, King Henri IV's widow, from 1615 onward.[10] Plans of various buildings resemble designs by famous architects that circulated in print, while other features enhance the local character of building or refer to historically meaningful antecedents.[11]

Frederik Hendrik particularly looked to Paris, where he had stayed at the court of his godfather Henri IV with his mother, Louise de Coligny for eighteen months in 1597–1599, and would return several times. He recruited artists from Paris, who were familiar with large building and garden projects, like the Palais du Luxembourg and the Tuileries gardens. The building program undertaken by the king offered plenty of inspiration for the redesign of Het Oude Hof (Paleis Noordeinde), Honselaarsdijk, Ter Nieuburgh, while the redevelopment of the former stadhouder's garden into the new fashionable quarter of Het Plein in The Hague seems inspired by the king's project for the Place Royale (des Vosges).[12]

In the gardens of Honselaarsdijk and Ter Nieuburgh, many ideas and forms came together. Room was given to continue the sixteenth-century tradition of the garden as a *Wunderkammer*, but they also established links with renowned gardens of other Northern European courts, seeking approval of French designers, and incorporating Italian principles. This input was then adapted to the peculiarities of the Dutch landscape, leading to experiments with diagonal lines, semicircular forms, a strict framework of canals and moats, tree-lined avenues and wide views over the countryside. Thus the new landscapes created under the stadholder's eclectic vision synthesized traditional genres with symbolic meaning, combined classicist order with indigenous practices, mixing innate forms with exotic ingredients in innovative creations. The result of Frederik Hendrik's garden projects shaped the so-called Dutch garden as it became known that was exported through family ties to *Oranienburg* near Berlin and *Oranienbaum* near Wörlitz, and influenced garden layouts in Sweden and the German countries.[13]

Frederik Hendrik employed various architects and builders, but detailed accounts of their individual activities do not survive, complicating the attribution of designs to specific artists.[14] Two of the well-known artists came from France and would continue their careers at other courts. The first architect that was officially employed by the stadhouder was the Frenchman Simon de la Vallée in 1631, who moved on to Sweden. His compatriot, the garden designer André Mollet, author of *Le Jardin de Plaisir* (1651) came recommended as gardener to Charles I of England, and would also

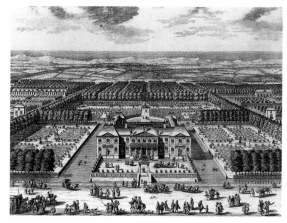

Fig. 3 View of Honselaarsdijk castle and park, etching by Daniel Stoopendaal, around 1710

head for Sweden before returning to the court of Charles II to do St. James' palace gardens.[15] In later years Dutch architects replaced the foreigners, often recruited via secretary Constantijn Huygens (1596–1687), such as the painter Jacob van Campen, who became involved in the planning and decoration of Honselaarsdijk, Ter Nieuburgh and Huis ten Bosch, later followed by the painter-architect Pieter Post.[16]

The architectural style would soon spread over the Republic of the Golden Age,[17] but "Frederik Hendrik fostered the identification of the style with court structures, laying visual claim to its attributes and helping to associate the princely house with ambitious ideas of power, grandeur, and intellectual theory".[18] In a few years an internationally oriented court architecture was created, inspired by Italian treatises, French design and English examples, a blending of various influences and practices unified by craftsmen under the supervision of the prince, assisted by his secretary.

II. Amateurs

The choices made by Frederik Hendrik are generally attributed to 'a passion for building', an almost customary activity for an enlightened prince.[19] His secretary Constantijn Huygens re-

Fig. 4 Oranienbaum Castle from the town side, engraving by Johann Gottfried Krüger after Tobias Schuchart, 1710

corded how for Frederik Hendrik, architecture was "un de ses plus aggreables divertissements",[20] a pastime that was hardly interrupted by the stadholder's military campaigns. More unusual was that the Prince himself designed landscapes and architectural features for his projects, and was very outspoken in his preferences for specific interior design schemes, sometimes overriding his professional architects.[21] Huygens assisted the stadholder with expert architectural advice, and on most occasions will have acted as intermediary between him and the architects and artists employed. He had traveled widely and due to his diplomatic missions he was "the one person in the Netherlands known to have seen both Palladio's and Scamozzi's buildings in the Veneto and Jones' Banqueting House in London".[22] He corresponded on architecture with Rubens, and in his letters and the manuscript *Domus* shows a passion for architecture, a subject he was also obliged to reflect on as part of his professional duties.[23]

Scholars disagree on the depth of Huygens's involvement in the architecture and decorative programs, and his influence in commissioning painters in the name of the court.[24] Recently, his role as a courtier between the status of advisor or intermediary in matters of art, has been reconsidered.[25] Although as a secretary, Huygens was involved in all projects that endowed the Orange court with a princely image, either in the capacity of an intermediary or corresponding with the stadholder or the princess, or communicating directly on matters of art with painters and advisors chosen for the various decorative programs. All major decisions were taken by the prince and Amalia, with Huygens being responsible for communicating everything to the commissioned artists and craftsmen, and attending to the proper execution. He was not in the position to make his own artistic decisions, but his taste seems to have corresponded with the prince's. In architectural matters, the situation seems to have been slightly different.[26] Huygens was an erudite scholar of architecture. Through his international network that included many experts in various fields he was extremely well-informed, a virtuoso whose reputation was recognized widely during his lifetime.[27] Building his dream house and *Domus* attest to his first-hand knowledge of architecture, theory and treatises.[28]

In 1633 the prince decided to spend the summers at Honselaarsdijk and to redevelop his former garden next to the Binnenhof for the embellishment of The Hague. A square, the Plein, was to be flanked on three sides by rows of houses and on the fourth with a garden, with one exception.[29] On the south end the stadholder offered his secretary a plot to build his own house, while on the northern end, replacing a sixteenth-century roundel in the Hofvijver next to the Binnenhof, his nephew Johann Moritz of Nassau-Siegen was permitted to acquire the land to build his house, the later Mauritshuis.[30] According to Huygens, the main form of his 'domus', with winged forecourts like Honselaarsdijk and the Oude Hof, was proposed by the Prince himself, "aveq sa basse-cour, galleries et autres appartemens, le tout à l'instance de S. Exe".[31] This reinforces the idea of the Prince as a highly opinionated and independent decision maker in matters of architecture – an image that Huygens, with his ambition to consolidate his position and that of his family at court, may well have wanted to uphold wherever he could.[32] But Huygens' share in the creation of his own home (demolished c. 1890), should not be ignored. When stating that van Campen assists him 'like a true Vitruvius', he is merely stating that he profited greatly from both his skills as a draftsman to sketch the initial idea, as well as from the architect's artistry to refine his intentions and specify his requirements.[33] There remains a substantial difference between design as something intended, and its projection in a drawing, refracted through the aid of a hired hand. A gentleman might think and create like an artist, but he employed craftsmen to achieve his goals in actual practice. Huygens may not have been his own architect, but he will have certainly considered his house as his own creation.

Modern questions of authorship that often simplify the distinction between amateurs and professionals, may be put into perspective by considering early modern codes of appropriate behaviour in a culture of civility and *honnêteté*. It has been noted that Huygens adopted a double family strategy to display the family's capital to the outside world, and within the family, do everything to secure it.[34] Huygens studied the role of the courtier, and published a long poem *Een wijs hoveling* ("A prudent courtier") in 1625.[35] Instead of opting for laborious application, a *liefhebber* or virtuoso performed his expertise as a recreation.[36] While mastering not one of the arts and sciences professionally, the courtier could be extremely well informed and studious, but would not pose as more than a mere amateur.[37] Seen in this light, a passion for architecture, as performed by the courtier, was all but professional conduct or the performance of a trade. It was amateurism of the highest order. For Huygens this dabbing in architecture came to the fore during the creation of his own, more or less private projects for his retreat Hofwijck and his town house at the Plein, while as a courtier, it helped him to support and channel the architectural desires of his prince. Thus the prince had the vision, the courtier Huygens the knowledge, while artists inserted creativity and craftsmen applied their skills, all having their share in creating the architecture at court.

The stadholder's nephew Johann Moritz was contaminated with a similar "Bauleidenschaft".[38] He made a brilliant career in the 'Staatse Leger' and spent many winters in the circle of the court of the stadholder in The Hague where he made the acquaintance of the stadholder's secretary Huygens. Their contact intensified as a result of building their houses on the west side of Het Plein. In the prince's absence, especially during his years in Brazil (1636–1644), Huygens acted as a supervisor. As with many other building projects in the circle of the stadholder during his reign, it is difficult to identify a principal author of the Mauritshuis. Series of drawings by Pieter Post of 1652 after originals by Jacob van Campen suggest that the latter had a large share in its architectural refinement and decorative program, with inspiration taken from various French and Italian sources that suggest that the stadholder's architect de la Vallée also contributed.[39] Surely the patron himself and his neighbor Huygens had their share in deciding on the architectural decoration, the internal distribution and the decorative program. The stadholder will have eagerly observed the two building projects on 'his' Plein, so close to his official quarters on the Binnenhof. A certain level of conformity of both houses to the newly developed style of the court will have been greatly appreciated, if not demanded by the Prince.[40]

Dutch architecture arrived in Brandenburg in the seventeenth century through different channels.[41] Elector Friedrich Wilhelm was full of admiration for the Republic. Dutch fortifications, hydraulics and urban design were studied and transferred in restoring Brandenburg after the Thirty Years War. It has been suggested that the Elector's four-year-stay in the Republic made him particularly receptive to Dutch examples, and it is known that he discussed with the Prince details for the new galleries of Ter Nieburgh. Whether he admired the style and craftsmanship, the engineering, the possibilities of architecture to construct identity, or a bit of everything, is not entirely clear. But he found a formidable intermediary in Johann Moritz.[42] He advised the elector, but also mediated between Berlin and Dutch architects. Many craftsmen and builders from Holland, not necessarily trained as architects and engineers but experienced practicians, were sent forth to do infrastructural work. His architectural endeavors continued in Brazil as a governor, in Kleve as stadholder from 1647, and in Brandenburg as commander of the Knights of St. John from 1652. He was involved in the building of the Sonnenburg and the Electors palace at Potsdam, the last being executed with the knowledge of preliminary work by Jacob van Campen, under the supervision of Johann Gregor Memhardt who had been trained in Holland.[43]

Fig. 5 Sonnenburg Castle in the Neumark, postcard, around 1900

Contributions of Johann Moritz to the landscape architecture in Potsdam and Berlin – Unter den Linden – are also acknowledged.[44] Johann Moritz' specific interest as demonstrated in his gardens at Kleve,[45] combined with his knowledge of the prince's gardens, and The Hague's highly appreciated tree-lined promenade of the Lange Voorhout he knew from his Dutch years, once again point to the mobility of architecture through the mediation of a passionate amateur.

III. Netherlandism

The extensive system of architectural transfer that can be found between the Republic and the "mitteldeutschen Raum" was initiated by princely patrons who were busy constructing identity and communicating dynastic ambitions in a changing Northern European political landscape. Architecture, urbanism and landscaping were employed to claim and demarcate territory, to create and shape a representative environment that could sustain and represent princely status. To create their new palaces, gardens, layouts and fortifications, experts – engineers and surveyors, artists and craftsmen – were invited, recruited and exchanged or sent over. Frederik Hendrik envisaged a new court architecture, with Huygens and Johann Moritz taking up roles of mediators, or agents of cross-cultural and international architectural influence, contributing substantially to early modern European architectural relationships. The experience of working for this extremely well-educated, intellectual, traveled, and ambitious elite with their extensive networks, presented generations of artists, designers, craftsmen, engineers and builders the chance of being employed by princes and have the privilege to work on a grander scale than they normally would have been able to. The renown of Frederik Hendrik's new architecture may have stimulated a growing international interest in the court style and in the work of architects adopting and further developing its forms, but also in Dutch

Fig. 6 Title page of: Nicolai Goldmann: Vollständige Anweisung zu der Civil-Bau=Kunst, 1708

building techniques and engineering, fortification, and Dutch architectural books. Trained architects, often with first-hand knowledge of Italian architecture, found careers at the courts of Copenhagen and Warsaw with works that demonstrate classicism as it had been produced in Holland and would become widespread in Northern Europe. Young men came to the Republic to study architecture, for instance at Leiden University, with its engineering school, the 'Duytsche Mathematique', while others took classes in mathematics and architecture with Silesian born Nicolaus Goldmann, whose posthumously published *Vollständige Anweisung zur Civil-Baukunst* of 1696 and several dictates of his lectures and manuscripts of his teachings, preserved in the Baltic and Germany, show his complete method to learn architecture – with a strong preference for Netherlandish classicism.[46] Many patrons from the Baltic and Sweden in particular visited the Republic, and Amsterdam – the center of international trade and a hub of information – often only briefly, but profited from networks of agents, including diplomats, factors, political representatives and artists.[47] These agents could procure books, prints, but also meet artists and commission designs or drawings, while others produced their own travel diaries.

Frederik Hendrik appears to have been at the basis of what later developed into Netherlandism, described by Thomas DaCosta Kaufmann in 1995, a specific and original, non-Gallic form of classicism: "When we find works that seem to resemble the classicism of Versailles, we may actually be encountering the traces of Netherlanders and their pupils, who had an impact in Northern Europe from Düsseldorf to St. Petersburg."[48] Kaufmann specifically mentions the relations between the House of Orange and Brandenburg, as well as other German courts, stating that the importance of this 'Netherlandism' has not been sufficiently appreciated, with the result of 'important elements in a process of cultural exchange' having not been identified properly.[49] Since these remarks were made some fifteen years ago, the processes of

Fig. 7 „Das freystehende Hauß" (*The detached house*). Front elevation and floor plan, drawing by Leonhard Christoph Sturm, in: Nicolai Goldmann: Vollständige Anweisung zu der Civil-Bau=Kunst, 1708

cultural exchange and the dissemination of Dutch classicism has received its share of attention.[50] Still, they deserve closer scrutiny by moving away from national and stylistic histories of art and architecture, and the study of Dutch practices in relation to architectural developments elsewhere. In fact, Netherlandism incorporated ideas and forms from a variety of sources, nations and geographical areas on a scale not seen before, which seems to speak for a certain European awareness rather than a certain proto-nationalist Dutchness. Looking at courts as important nodes of early modern networks, we can see architectural ideas moving back and forth between states, being appropriated by various European dynasties, thus contributing

Fig. 8 Huis ten Bosch from the garden side, coloured engraving by unknown artist, around 1700

to an architecture of a supranational or pan European character.

Dynastic considerations were mixed with various European architectural characteristics again in the development of the garden of Het Loo in the times of William III, stadholder and king of England. What was to be expected, in terms of architecture, from a prince of Orange, son of an English mother, Mary Stuart, raised by his great aunt, the Winter Queen Elisabeth Stuart, who married his cousin Mary? Obviously a sensibility towards English architecture, besides a special interest in the buildings of his ancestors of the House of Orange he inherited, with their mixture of influence from early seventeenth-century French court architecture and the vocabulary of classicism as developed by the Italian architects Palladio and Scamozzi. In 1686, Huis ten Bosch, with its Oranjezaal devoted to the dynasty of Orange, formed the perfect location for the Great Ball celebrating William's anniversary, organized by his wife, Mary Stuart, and commemorated in a special print. Meanwhile, William attracted the Huguenot Daniel Marot as his 'dessinateur' and made him responsible for the refurbishment of the interiors of his apartments and gardens, introducing what has become known as Dutch Louis Quatorze style.[51] It would be silly to consider William's architecture as typically Dutch. Elements taken from different traditions in architecture, decoration and garden design, from various nations – at least five, including the Republic's – may indeed have been deliberately applied as such, or assimilated with the intention of integrating various exotic and foreign elements in a new setting.[52] More appropriately, and taking into account the fact that the princes of Orange were always keen on presenting themselves simultaneously as servants of the Republic, as commander-in-chief of the armed forces, and since they belonged to the high European nobility, it seems more appropriate to consider their architectural endeavors as a consequence of their self-image in cultural politics of cosmopolite European, Enlightened rulers. As a consequence, the architecture they pursued should be understood as deliberately eclectic and pan European, selecting whatever style or decorative scheme appeared best, and developing in such a way that it supported their claims as a princely dynasty on the international stage of nobility. Their architecture, therefore, is typically Orange, rather than typically Dutch.

IV. Eighteenth-century eclecticism

In the eighteenth century, the direct influence of Netherlandism seemed to dry up, and Paris replaced Holland as center of architectural transfer. The Republic was still visited by architectural enthusiasts to study hydraulics and masonry, but fashionable designs came from Paris-trained architects and decorators. However, another aspect of the original contribution made by the Republic and their main architectural patrons of the Golden Age may have endured, not in its stylistic apparatus or decorative shell, but in its exemplary eclectic approach towards architecture. Selecting whatever exotic, foreign or imported style, technique or decorative scheme was considered most suitable, could, almost paradoxically, be administered to construct identity. To stress this point, this essay concludes with a brief glimpse at Potsdam's *Holländisches Viertel*.

The Amsterdamian Jan Bouman built the Dutch quarter in red bricks for Friedrich Wilhelm I to house Dutch craftsmen, presumably to make them feel at home. But one does not have to be raised in Amsterdam to see that the Dutch quarter is not Dutch at all.[53] Neither Bouman nor the prince bothered, since the aim was simply to make a world exhibition of architecture, not unlike the one that would later find its place in the landscape garden. Personal ties and knowledge between Brandenburg and the Republic stimulated Friedrich Wilhelm to offer the Quarter as a generous gift to the new fellow citizens from the Netherlands. Friedrich Mielke observed that the quarter differs from other imports at the Prussian court, stressing it should not simply be interpreted as "Aufgeschlossenheit des Barock für fremde Länder und ihre Produkte".[54] Is this indeed the case? Was the King merely collecting "Holländereien" like "Schaustücke, wie andere Höfe Exotika sammelten, sich mit Chinoiserien umgaben oder Kunstkabinette anlegten"?[55] It is tempting to see the Quarter as one of the first components of a new capital of architecture, as has been suggested. A new sense of stylistic decorum, based on a distanced, historicized notion of forms, informed the architecture of Frederician Prussia, ranging from the "Potsdam Viertel", to the new palaces and service buildings, gardens and their exotic architectures, to the developments of the royal quarter in Berlin.[56] It offers an explanation for the plethora of styles that was produced in different buildings at the same time for the same patron.

Whatever was intended in Berlin, this fragmentation of stylistic unity could have repercussions for architectural transfer. Among other things, it seems to have increased the circulation of alternative styles of architecture – originally limited to use in the landscape garden – to be constructed simultaneously, anticipating nineteenth-century practices all over Europe. In conclusion we can speculate and suggest that both Leopold von Anhalt-Dessau, the creator of the Wörlitz Gartenreich, as well as Frederick II of Prussia, were at least in part inspired by the Orange passion for architecture. Not unlike their distant relatives had done to construct an architecture for the House of Orange, they were appropriating, domesticating and assimilating exotic and foreign architectures in a new setting, thus creating distinct and original, moving monuments to the built environment of their domains.

Notes

1 Katharina Bechler, Schloss Oranienbaum. Architektur und Kunstpolitik der Oranierinnen in der zweiten Hälfte des 17. Jahrhunderts, Halle 2002; idem, Die Fürstin Henriette Catharina und ihr Schloss Oranienbaum – Ein Bauwerk zur Präsentation der oranischen Dynastie. In: Thomas Weiss (ed.), Oranienbaum. Huis van Oranje, Wiedererweckung eines anhaltischen Fürstenschlosses. Oranische Bildnisse aus fünf Jahrhunderten, München/Berlin 2003, pp. 30–39.
2 Ibid., p. 34. See also the article by Michael Rohrschneider in the present publication.
3 Rudolf Rasch, Een raadsman voor de kunsten. Constantijn Huygens als adviseur van Frederik Hendrik. In: Harald Hendrix and Jeroen Stumpel (eds.), Kunstenaars en opdrachtgevers, Amsterdam 1996, pp. 89–117, p. 90.
4 Bechler, Fürstin Henriette Catharina (as in note 1), p. 34.
5 Marika Keblusek, Het Boheemse hof in Den Haag. In: Marika Keblusek/Jori Zijlmans (eds.), Vorstelijk vertoon aan het hof van Frederik Hendrik en Amalia, Zwolle/Den Haag 1997, pp. 47–57. See also: Simon Groenveld, De Winterkoning. Balling aan het Haagse hof, Den Haag 2003, p. 45.
6 Olaf Mörke, De hofcultuur van het huis Oranje-Nassau in de zeventiende eeuw. In: Peter te Boekhorst/Peter Burke/Willem Frijhoff (eds.), Cultuur en maatschappij in Nederland 1500–1850. Ee historisch-antropologisch perspectief, Meppel/Amsterdam/Heerlen 1992, pp. 39–77; idem, Het hof van Oranje als centrum van het politieke en maatschappelijke leven tijdens de Republiek. In: Keblusek/Zijlmans, Vorstelijk (as in note 5), pp. 58–71; Jeroen Duindam, Tussen tafellaken en servet. Het stadhouderlijk hof in dynastiek Europa. In: Bijdragen en mededelingen van het Historisch Genootschap 124 (2009), pp. 536–558.
7 Jonathan Israel, The United Provinces of the Netherlands. The Courts of the House of Orange c. 1580–1795. In: John Adamson (ed.), The Princely Courts of Europe. Ritual, Politics and Culture under the Ancien Régime 1500–1750, London 1999, pp. 119–139, p. 127.
8 Koen A. Ottenheym, "van Bouw-lust soo beseten". Frederik Hendrik en de bouwkunst. In: Keblusek/Zijlmans, Vorstelijk (as in note 5); pp. 105–125; Pieter Vlaardingerbroek, De stadhouder, zijn secretaries en de architectuur. Jacob van Campen als ontwerper van het Huygenshuis en de hofarchitectuur in der Frederik Hendrik. In: Nederlands Kunsthistorisch Jaarboek 51 (2000), pp. 61–81.
9 Peter van der Ploeg and Carola Vermeeren, From the 'Sea Prince's' Monies: The Stadholder's Art Collection. In: Peter van der Ploeg/Carola Vermeeren (eds.), Princely Patrons. The Collection of Frederick Henry of Orange and Amalia of Solms in The Hague, The Hague/Zwolle 1997, pp. 34–60, p. 44. Thus, for instance, the Diana cycle of paintings in Honselaarsdijk was inspired on the *Galerie de Diane* at Fontainebleau, while the more than 100-piece gallery of portraits of rulers, predecessors, princes and other important people of Italian origin was also introduced as an almost customary attraction of a princely palace. Barbara Tucker, The Art of Living Nobly: the Patronage of Prince Frederik Hendrik (1584–1647) at the Palace of Honselaarsdijk during the Dutch Republic, Ph. D. Thesis, Institute of Fine Arts, New York University 2002, p. 22.
10 Vanessa Bezemer Sellers, Courtly Gardens in Holland 1600–1650, the House of Orange and the Hortus Batavus, Amsterdam 2001, pp. 69–76.
11 As in the case of Honselaarsdijk and its similarities with the castle of Breda. Tucker, The Art of Living (as in note 9), pp. 22–30, p. 403–404. Dynastic claims were incorporated in the layout of the gardens, with a central axis that was symbolically focusing on the Nieuwe Kerk's tower in Delft, the location of the mausoleum of Frederik Hendrik's father, William the Silent; Bezemer Sellers, Courtly Gardens (as in note 10), p. 67.
12 H. G. Bruin, Het Plein en het Huis. In: F. R. E. Blom/H. G. Bruin/Koen A. Ottenheym (eds.), Domus. Het huis van Constantijn Huygens in Den Haag, Zupthen 1999, pp. 47–86; Ottenheym, Bouw-lust (as in note 8), p. 105; Hilary Ballon, The Paris of Henri IV. Architecture and Urbanism, Cambridge, Mass./London 1991, chapter 2.
13 Bezemer Sellers, Courtly Gardens (as in note 10), pp. 262–268; Florence Hopper, The Dutch Classical Garden and André Mollet. In: Journal of Garden History 2 (1982), pp. 25–40; idem, De Nederlandse klassieke tuin and André Mollet. In: Bulletin Koninklijke Nederlandse Oudheidkundige Bond [KNOB] 82 (1983), pp. 98–115.
14 Annemie de Vos, Hof van Den Haag en hof van Brussel (1590–1630). Structurele organisatie van de bouwprojecten tijdens de regering van prins Maurits en van de aartshertogen Albrecht en Isabella. In: Bulletin KNOB (as in note 13) 98 (1999), pp. 198–213, pp. 204–205.
15 Ottenheym, Bouw-lust (as in note 8), p. 108; Bezemer Sellers, Courtly Gardens (as in note 10), p. 127; Badeloch Noldus, Trade in Good Taste. Relations in Architecture and Culture between the Dutch Republic and the Baltic World in the Seventeenth Century, Turnhout 2004, p. 38; Kristoffer Neville, Nicodemus Tessin the Elder. Architecture in Sweden in the Age of Greatness, Turnhout 2009, p. 13. On de la Vallée see: Tord K. G. O. Nordberg, De la Vallée. En arkitektfamilj i Fankrike, Holland och Sverige/Vie d'une famille d'architectes en France, Holland et Suède, Stockholm 1970. On Mollet see: Hopper, The Dutch Classical Garden (as in note 13).
16 Koen A. Ottenheym, The painters cum architects of Dutch classicism. In: Albert Blankert (ed.), Dutch classicism in seventeenth-century painting, Rotterdam 1999, pp. 34–52.
17 Wouter Kuyper, Dutch Classicist Architecture. A Survey of Dutch Architecture, Gardens and Anglo-Dutch Relations from 1625 to 1700, Delft 1980; Koen A. Ottenheym, Classicism in the Northern Netherlands in the seventeenth century. In: Guido Beltramini et al. (eds.), Palladio and Northern Europe. Books, Travellers, Architects, Milan 1999, pp. 150–167.
18 Tucker, The Art of Living (as in note 9), p. 408, vii.
19 See Ottenheym, Bouw-lust (as in note 8); Dirk Frederik Slothouwer, De Paleizen van Frederik Hendrik, Leiden 1945, pp. 9–11; Krista de Jonge/Koen A. Ottenheym (eds.), Unity and Discontinuity. Architectural relations

between the Southern and Northern Low Countries 1530–1700, Turnhout 2007, pp. 189–202.
20 Letter of Huygens to Amalia van Solms, 04.06.1639, cited from: Slothouwer, Paleizen (as in note 19), p. 10; Bezemer Sellers, Courtly Gardens (as in note 10), p. 13, p. 127 (n. 6: Worp, III, 222, Huygens to Amalia van Solms, 29.08.1641).
21 Tucker, The Art of Living (as in note 9), pp. 340–342.
22 Giles Worsley, Inigo Jones and the European Classicist Tradition, New Haven/London 2007, pp. 53–54.
23 Blom/Bruin/Ottenheym, Domus (as in note 12), p. 22 (ms. Domus, fol. 746r.); Vlaardingerbroek, De stadhouder (as in note 8), p. 70. See also: Gerrit Kamphuis, Constantijn Huygens, bouwheer of bouwmeester. In: Oud Holland 77 (1962), pp. 151–180.
24 See Rasch, Een raadsman voor de kunsten (as in note 3); Inge Broekman, Constantijn Huygens, de kunst en het hof, Ph. D. Thesis University of Amsterdam, 2010, p. 127; Wouter Kuyper, Dutch Classicist Architecture (as in note 17) pp. 62–63.
25 Broekman, Constantijn Huygens (as in note 24), pp. 125–175 (chapter 3).
26 Vlaardingerbroek, De stadhouder (as in note 8), Tucker, The Art of Living (as in note 9), pp.343–344; Broekman, Constantijn Huygens (as in note 24), p. 237.
27 Lisa Jardine, The Reputation of Sir Constantijn Huygens: Networker or Virtuoso?. KB Lecture 5, ed. by the Netherlands Institute for Advanced Study in the Humanities and Social Sciences (NIAS), Wassenaar 2008; idem, Going Dutch. How England plundered Holland's Glory, London 2008, pp. 91, 207–210.
28 See Blom/Bruin/Ottenheym, Domus (as in note 12).
29 J. K. van der Haagen, Het Plein, Huygens en Frederik Hendrik. In: Jaarboek Die Haghe 1928/29, pp. 6–39.
30 Hans Bots, Johann Moritz und seine Beziehungen zu Constantijn Huygens. In: Guido de Werd (ed.), Soweit der Erdkreis reicht. Johann Moritz von Nassau-Siegen 1604–1679, Städtisches Museum Haus Koekkoek, Kleve, 1979, pp. 101–106; J. J. Terwen, Johann Moritz und die Architekten. In: ibid, pp. 127–141; J. J. Terwen, The Buildings of Johan Maurits van Nassau. In: Ernst van den Boogaart (ed.), Johan Maurits van Nassau-Siegen 1604–1679. A Humanist Prince in Europe and Brazil. Essays on the tercentenary of his death, The Hague 1979, pp. 54–141, pp. 56–87; Evelyn de Regt, Mauritshuis. De geschiedenis van een Haags stadspaleis, 's-Gravenhage 1987.
31 Vlaardingerbroek, De stadhouder (as in note 8), p. 64, p. 78; Broekman, Constantijn Huygens (as in note 24), p. 237; Tucker, The Art of Living (as in note 9), p. 344, pp. 376–377.
32 On Huygens social strategy and art connoisseurship at court, see: Broekman, Constantijn Huygens (as in note 24), p. 229.
33 Vlaardingerbroek, De stadhouder (as in note 8), pp. 63–64.
34 Herman Roodenburg, The Eloquence of the Body. Perspectives on gesture in the Dutch Republic, Zwolle 2004, chapter 2, and esp. p. 74.
35 Ibid., pp. 37–38; Constantijn Huygens, 'Een sott hoveling' en 'Een wijs hoveling'. In: Jacob Adolf Worp (ed.), De gedichten van Constantijn Huygens, Vol. II, Groningen 1893, pp. 11–15 and pp. 89–101.
36 Roodenburg, The Eloquence of the Body (as in note 34), p. 57.
37 Ibid., p. 48.
38 Jan Josephus Poelhekke, Qua patet orbis – „Soweit der Erdkreis reicht". In: de Werd, Soweit der Erdkreis reicht (as in note 30), pp. 15–22, p. 18.
39 Terwen, Johann Moritz (as in note 30), p. 129.
40 In 1633 the 'schutterij of Sint Sebastiaan' also proposed to build their new quarters along the Vijver close to the Plein and the Mauritshuis, conforming to the newly developed style of the court, which was highly appreciated by the Prince. Guido Steenmeijer, De Haagse Sint-Sebastiaansdoelen iconologisch onderzocht. In: E. den Hartog et al. (eds.), Bouwen en Duiden. Studies over architectuur en iconologie, Alphen aan den Rijn 1994, pp. 135–146; G. Steenmeijer, Tot cieraet ende aensien deser stede. Arent van 's-Gravesande (ca. 1610–1662), architect en ingenieur, Leiden 2005, pp. 30–41.
41 Koen A. Ottenheym, Fürsten, Architekten und Jahrbücher. Wege der holländischen Baukunst nach Brandenburg im 17. Jahrhundert. In: Horst Lademacher (ed.), Dynastie in der Republik. Das Haus Oranien-Nassau als Vermittler niederländischer Kultur in deutschen Territorien im 17. und 18. Jahrhundert, München 1999, pp. 287–298 (= Onder den Oranje boom. Niederländische Kunst und Kultur im 17. und 18. Jahrhundert an deutschen Fürstenhöfen, 2 Vols., München 1999, Textband).
42 Diedericke Maurina Oudesluijs, Johann Moritz als Vermittler von wirtschaftlichen und technischen Methoden und Ergebnissen. In: Irmgard Hantsche (ed.), Johann Moritz von Nassau-Siegen (1604–1679) als Vermittler. Politik und Kultur am Niederrhein im 17. Jahrhundert, Münster 2005, pp. 207–226, p. 221; Katharina Bechler, Aspekte zu Johann Moritz als Übermittler von Kunst und Landschafsgestaltung nach Brandenburg. In: ibid, 227–239. See also the article by Michael Rohrschneider in the present publication.
43 Friedrich Mielke, Johann Moritz und das Potsdamer Stadtschloss. In: de Werd, Soweit der Erdkreis reicht (as in note 30), pp. 159–163; see also Terwen, Johann Moritz (as in note 30).
44 Bechler, Aspekte zu Johann Moritz (as in note 42), p. 239; Mielke, Johann Moritz (as in note 43), pp. 160–162; Friedrich Mielke, Potsdamer Baukunst. Das klassische Potsdam, Berlin 1998 (1981^1, 1991^2), p. 13; Claudia Sommer, Das kurfürstliche-königliche Stadtschloss in Potsdam 1660–1713. In: Michael Hassels (ed.), Potsdamer Schlösser und Gärten. Bau- und Gartenkunst vom 17. bis 20. Jahrhundert, Potsdam-Sanssouci 1993, pp. 13–19.
45 Wilhelm Diedenhofen, Die Klever Gärten des Johann Moritz, Diedenhofen. In: de Werd, Soweit der Erdkreis reicht (as in note 30), pp. 165–188.
46 See Jeroen Goudeau, Nicolaus Goldmann (1611–1665) en de wiskundige architectuurwetenschap, Groningen 2005.

47 Noldus, Trade in Good Taste (as in note 15), p. 95, and chapter IV: *Providers of luxury – Agents of cultural affairs*, pp. 95–127.
48 Thomas DaCosta Kaufmann, Court, Cloister, & City. The Art and Culture of Central Europe 1450–1800, Chicago 1995, p. 280.
49 Ibid., p. 281.
50 De Jonge/Ottenheym, Unity and Discontinuity (as in note 19); Koen A. Ottenheym, Dutch Contributions to the Classicist Tradition in Northern Europe in the Seventeenth Century: Patrons, Architects and Books. In: Scandinavian Journal of History 28 (2003), pp.227–242; Noldus, Trade in Good Taste (as in note 15).
51 See Murk Daniël Ozinga, Daniel Marot. De schepper van den Hollandschen Lodewijk XIV-stijl, Amsterdam 1938; Koen A. Ottenheym (ed.), Daniel Marot. Vormgever van een deftig bestaan. Architectuur en interieurs van Haagse stadspaleizen, Amsterdam/Zutphen 1988.
52 Eelco Elzinga, Die Gartengestaltung des Schlosses Het Loo im Licht dynastischer Beziehungen. In: Wolfgang Savelsberg (ed.), Die Niederlande und Deutschland. Aspekte der Beziehungen zweier europäischer Länder im 17. und 18. Jahrhundert, Dessau 2000, pp. 61–65, p. 65: The author concludes that the garden architecture of the stadholder-king shows William III as „ein[en] Eklektiker, der die modernen französischen Gartenentwürfe, die Bentinck ihm später aus Paris mitbringen sollte, mit englischen Augen betrachtete". For Het Loo and the gardens of William and Mary, see: John Dixon Hunt and Erik de Jong, De Gouden Eeuw van de Hollandse Tuinkunst/The Anglo-Dutch Garden in the Age of William & Mary, Amsterdam/London 1988 (= Journal of Garden History 8 [1988], No. 2 and 3); see also Erik de Jong, Natuur en kunst. Nederlandse tuinen landschapsarchitectuur 1650–1740, Amsterdam 1993, chapter 3.
53 The brick gables may recall Dutch gables in the distance, but the bricks are of a size unknown in Holland, the proportions of the elements is complete lost, and the interior distribution is of a kind unknown in Amsterdam or Holland. Gabri van Tussenbroek, Grachten in Berlijn. Hollandse bouwers in de Gouden Eeuw, Amsterdam 2006, p 74.
54 Friedrich Mielke, Das holländische Viertel in Potsdam, Berlin 1960, p. 61.
55 Ibid.
56 Kaufmann, Court, Cloister, & City (as in note 48), pp. 404–406.

Steven Blankaart (1650–1702) as an agent of Cartesian medicine in Germany

This article deals with the consequences of the physiological ideas of Réne Descartes and their influence on the development of the Dutch medical theory in the 17th century. It shows the Dutch physician Steven Blankaart as a scientist who followed the principles established by Descartes and who tried to found a new method of scientific narration. Via several translations into German – which were espacially printed in Middle Germany – the works of Blankaart had a considerable influence on the distribution of medical knowledge in the vernacular. In this respect Blankaart could be seen as an exponent of the early Enlightenment.

Steven Blankaart (1650–1702) als Vermittler der cartesianischen Medizin in Deutschland

Bettina Noak

Die Niederlande galten im 17. Jahrhundert für viele deutsche Gelehrte und Literaten als ein vorbildliches Land, das den einheimischen Verhältnissen auf politischem, kulturellem und ökonomischem Gebiet durchaus überlegen war.[1] Das Interesse für die niederländische Republik schlug sich u.a in einer großen Anzahl Übersetzungen niederländischer Bücher ins Deutsche nieder. Ein kürzlich an der Freien Universität Berlin ausgeführtes Bibliographieprojekt hat für das 17. Jahrhundert rund 550 selbständige Übersetzungen niederländischer Schriften zutage gefördert, wobei politische Flugschriften, theologische Werke, aber auch medizinische Publikationen und Reiseberichte zu den am meisten übersetzten Genres gehören.[2] Fragt man vor dem Hintergrund der Begriffe *Tradition* und *Wandel* nach dem deutschen Rezeptionsinteresse hinsichtlich dieses Korpus, so ist es stark auf den Aspekt des Wandels gerichtet. Übersetzt wird immer dort, wo sich neue Handlungs- und Denkräume eröffnen, wo Grenzen traditioneller Wahrnehmungsmuster überschritten werden. Dies beginnt schon im 16. Jahrhundert, als die Aufstandspropaganda der Niederländer sich in zahlreichen Flugschriften niederschlägt, die teilweise auch ins Deutsche übertragen werden.[3] Auch wenn die Argumentation der Schriften sich hergebrachter Topoi, wie dem des Kampfes für die ständischen Privilegien, des Vergleichs der Niederländer mit den tapferen Batavern oder den Kindern Israels bedient, wird die republikanische Staatsbildung in den Niederlanden im Reich als etwas Neues angesehen, das einer Apologie bedarf, weil es die herkömmlichen Grenzen landesherrlicher Autorität infrage stellt.

Der Wille, mit den Translationen neue Denkräume nach Deutschland zu übertragen, zeigt sich auch auf einem anderen, hier interessierenden Feld, das im erwähnten Übersetzungskorpus stark vertreten ist: den medizinische Schriften. Sie machen etwa einen Anteil von zehn Prozent des Gesamtumfanges der Übersetzungen aus. Dabei handelt es sich – von einigen Ausnahmen abgesehen – vorwiegend um Beiträge, die nach 1670 nach Deutschland gelangen. Hier geht es um nichts Geringeres als die Vorstellung einer neuen, auf der cartesianischen Physiologie fußenden Medizin, die sich aus den bisherigen traditionellen galenischen Erzählzusammenhängen gelöst hat und die menschliche Anatomie auf eine neue Grundlage stellt. Prominenter Vertreter dieser Richtung – die sich auch um die Popularisierung medizinischer Wissenstatbestände verdient macht – ist Steven Blankaart, dessen Wirken im Mittelpunkt dieses Artikels steht.

I. Medizin und Narration

Den literarischen Aspekten medizinischer Texte der Frühen Neuzeit und der Einwirkung medizinischer Kenntnisse auf die Literatur wurde in den letzten Jahren ein verstärktes Forschungsinteresse zuteil.[4] Dies hängt u.a. mit dem Aufschwung des Themas „Literatur und Wissen" zusammen, das sich in besonderer Weise mit dem Zusammenhang von Literatur und Naturwissenschaften befasst.[5] Ungebrochene Aufmerksamkeit finden auch die aus den kulturwissenschaftlichen Studien hervorgegangenen Fragestellungen zur Anthropologie, die sich mit dem veränderten Menschenbild auseinandersetzen, das sich – im Anschluss an die medizinische Theoriebildung seit dem 16. Jahrhundert – in der Frühen Neuzeit entwickelt. An dieser Stelle interessiert insbesondere die Verknüpfung theologischer und naturwissenschaftlicher Probleme.[6] Die Heilkunst leistet auch auf dem Gebiet des Wissenstransfers in dieser Zeit Bedeutendes. Neue anatomische Kenntnisse, die den Befunden der antiken Autoritäten zuweilen widersprechen, werden einem breiten, aus Gelehrten und interessierten Laien bestehenden Publikum vor Augen geführt. Man bedient sich dazu spezieller rhetorischer Verfahren, bei denen der Imagination als Visualisierung von Wissenstatbeständen eine entscheidende Funktion zukommt. Die frühneuzeitlichen Mediziner greifen dabei in dem Bestreben, die in Sektion oder im Experiment erworbenen Kenntnisse der Öffentlichkeit glaubhaft vor Augen zu stellen, auf die Tradition der *demonstratio* und der *evidentia in narratione*, im Griechischen auch als *enargeia* bezeichnet, zurück.[7] Es geht dabei um eine Erzählweise der Anschaulichkeit, die ursprünglich für die Geschichtsschreibung, aber auch für die Tragödie entwickelt wurde. Ein Objekt oder ein bestimmtes Ereignis sollte textlich so vorgeführt werden, als spiele es sich vor den Augen des Lesers ab. Der Rezipient wird auf diese Weise zu einem Zeugen, der die Gültigkeit der demonstrierten Problematiken zu verbürgen vermag.

In den niederländischen medizinischen Schriften lässt sich um etwa 1650 eine weitere Zäsur wahrnehmen. Beeinflusst vom Wirken René Descartes' (1596–1650) postuliert eine junge Medizinergeneration die Ablösung überkommener Erzählmuster und Strategien des Wissenstransfers.[8] In den folgenden Ausführungen wird es darum gehen, exemplarisch am Werk Steven Blankaarts einiges von diesen neuen Erzählzusammenhängen

Abb. 1 René Descartes (1596–1650), Kupferstich aus dem Verlag von Peter Aubry, Straßburg, o. J.

in der Heilkunst zu erläutern. Sehr deutlich wird dabei die herausragende Bedeutung des mitteldeutschen Raumes für den Transfer der cartesianischen Medizin. So erschienen insgesamt zehn von Blankaarts medizinischen Schriften bei Johann Friedrich Gleditsch (1653–1716) bzw. Moritz Georg Weidmann (1658–1693) in Leipzig, wobei allein im Jahre 1690 sieben Werke herauskamen. Übrigens konkurrierten diese beiden Verlage auf dem medizinischen Feld mit Gottlieb Heinrich Grentz (Wirkungszeit 1686–1692) in Hannover, der seinerseits sechs Titel von Blankaart veröffentlichte.[9]

II. Steven Blankaart

Steven Blankaart (1650–1704)[10] war der Sohn von Nicolaas Blankaart (1624–1703),[11] der sowohl als Leibarzt von Prinzessin Albertina Agnes von Nassau (1634–1696) als auch als Professor des Griechischen und der Geschichtswissenschaft hervorgetreten ist. In diesem verband sich also die

Abb. 2 Steven Blankaart (1650–1704). Kupferstich von Gilliam van der Gouve nach David van der Plas, o. J.

medizinische Profession mit der renaissancistischen Erforschung der Quellen. Einen radikal anderen Weg schlug sein Sohn ein, der die Empirie ins Zentrum seiner wissenschaftlichen und ärztlichen Tätigkeit rückte. In den Niederlanden und Deutschland wurde Steven Blankaart zu einem wichtigen Vertreter der iatrochemischen und iatrophysikalischen Lehren, die in Nachfolge von Descartes' (*Principia philosophiae*, Amsterdam 1644 und *De homine*, Leiden 1662) alle Lebensvorgänge auf physikalisch-mechanistische sowie chemische Prinzipien zurückführen wollten. Die Lektüre des *liber supernaturalis*, also der biblischen Schriften, wird von dieser neuen Wissenschaftlergeneration strikt von der Lektüre im *liber naturalis*, dem Studium der Naturerscheinungen, getrennt. Dem eigenen Augenschein und Experiment vertrauend, machen sie Ernst mit der Forderung des Descartes, sich auf das zu verlassen, was in ihnen ist. Diese moderne, cartesianische Medizin unterscheidet sich demnach dadurch von der älteren, dass sie aus den philologischen und theologischen Erzählzusammenhängen gelöst ist, die noch für bekannte ältere Mediziner wie Nicolaas Tulp (1593–1674) oder Johan van Beverwijck (1594–1647) eine so große Bedeutung besaßen.[12]

Ärzte wie Steven Blankaart unternehmen es, den Menschen auf der Grundlage der cartesianischen Methode zu zerlegen und ihn wieder neu aufzubauen. Der Organismus wird zu einer Maschine, deren Leben durch die Pumpvorgänge des Herzmuskels und des großen Blutkreislaufs bestimmt ist und in deren Adern sich chemische Prozesse abspielen, deren Analyse den Alten bisher verborgen geblieben war. Was bestehen blieb, war die grenzenlose *admiratio* für die Werke des Schöpfers, denn der Cartesianismus machte diese Mediziner noch lange nicht zu Pantheisten. Blankaart beschreibt etwa in seinem *Schau=Platz Der Raupen / Würmer / Maden Und Fliegenden Thiergen Welche daraus erzeuget werden* (Gleditsch: Leipzig 1690; ndl.: *Schou–burg der Rupsen, Wormen, Maden, en Vliegende Dierkens daar uit voortkomende*, Amsterdam 1688), wie sich die Natur im Kleinen

Abb. 3 Steven Blankaart: Schau-Platz Der Raupen/ Würmer/ Maden Und Fliegenden Thiergen Welche daraus erzeuget werden, Leipzig 1690, Frontispiz

vor seinen Augen entfaltet, und lädt den Leser zum Nachvollziehen der Untersuchungen an den einheimischen Insekten ein. Die ehrwürdige Lehre vom *Testimonium* erhält auf diese Weise eine Wendung: Jeder darf seinen Augen trauen und ist in der Lage, die Harmonie der Natur aus ihren Geschöpfen zu lesen. Damit wird eine neue Form der Autorität durch Zeugenschaft begründet.

1. Die cartesianische Akademie

Blankaart hat seine medizinischen Grundsätze in dem 1690 auch auf Deutsch bei Gleditsch erschienenen Werk *Cartesianische Academie, Oder*

Grund=Lehre Der Artzney=Kunst: Worinnen die völlige Artzney=Lehre wie solche in Wissenschafft der Gesundheit und deren Erhaltung [...] aufgeführet wird (ndl.: *De Kartesiaanse academie ofte Institutie der medicyne, behelsende de gansche medicyne, bestaande in de leere der gesondheid en des selfs bewaringe, als ook der ongesondheid en haar herstellinge*, Amsterdam 1683) niedergelegt.[13] Das Buch beschreibt in vier Teilen umfassend alle Abteilungen der Medizin. Es beginnt beim Aufbau des gesunden menschlichen Leibes, geht zu den Maßnahmen der Gesunderhaltung, dann zu den Krankheiten und schließlich zu den Arzneimitteln und ihrer Herstellung über. Der Amsterdamer Mediziner verarbeitet darin die neuesten physiologischen Erkenntnisse, die sich insbesondere mit der – mechanistisch aufgefassten – Funktionsweise des menschlichen Leibes, den chemischen Kräften während des Verdauungs- und Blutbildungsprozesses und dem daraus resultierenden Umlauf der Leibessäfte, dessen Ungestörtheit Voraussetzung eines gesunden Lebens ist, auseinandersetzen.

Neben Descartes' Teilchentheorie wendet Blankaart vor allem die Lehre von den sauren und alkalischen Kräften an. Erstere verursachen nahezu sämtliche Krankheiten, letztere können als Gegenmittel eingesetzt werden. Was die Behandlung von Krankheiten betrifft, so vertraut Blankaart besonders auf eine gesunde Lebensführung und die chemischen Kräfte alkalisch angesetzter Arzneimittel. Zu seiner Diätetik gehört übrigens in jedem Fall ausgiebiger Kaffee- wie Teegenuss. Die Rezeption seiner Werke hatte in diesem Zusammenhang auch kulturverändernde Aspekte. Den üblichen Aderlass lehnt Blankaart mit Vehemenz als veraltet ab. Hinsichtlich dieser kurativen Praxis setzt übrigens die Kritik der Rezipienten von Blankaarts Werk ein, wie weiter unten erläutert wird.

Im Vorwort zu seiner *Cartesianischen Academie* verkündet Blankaart mit einigem Optimismus, des vielen Bücherschreibens der „Nahmgelehrten" sei nun ein Ende, denn wie es nur einen Gott gebe, könne nur eine Wahrheit existieren. Werde diese jedoch recht erforscht, müsse alles überflüssige Bücherschreiben aufhören, denn um diese einzige Wahrheit zu erkennen, wären nur wenige Bücher vonnöten. Der große Cartesius sei, nach Blankaarts Worten, der Heros, der sich für die Aufdeckung jener einen Wahrheit eingesetzt habe. Auf dem „Steinhaufen" der griechischen Weisheit habe er nichts erbauen können und daher auf dem Fundament seiner Denkmethode einen ganz neuen „Pallast der Königlichen Warheit" errichtet.[14] In Descartes' Nachfolge unternimmt es Blankaart nun, die cartesianische Methode in deduktiver Manier auch auf die Medizin anzuwenden: „Jedoch weilen dieser grosse Mann nicht alles verrichten können, sintemahlen das menschliche Leben allzu kurtz, hingegen aber die Kunst lange und sehr weitläuffig, so habe ich mich endlich unterfangen in seine Fußstapffen zu treten, und der von ihm so glücklich ausgefundenen Warheit in Unterforschung der Artzney-Kunst, auf der Spuhre der vorsichtigen Vernunfft, so viel immer möglich gewesen, nachgefolget, dergestalt aber das von ihm angefangene Warheits-Gebäu, so viel die Artzeney-Kunst anbetrifft, gäntzlich vollendet".[15]

Blankaart ist davon überzeugt, dass eine notwendige Verbindung zwischen der Philosophie und der Medizin besteht. Nicht nur, dass Descartes' Methode ja die Auflösung sämtlicher naturwissenschaftlicher Fragen mindestens erleichtern sollte. Es geht vielmehr auch darum, den Philosophen belastbare medizinische Kenntnisse zu verschaffen und damit zur Herausbildung einer fundierten Anthropologie beizutragen. Dieser, man würde heute sagen, ganzheitliche Ansatz ist sicher eine der wichtigsten Entstehungsursachen der *Cartesianischen Academie*.[16]

2. Blankaarts Abhandlung über die Syphilis als Anwendung der cartesianischen Theorie

An dieser Stelle soll Blankaarts Abhandlung über die Syphilis als ein Beispiel der Anwendung der cartesianischen Theorie besprochen werden. Das Werk erschien 1689 bei Gleditsch unter dem Ti-

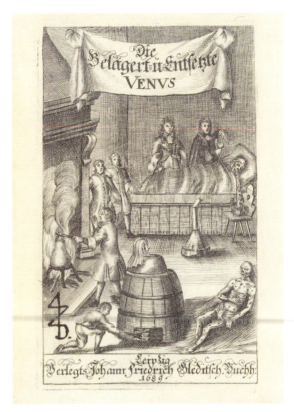

Abb. 4 Steven Blankaart: Die belägert- und entsetzte Venus, Das ist/ Chirurgische Abhandlung Der sogenannten Frantzoßen/ Auch Spanischen Pocken-Kranckheit, Leipzig 1689, Frontispiz

tel *Die belägert= und entsetzte Venus, Das ist Chirurgische Abhandlung Der sogenannten Frantzoßen Auch Spanischen Pocken-Kranckheit Drüppert Sjankert Klap-Ohren [et]c.* (1689; ndl.: *Venus Belegert en Ontset. Oft Verhandelinge van de Pokken En des selfs Toevallen, Met een grondige en zekere Genesinge Steunende op de gronden van Cartesius. Item, Een nauwkeurige beschryvinge der Pokken*, Amsterdam 1684).[17]

Zunächst setzt Blankaart sich eingehend mit den historischen Erklärungen für die Entstehung der Syphilis auseinander. Die Seuche, so formuliert er, werde in Europa seit etwa 200 Jahren häufig beschrieben, meist unter dem Namen Spanische Pocken, wobei Spaßvögel die Abkürzung S. P. Q. R. neuerdings umdeuteten in: „Spanische Pocken quälen Rom". Es werde erzählt, dass die Franzosen diese Krankheit von den Spaniern zur Zeit der Belagerung von Neapel durch Karl VIII. im Jahre 1494/95 bekommen hätten. Blankaart lehnt diese Spekulationen wie auch die Westindientheorie oder astrologische Entstehungsgründe ab. Wie es auch dem heutigen Forschungsstand entspricht, glaubt er vielmehr, dass die Seuche viel älter sei und bereits von den antiken Autoren geschildert wurde, etwa in einigen Schriften des Hippokrates.[18] Die Alten wussten aber nicht, so Blankaart, dass dieses Übel vom Beischlaf herrührte, sondern kurierten es als Aussatz. Auch bei Plinius dem Jüngeren sei ein Fall zu lesen, wo ein Mann an den entsprechenden Symptomen im Schambereich litt. Da er nicht kuriert werden konnte, habe sich sein Weib mit ihm in die See gestürzt. Blankaarts Schlussfolgerung lautet, dass die Syphilis den Alten bereits bekannt gewesen, aber erst nach dem Feldzug Karls VIII. gegen Neapel in Europa virulent geworden sei.[19]

Ausführlich beschreibt der Amsterdamer Mediziner die Übertragungswege der Krankheit.[20] Die häufigste Ansteckungsursache ist demnach der unreine Beischlaf in den Hurenhäusern. Des Weiteren können sich auch Eheleute gegenseitig infizieren, die vor oder während der Ehe mit unreinen Menschen Verkehr hatten. Hier ergibt sich die Schwierigkeit, dass die Betroffenen das Übel vor ihrem Ehepartner und ihrem Arzt verbergen, so dass die notwendige Kur über Gebühr hinausgezögert wird. Es ist auch möglich, dass sich Kinder bereits im Mutterleib anstecken, dann entweder tot oder mit schwerwiegenden Schädigungen geboren werden.

Weitläufig wird in diesem Zusammenhang über einen Fall im seeländischen Middelburg, des Verfassers Geburtsstadt, im Jahre 1654 berichtet, wo eine Säugamme eine ganze Epidemie ausgelöst haben soll. Aufgabe dieser Amme war es, bei den Frauen kurz nach der Geburt durch kräftiges Saugen an den Brustwarzen den Milchfluss auszulösen. Da die entsprechende Person mit den Spanischen Pocken behaftet war, wurden die Brustwarzen der Frauen durch ihren ansteckenden Speichel infiziert, so dass die Wöchnerinnen selbst und auch ihre Kinder von der Syphilis befallen wurden. Da sich die Krankheit über den Speichel verbreitete, wurden auch Mägde, Kinderköchinnen und weitere Ammen von der Seuche befallen, da sie von den infizierten Kinderlöffeln gekostet hatten.

Als weitere Wege der Ansteckungen werden aufgezählt: ein gemeinsamer Trunk aus einem Glas Wein, ein Kuss oder der Schweiß von infizierten Personen, die mit Gesunden in einem Bette liegen. Junge und ledige Männer sind besonders gefährdet und können selbst wiederum die Krankheit weitertragen. Es werden daher besonders die Bäcker und alle Lebensmittelhändler gewarnt, keine infizierten Personen einzustellen oder mit der Lebensmittelzubereitung zu beauftragen.

Detailliert verbreitet sich der Autor zu den von der Lues hervorgerufenen Schäden und unterscheidet bereits verschiedene Stadien des Krankheitsverlaufs: In der ersten Phase, von ihm „Drüppert" oder „Saamenlauf" genannt (die Gonorrhoe wird erst im 19. Jahrhundert von der Syphilis unterschieden), treten Geschwüre, fressende Schäden und Beulen an den Geschlechtsteilen auf, im fortgeschrittenen Stadium Schmerzen an allen Gliedern des Leibes, „Kalckhafftigkeit", Auswüchse und Blattern. Im Endstadium werden z. B. ein Angriff der Knochen, das Wegfressen der Hirnschale, das Einfallen des Gaumens oder das Zerfressen der Nase wahrgenommen.[21]

Blankaart versucht die Krankheit durch mechanische und chemische Wirkungen im Körper näher zu erklären.[22] Demnach entsteht sie aus sauren Teilchen in den Körpersäften, die eine besonders aggressive Beschaffenheit haben, in die alkalischen Bestandteile der Körperflüssigkeiten eindringen und diese gewissermaßen „versäuern". Durch die Bewegung der sogenannten „subtilen Materie" werden diese Teilchen durch den Körper getrieben und schädigen die Organe, außerdem können durch die sauren Körpersäfte Gefäße im Körper verstopft werden, was die entsprechenden Geschwüre hervorruft: „So sage ich, daß die Materie (d. h. die infizierten Stoffe, B. N.) aus einem saursaltzigen Wesen bestehe, das ist: das *Al-cali* bestehet aus langen steiffen Keilchen, in deren Röhrgen viel saure Spitzen sich eindringen, welche, indeme sie noch von einigen andern zackichten Oel-theilgen gebunden werden, das vorhin flüßige Wesen durch sothane Verwirrung fester und dicker machen. Zuzeiten werden die zarte saltzige und saure Theilgen von der *subtilen* Materie dergestalt bewogen, daß sie eine Art des Brennens erwecken, indeme sie hacken und kerben, nicht anderst als ob hundert tausend Messer und Schwerdter dar unter einander giengen; Wann nun etwas davon an die männliche Ruthe gelanget, und daran hängen bleibet, werden dadurch deren Theile in Stücke zerhackt und zerstochen, woher Geschwäre und wohl gar Krebse am Gemächte entstehen".[23]

Eine entfernte Ahnung bakterieller Ursachen der Krankheit scheint Blankaart zu besitzen, wenn er von „kleinen Tierlein" im männlichen Samen bzw. in Gebärmutter- und Scheidenflüssigkeit spricht, die sich vermehren und das Blut verderben: „Jedoch ausser daß wir das Sauer hierwegen beschuldigen, können wir noch ein andere Ursach benennen, daran, so viel wir wissend, noch niemand gedacht hat: Indeme nemlich in dem männlichen Saamen, als auch in der Weiber Gebärmutter und Scheide befindlicher Feuchtig- / keit kleine Thierlein gefunden werden, welche, weilen sie vergifftet, nicht alleine die heimliche Glieder verletzen, sondern auch, nachdeme sie mit der Zeit in Menge anwachsen, endlich das gantze Geblüt durchwandern und selbiges verderben".[24]

Hier ist ein Echo der in den Niederlanden sehr entwickelten Mikroskopie zu finden, die etwa mit den Namen Jan Swammerdam (1637–1680) und Anthonie van Leeuwenhoek (1632–1723) verknüpft ist.[25] Selbstverständlich wurde der wahre Erreger der Syphilis, das *Treponema Pallidum*, erst Anfang des 20. Jahrhunderts nachgewiesen.[26]

Eine sehr drängende Frage war das Problem der Heilung.[27] Grundlage der Kur ist für Blankaart die Säuberung des Blutes. Da alle Qualen von einem giftigen Sauer herrühren, kann man sie nur so kurieren, indem man einerseits das Sauer aus dem Leibe treibt – dies geschieht durch Purgieren, Schwitzen und Salivation, also herbeigeführten Speichelfluss –, andererseits eine Abtötung der sauren Teile durch die Einnahme von Heilmitteln vornimmt, unter denen besonders das Quecksilber anzuwenden ist. Diese Torturen wurden bei allen Patienten, ungeachtet ihres Alters, angewendet.

Blankaart beschreibt auch Fälle, wo schon zweijährige Kinder diesen Verfahren unterworfen wurden. Seine Behandlungsmethoden bringen demnach keine Verbesserung gegenüber den Lues-Kuren im 16. Jahrhundert. Neu ist allerdings die wissenschaftliche Begründung, die er z. B. für die Anwendung des Quecksilbers liefert. Das Quecksilber nimmt demzufolge die stachligen Teile saurer Körperflüssigkeiten auf und bindet sie, wodurch diese aus dem Körper entfernt werden können: „Man muß nehmlich wissen, daß das Quecksilber, wie klein es auch zermalmet ist, allemahl unter der Gestalt runder Kügelein durch das Vergrößerungs-Glaß sich *praesenti*re. So dieses wahr ist, so kan eine runde Figur, indeme sie keine Spitzen hat, unserem Leibe durchaus keinen Schaden zufügen, indeme alles, was Verletzungen erwecket, kleine Stacheln haben muß, wie an dem Sauer erhellet. Ich schließe deßwegen, daß der *Mercurius* [Quecksilber] in unserm Leibe nicht den geringsten Nachtheil verursache, und daher, dafern in den Leibern kein Sauer vorhanden, sicher und ohne einige schädliche *Operation* könne eingenommen werden: Wann wir aber eine Menge Sauer bey uns haben, wird er eines von den kräfftigsten Mitteln, so jenes an sich nehmen und abführen, seyn. Dann da der Mercurius in den Leib kömmt, so muß er durch alles Blut, Drüßen und Speichel-Säffte lauffen, bey denen viel saure / Stacheln gefunden werden, die das Quecksilber verschlinget; dann da dieses in runden Kügelchen bestehet, so muß es nothwendig in allen seinen Röhrgen auch saure Stacheln annehmen, so daß dessen Figur in stachlichte und voller Spitzen steckende Kugeln sich verändert".[28]

Als guter Arzt weist Blankaart jedoch auch auf die Nebenwirkungen der Quecksilberkur hin. Die durch die sauren Teile spitz gewordenen Quecksilberkugeln, die zu Millionen durch den Leib laufen, verursachen sehr große Schmerzen, bevor sie den Körper wieder verlassen. Dennoch hält er das Quecksilber für ein sehr gutes Medikament, in großen Quantitäten eingenommen, schadet es seiner Meinung nach weniger als in kleiner Menge.[29]

Zusammenfassend lässt sich sagen, dass es sich bei Blankaarts Schrift um einen wichtigen volkssprachlichen Beitrag zur Aufklärung der Menschen über Ursachen, Folgen und Heilung der Syphilis handelt, dessen Absicht es ist, neben dem zeitgenössischen Wissensstand zu dieser Frage auch grundlegende Aspekte der cartesianischen Medizin, wie etwa die Teilchentheorie und die damit verbundene Bewegung der Körpersäfte, auf allgemeinverständliche Weise zu vermitteln. Damit lässt sich Blankaart in die frühaufklärerischen Bestrebungen zum volkssprachlichen Transfer naturwissenschaftlicher Kenntnisse einordnen, die für die niederländische Geisteswelt nach 1650 und deren Rezeption im deutschen Sprachraum eine große Bedeutung besaßen.

III. Zur deutschen Medizin im 17. Jahrhundert

Welchen Kontext trafen nun Blankaarts Schriften in Deutschland an? Betrachtet man das deutsche medizinische Schrifttum des 17. Jahrhunderts unter dem Aspekt der volkssprachlichen Wissensvermittlung, so kann man feststellen, dass medizinische Kenntnis das ganze Jahrhundert hindurch auch für nicht akademisch Gebildete greifbar war.[30] So werden etwa die Ideen des Paracelsus (1493/94–1541) in großen, deutschsprachigen Ausgaben zugänglich gemacht (Frankfurt a. M. und Straßburg 1603).[31] Einen breiten Raum nehmen des Weiteren Vorschriften der medizinischen „Policey" ein, insbesondere Pestordnungen und landesherrliche wie stadtobrigkeitliche Bestimmungen zur Praxis von Ärzten, Apothekern und Hebammen.[32] Weiterhin findet sich eine ausgebreitete Ratgeberliteratur, die sich häufig mit Themen wie Pest, Ruhr, der „Franzosenkrankheit" sowie der *Medicina Militaris* beschäftigt. Ein wohl für den deutschen Sprachraum einzigartiges Genre sind die zahlreichen Beschreibungen von Heilbrunnen und ausführliche Bäderführer. Es existieren zudem umfangreiche Handbücher für den häuslichen Gebrauch, wie etwa Elias Beynons *Der barmhertzige Samariter* (Heilbronn 1663) oder *Der Neu= vermehrt= und vollkommene Land- und Leib=Medicus Armer Leute* (Merseburg 1691).[33] Zur Verwendung von Arzneimitteln werden Thesauri angeboten (Johannes Popp, *Thesaurus Medicinae, Oder Chymischer Artzney Schatz* [Leipzig 1628]; Conrad Horlacher, *Allgemeine Schatz=Kammer Neu= und öfft bewehrter höchstnutzlicher Artzneÿen* [Ulm 1694]).[34] Ferner stehen Lexika medizinischer Begriffe zur Verfügung.[35] Autoren wie Philipp Gruling (1593–1667), Matthias Gottfried Purmann (1648–1721) oder Franz Christian Paullini (1643–1712), die alle drei zumindest einen Teil ihrer Karriere in Mitteldeutschland absolvierten, setzen sich mit ihren Werken für die Popularisierung medizinischer Wissenstatbestände ein.[36]

Ein bedeutender Kritiker der paracelsischen Lehren war der in Breslau geborene Daniel Sennert (1572–1637), zweifellos einer der einflussreichsten mitteldeutschen Mediziner des 17. Jahrhunderts und eine „kanonische Leitfigur der europäischen Medizin".[37] Er wirkte als Professor an der Universität Wittenberg und war Leibarzt Johann Georgs I. von Sachsen (1585–1656). An Paracelsus und seinen Anhängern störte Sennert v. a., dass sie sich auf eine ihm suspekte innere Erfahrung verlassen wollten, gekennzeichnet mit den Schlagwörtern *Lumen naturae* („Licht der Natur") und *Lumen gratiae* („Licht der [göttlichen] Gnade"), woraus sowohl Natur- als auch Gotteserkenntnis fließen sollten. Der Wittenberger Mediziner wies diese Gedanken scharf zurück, da weder Vernunft noch Erfahrung auf diese Weise den Erkenntnisprozess des Menschen beeinflussen könnten.[38] Trotz seiner Kritik an Paracelsus bemühte sich Sennert, im Streit zwischen den antiken Autoritäten und der modernen, iatrochemischen Richtung eine vermittelnde Hal-

Abb. 5 Daniel Sennert (1572–1637) im Alter von 44 Jahren (1616). Kupferstich von Matthäus Merian, o.J.

tung einzunehmen. In seiner Schrift *De chymicorum cum aristotelicis et galenicis consensu ac dissensu* (1619) arbeitete er Gemeinsamkeiten und Unterschiede der einzelnen Systeme heraus. Erfolgreich setzte Sennert sich für die Anwendung der Chemie in der Arzneimittellehre ein. Als Neoatomist führte er die chemischen Stoffe auf kleinste formbegabte Teilchen zurück, wobei ihm die Form zum wichtigen natürlichen Wirkprinzip wurde. Dennoch überwand er die klassische Humorallehre nicht.

Neben seiner fachlichen Bedeutung war vor allem Sennerts Haltung zur Frage der Auctoritas wegweisend für neuere Entwicklungen in den Naturwissenschaften. Er lehnte die verbreitete Haltung ab, „lieber mit den Autoritäten irren zu wollen, als die Wahrheit zu sagen".[39] In dieser Hinsicht verwarf er die sklavische Nachahmung der Alten ebenso wie die Neuerungsgier und Leichtgläubigkeit der Modernen. *Ratio* und *experientia* bildeten hingegen für Sennert das wissenschaftliche Rüstzeug, um zur Wahrheitserkenntnis zu gelangen. In den *Institutionum Medicinae libri V* (1620) stellte er u. a. Kriterien der Erfahrungsgewinnung hinsichtlich bestimmter Heilpflanzen und daraus gewonnener Medikamente auf. Obwohl er selbst nach aristotelischen Prinzipien arbeitete, griff er auch die Autorität des Philosophen an, dessen Lehren – wie alle anderen – zu hinterfragen seien: Selbst wenn Aristoteles als der älteste aller Philosophen betrachtet werden könne, schrieb Sennert, so dürfe dies doch nicht letzter Maßstab für Wahrheit sein; und wenn es denn zutreffend genannt werden müsse, dass Aristoteles „Vater und Führer der Weisheit", ja ihr „höchster Diktator" zu nennen sei, dass man ihn als Imperator der Philosophen, als „Adler eines Königreiches der Weisheit" anzusehen, als „Herkules der Wahrheit", als Fürst, Richter und „hellstes Licht" der Philosophen zu bezeichnen habe, so könne doch weder er selbst noch irgend ein Mensch die unumstößliche Norm der Wahrheit darstellen.[40]

Mit dieser Haltung bereitete Daniel Sennert den Boden für ein Naturstudium, dessen Vertreter nun nicht mehr nachschreiben wollten, was die Alten bereits entdeckt hatten, sondern die Erkenntnis und Empirie in einem untrennbaren Zusammenhang sahen. Damit hat Sennert zweifellos die Aufnahme der geschilderten niederländischen cartesianischen Lehren in Deutschland befördert.

IV. Die Rezeption Blankaarts und Bontekoes bei Friedrich Hoffmann

Für die Rezeption der niederländischen Cartesianer besitzt ein weiterer mitteldeutscher Mediziner, der Hallenser Friedrich Hoffmann (1660–1742), eine besondere Bedeutung.[41] Er promovierte 1681 an der Universität Jena und unternahm nach kurzer akademischer Tätig-

Abb. 6 Friedrich Hoffmann d. Ä. (1626–1675), der Vater von Friedrich Hoffmann (1660–1742), Kupferstich von Christian Romstedt nach D. la Borie, o. J.

keit dort eine Bildungsreise in die Niederlande und nach England, wo er u. a. die Bekanntschaft Robert Boyles (1627–1692) machte. 1693 wurde Hoffmann zum ersten Professor der Medizin an der (1694 eröffneten) Universität Halle berufen. Er vertrat ein mechanistisches Konzept des Organismus. Die Bewegungsvorgänge des Menschen werden von einem „Nervenfluidum" gesteuert, das sich von einer „kosmischen Substanz" („Äther") herleitet und vom Gehirn über die Nerven verteilt wird.[42] An der strengen Trennung von Seele und Körper hielt der hallesche Gelehrte fest. In seiner kurzen, ursprünglich auf Lateinisch verfassten Abhandlung *Eigentliche Untersuchung Der Säure und des Schleimes* (Halle 1696)[43] (lat. *Exercitatio Acroamatica De Acidi Et Viscidi pro stabiliendis omnium morborum causis, & alcali fluidi, pro iisdem debellandis, insufficientia,* Frankfurt a. M. 1689) setzt er sich direkt mit den Lehren Steven Blankaarts und eines anderen bekannten

RENATI DES-CARTES

PRINCIPIA

PHILOSOPHIÆ.

Ultima Editio cum optima collata, diligenter recognita, & mendis expurgata.

AMSTELODAMI,

Ex Typographia BLAVIANA, M DC LXXXV.

Sumptibus Societatis.

1687.

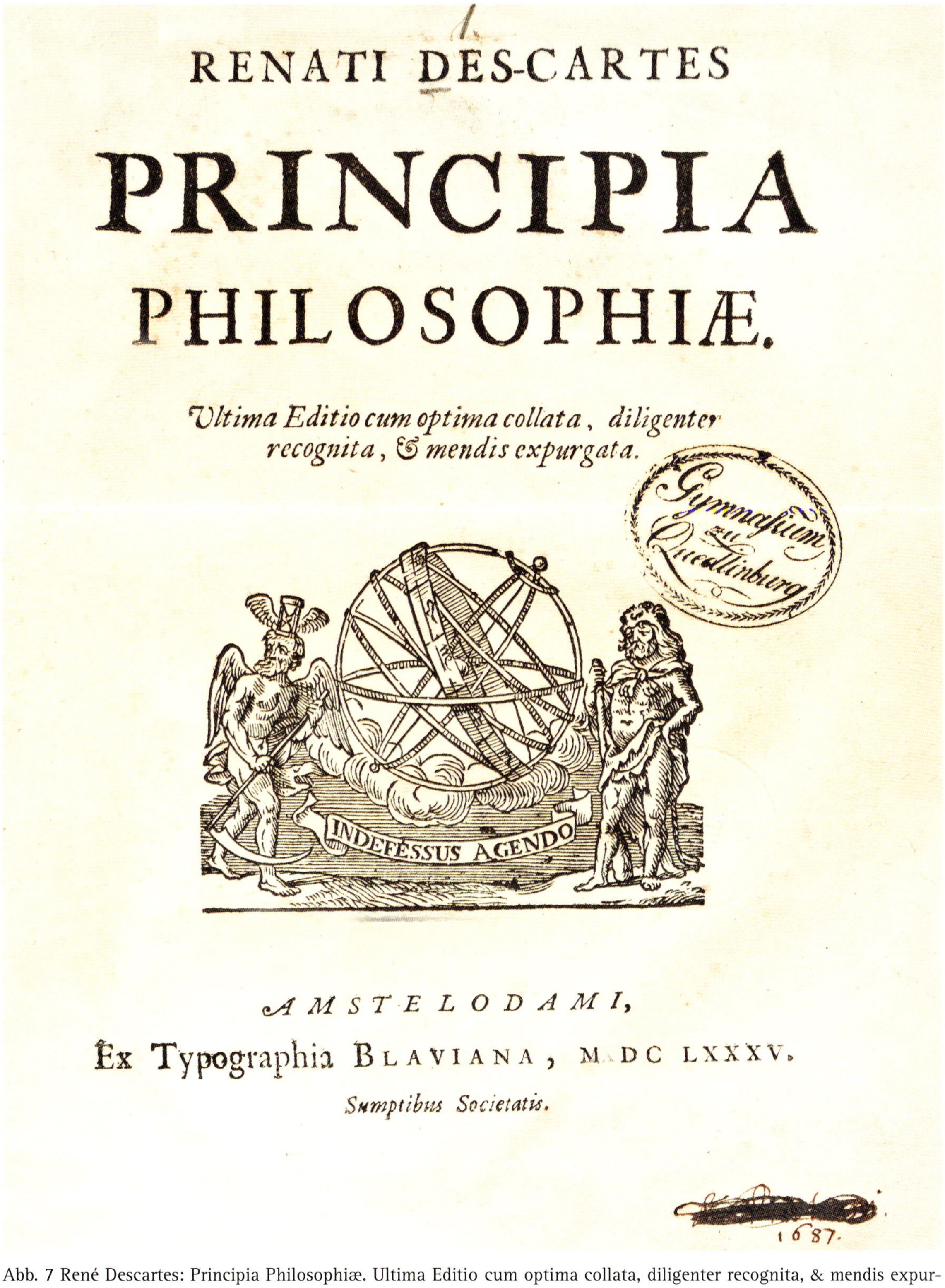

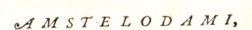

Abb. 7 René Descartes: Principia Philosophiæ. Ultima Editio cum optima collata, diligenter recognita, & mendis expurgate, Amsterdam 1685, Titelblatt

niederländischen Cartesianers, Cornelis Bontekoe (1647–1685),[44] auseinander.

Hoffmann gibt zunächst zustimmend Bontekoes und Blankaarts Thesen wieder, dass viele Krankheiten von einer Verdickung des Blutes durch Säure und Schleim bzw. saure Blutbestandteile herkommen, wodurch die Bewegung des Blutes – teilweise bis zum Stillstand – gehemmt wird und der Patient leidet bzw. stirbt. Die Blutbewegung durch das Adersystem wird auch bei Hoffmann zu einer Grundlage des Lebens und einer Basis der Medizin: „Massen zur genüge bekannt, und gebrauch keines fernern Beweißthumbs, daß die Säffte unseres Leibes in immerwährender Bewegung und Umlauff durch die zartesten Röhren und subtilesten Gänge ohne auffhören sollen und müssen *circuli*ret werden, damit sie nicht als verdorbene und der Fäulnis unterwürffige Feuchtigkeiten irgents wo bestehen bleiben, und folglich die gantze natürliche Vermischung des Geblütes verwirren, ja den flüßigen Nerven-Safft oder Lebensgeister selbst (in dessen immerwährender Erhaltung unser gantzes Leben und Gesundheit bestehet) anstecken und verderben".[45]

Zurückhaltend ist Hoffmanns Haltung zum von den Niederländern propagierten Kaffee- und Teetrinken als Universalmittel; er schreibt die heilenden Kräfte eher dem dabei zu sich genommenen warmen Wasser als den Bestandteilen der Getränke zu.[46] Grundsätzlicher gerät seine Kritik, wenn er insgesamt von einer zu starken Verdünnung und Beschleunigung des Blutes – wie sie seiner Meinung nach Ergebnis der Lehren Blankaarts und Bontekoes ist – abrät, die ebenfalls zahlreiche Krankheiten verursachen könne. Diese Warnung wird mit verschiedenen Experimenten untermauert.[47] Insbesondere die ständige Verabreichung flüchtiger Salze (*salia volatilia*, wie etwa Hirschhornsalz), die nach der Lehre der niederländischen Ärzte den sauren Bestandteilen entgegenarbeiten, lehnt Hoffmann ab; diese möchte er nur sehr vorsichtig angewendet wissen.[48] Prinzipiell jedoch werden Hoffmanns Bedenken, wenn er Blankaarts und Bontekoes These widerlegt, dass nahezu alle Krankheiten auf Säure und Schleim zurückzuführen seien. Er weist dagegen die Vielfältigkeit der Krankheitsursachen nach und setzt sich für einen maßvollen Gebrauch saurer Arzneimittel ein. Schließlich wendet sich Hoffmann gegen das absolute Verbot des Aderlasses, den er – wenn auch in mäßiger Anwendung – für zulässig hält.[49]

V. Schluss

Die medizinischen Schriften Steven Blankaarts und Cornelis Bontekoes leisteten nicht nur einen wichtigen Beitrag zur Vermittlung und Popularisierung der cartesianischen Medizin in Deutschland. Vielmehr verließen sie durch ihren anthropologischen Ansatz, der auf die Erneuerung des Wissens vom Menschen ausgerichtet war, bisherige Denktraditionen und eröffneten den zeitgenössischen Lesern ungewohnte Perspektiven des naturwissenschaftlich geleiteten Blickes auf die Welt. Die volkssprachliche Verbreitung ihrer Ideen machte dieses Wissen im Prinzip allen Lesern zugänglich, womit ein wichtiges aufklärerisches Anliegen des Cartesianismus erreicht wurde. Die hohe Zahl der Übersetzungen medizinischer Werke ins Deutsche in der zweiten Hälfte des 17. Jahrhunderts ließ diese zu einem bedeutenden Genre des Wissenstransfers werden, in dem der mitteldeutsche Raum eine große Rolle spielte.

Gegen Ende des Jahrhunderts setzte jedoch auch eine kritische Rezeption der niederländischen medizinischen Schriften ein, wie am Beispiel Friedrich Hoffmanns gezeigt wurde. Anschließend an die kontroverse Aufnahme, die der Cartesianismus nach 1650 erfuhr, und verbunden mit dem Aufschwung der frühaufklärerischen Medizin, gerade auch in Mitteldeutschland, wurden ihre Forschungsergebnisse differenziert bewertet. Mit dem großen Einfluss, den der Niederländer Herman Boerhaave (1668–1738) auf die Medizin der Aufklärung ausübte, verblasste das Andenken an die älteren Cartesianer mehr und mehr.

Anmerkungen

1 Dazu existiert eine umfangreiche Forschungsliteratur. Siehe zusammenfassend Inger Leemans/Jan Konst/Bettina Noak (Hg.), Niederländisch-Deutsche Kulturbeziehungen 1600–1830, Göttingen 2009.
2 Vgl. Johanna Bundschuh-van Duikeren, Niederländische Literatur des 17. Jahrhunderts, Berlin 2011.
3 Dazu die Studie von Johannes Arndt, Das Heilige Römische Reich und die Niederlande 1566 bis 1648: politisch-konfessionelle Verflechtung und Publizistik im Achtzigjährigen Krieg, Köln u. a. 1998. Zu Politik und Kultur in den frühneuzeitlichen Niederlanden siehe zusammenfassend Horst Lademacher, Phönix aus der Asche? Politik und Kultur der niederländischen Republik im Europa des 17. Jahrhunderts, Münster u. a. 2007.
4 Siehe etwa Ingo Breuer, Barocke Fallgeschichten? Zum Status der Trauer- und Mordgeschichten Georg Philipp Harsdörffers. In: Zeitschrift für Germanistik 19/2 (2009), S. 288–300; Johanna Geyer-Kordesch, Medizinische Fallbeschreibungen und ihre Bedeutung in der Wissensreform des 17. und 18. Jahrhunderts. In: Medizin, Gesellschaft und Geschichte. Jahrbuch des Instituts für Geschichte der Medizin der Robert Bosch-Stiftung 9 (1990), S. 8–19; Beate Kevekordes, Arzt, Medizin und Krankheit in Epigrammen des 16. und 17. Jahrhunderts, Bonn 1987; Alexander Košenina, Fallgeschichten. Von der Dokumentation zur Fiktion. Vorwort. In: Zeitschrift für Germanistik 19/2 (2009), S. 282–287; Dirk Niefanger, Friedrich von Logaus medizinische Epigramme. In: Thomas Althaus/Sabine Seelbach (Hg.), Salomo in Schlesien. Beiträge zum 400. Geburtstag Friedrich von Logaus (1605–2005), Amsterdam 2006, S. 211–228; Sandra Pott, Medicus poeta. Poetisierung medizinischen Wissens über Pest und Blässe: Hans Folz und einige unbekannte Mediziner-Dichter. In: Florian Steger/Kay Peter Jankrift (Hg.), Gesundheit – Krankheit. Kulturtransfer medizinischen Wissens von der Spätantike bis in die Frühe Neuzeit, Köln u. a. 2004, S. 237–261.
5 Zusammenfassend dazu Ralf Klausnitzer, Literatur und Wissen. Zugänge – Modelle – Analysen, Berlin 2008; Tilmann Köppe (Hg.), Literatur und Wissen. Theoretisch-methodische Zugänge, Berlin/New York 2011.
6 Dazu Simone de Angelis, Anthropologien. Genese und Konfiguration einer Wissenschaft vom Menschen in der Frühen Neuzeit, Berlin/New York 2010.
7 Zusammenfassend zu diesen Verfahren Simone de Angelis, Darstellungsformen medizinischen Wissens. Einführung. In: Ulrich Johannes Schneider (Hg.), Kulturen des Wissens im 18. Jahrhundert, Berlin/New York 2008, S. 571–576.
8 Zur niederländischen Medizin in der Frühen Neuzeit siehe Gerrit Arie Lindeboom, Geschiedenis van de medische wetenschap in Nederland, 2. Aufl., Haarlem 1981; zu Descartes' medizinischem Wirken vgl. ders., Descartes and medicine, Amsterdam, 1979.
9 Bei den in Mitteldeutschland erschienenen Titeln Blankaarts handelt es sich um: Im Verlag Johann Friedrich Gleditsch, Leipzig: (1) Die belägert= und entsetzte Venus, Das ist Chirurgische Abhandlung Der sogenannten Frantzoßen Auch Spanischen Pocken-Kranckheit Drüppert Sjankert Klap-Ohren [et]c., 1689; *ndl. Ausg.*: Venus Belegert en Ontset. Oft Verhandelinge van de Pokken En des selfs Toevallen, Met een grondige en zekere Genesinge Steunende op de gronden van Cartesius. Item, Een nauwkeurige beschryvinge der Pokken, Amsterdam 1684. (2) Gründliche Beschreibung vom Scharbock und dessen Zufällen Nebenst einem Ausführlichen Bericht von der Fermentation oder Inwendigen Bewegung der Cörper, 1690; *ndl. Ausg.*: Nauwkeurige Verhandelinge Van de Scheur- Buik En des selfs Toevallen, Amsterdam 1684. Übers. v. Johann Schreyer. (3) Neues Liecht vor die Apothecker: Wie selbige Nach den Grund-Regeln der heutigen Destillir-Kunst ihre Artzeneyen zubereiten sollen, 1690; *ndl. Ausg.*: 't Nieuw–ligt des Apothekers, Of Nieuwe-gronden en Fondamenten der Artzeni-en Chymise-bereiding. Nuttig Voor alle Apothekers en Chirurgijns, Amsterdam 1683. Übers. v. Johann Schreyer. (3) Schau=Platz Der Raupen / Würmer / Maden Und Fliegenden Thiergen Welche daraus erzeuget werden, 1690; *ndl. Ausg.*: Schou-burg der Rupsen, Wormen, Maden, en Vliegende Dierkens daar uit voortkomende, Amsterdam 1688. Übers. v. Johann Christian Rodochs. (4) Von Würckungen Derer Artzneyen In dem Menschlichen Leibe: Zeigende Die wahre Ursach von deren unterschiedlichen Würckungen. Wie auch Ein Entwurff von einer Neuen Pharmacie, Nach der heutigen Arth Artzneyen zu verschreiben, 1690; *ndl. Ausg.*: Verhandeling Van de Operatien ofte Werkingen Der Medicamenten In 's Menschen Lighaam, Amsterdam 1690. Übers. v. Johann Christian Rodochs. (5) Accurate Abhandlung von dem Podagra und der Lauffenden Gicht: Worinnen deren wahre Ursachen und gewisse Cur gründlich vorgestellet Auch Die herrlichen Kräfften der Milch Nebst klarem Beweiß daß solche [...] die allerbeste Nahrungs-Speise, 1690; *ndl. Ausg.*: Verhandelinge Van het Podagra En Vliegende Jicht, Waar in des zelfs ware oorzaak en zekere genezingen werden voorgestelt: Als ook een korte beschrijvinge van de krachten des Melks, Toonende dat des zelfs voedsel [...] zeer dienstig is, Amsterdam 1684. (6) Cartesianische Academie, Oder Grund=Lehre Der Artzney=Kunst: Worinnen die völlige Artzney=Lehre wie solche in Wissenschafft der Gesundheit und deren Erhaltung [...] aufgeführet wird, 1690; *ndl. Ausg.*: De Kartesiaanse academie ofte Institutie der medicyne, behelsende de gansche medicyne, bestaande in de leere der gesondheid en des selfs bewaringe, als ook der ongesondheid en haar herstellinge, Amsterdam 1683. (7) Theatrum Chimicum Oder Eröffneter Schau=Platz und Thür zu den Heimligkeiten In der Scheide=Kunst, 1694; *ndl. Ausg.*: Theatrum chimicum, ofte Geopende deure der chymische verborgentheden, Amsterdam 1693. Im Verlag Moritz Georg Weidmann, Frankfurt a. M. und Leipzig: (1) Collectanea Medico-Physica, Oder Holländisch Jahr=Register sonderbahrer Anmerckungen die so wol in der Artzney=Kunst als Wissenschaft der Natur in gantz Europa vorgefallen, 1690; *ndl. Ausg.*: Collectanea medico-physica, Oft Hollands Jaar-Register Der Genees- en Natuurkundige Aanmerkingen van gantsch Europa, Amsterdam 1680. Übers. v. Tobias Peucer. (2) Reformirte Anatomie Oder Zerlegung des Menschlichen

Leibes [...] Wie auch mit eben desselben Autoris Abhandlung Von dem Umlauff des Geblüts durch die Fibras derer Musculen, und dererselben Valvulen, 1691; *ndl. Ausg.*: De Nieuw Hervormde Anatomia, Ofte Ontleding des menschen Lighaams, [...] Als ook een nadere verhandelinge Van den Omloop des Bloeds, Door de Spier-vezelen en der zelver Klap-vliezen, Amsterdam 1678. Übers. v. Tobias Peucer.

10 Zu Steven Blankaart siehe: Philipp Christiaan Molhuysen/Petrus Johannes Blok, Steven Blankaart. In: Nieuw Nederlandsch Biografisch Woordenboek, Bd. 4, Leiden 1918, S. 156 f.; Lindeboom, Geschiedenis van de medische wetenschap (wie Anm. 8), S. 93 f.; Jan Bouckaert, Steven Blankaart (1650–1704) auteur van het eerste Nederlandstalige boek over kinderziektes, in: Geschiedenis der Genneskunde 12 (2008), S. 165–175.

11 Zu Nicolaas Blankaart siehe Molhuysen/Blok, Nicolaas Blankaart (wie Anm. 10), S. 154–156.

12 Zu Tulp und van Beverwijck siehe Lindeboom, Geschiedenis van de medische wetenschap (wie Anm. 8), S. 75–80.

13 Steven Blankaart, Cartesianische Academie, Oder Grund=Lehre Der Artzney=Kunst: Worinnen die völlige Artzney=Lehre wie solche in Wissenschafft der Gesundheit und deren Erhaltung [...] aufgeführet wird, Leipzig 1690. Benutzt wurde das Exemplar der HAB Wolfenbüttel, Signatur Xb 6482 (siehe VD17 3:313068E).

14 Ebd. S.)(2r–2v.

15 Ebd. S.)(3r.

16 Der Mediziner schreibt dazu: „Dieses gantze Werck habe ich die *Cartesianische Academie* genennet, nicht also ob solches alles, was einem Wissens- und Weißheit-begierigen Gemüth in allen und jeden Dingen zu wissen vonnöthen, vollkömlich begreiffe; Nein gantz nicht; sondern eigentlichen, weilen die Artzeney-Kunst ein sehr grosser Theil der *Philosophie*, so man heutiges Tages nach denen *Cartesianischen Principien* oder Gründen auff denen *Academien* lehret: Zumahlen dann auch keiner, der / nicht alles das, was die Gesundheit und Kranckheit des Menschlichen Leibes etc. anbetrifft, verstehet, vor einen rechten *Philosophum*, *passi*ren kan. Selbst *Hipocrates* sagt, daß in der Medicin alles zu finden, was zu der Weißheit gehöret. Der Ursachen nun, weilen diese Materie des *Cartesii* Nachfolgern überblieben, habe ich die Feder zu Handen genommen, die gantze Artzeney-Kunst nach dessen wahren Gründen außgeführet, und gegenwärtiges Buch mit dergleichen Titul begabt". Blankaart, Cartesianische Academie (wie Anm. 13), S.)(3v–)(4r.

17 Steven Blankaart, Die belägert= und entsetzte Venus, Das ist Chirurgische Abhandlung Der sogenannten Frantzoßen Auch Spanischen Pocken-Kranckheit Drüppert Sjankert Klap-Ohren [et]c., Leipzig 1689. Benutzt wurde das Exemplar der HAB Wolfenbüttel, Signatur Xb 1862 (1) (siehe VD17 3:603946D). Neben den eigenen Erkenntnissen führt Blankaart hier Schriften zur Syphilis von Franciscus Sylvius (1614–1672), Thomas Sydenham (1624–1689), Johannes Wier (1515/1516–1588) und Antonius Everardi (gest. 1679) an.

18 So etwa bei Hippokrates im 6. Buch von den Völkerkrankheiten, im Buch von den inneren Krankheiten und im Buch von den Geschwüren, wo die Krankheitsbeschreibungen mit den Symptomen der Spanischen Pocken übereinkommen. Blankaart, Die belägert= und entsetzte Venus (wie Anm. 17), S. 1–11. Allgemein siehe Peter Reuter, Syphilis. In: Springer Lexikon Medizin, Heidelberg 2005, S. 1–12.

19 Blankaart, Die belägert= und entsetzte Venus (wie Anm. 17), S. 1–11.

20 Ebd., S. 12–21.

21 Ebd., S. 24 f.

22 Ebd., S. 21–32.

23 Ebd., S. 29.

24 Ebd., S. 25 f.

25 Zu den Mikroskopisten siehe die schöne Studie von Luuc Kooijmans, Gevaarlijke kennis. Inzichten en angst in de dagen van Jan Swammerdam, Amsterdam 2007.

26 Siehe Reuter, Syphilis (wie Anm. 18), S. 1.

27 Blankaart, Die belägert= und entsetzte Venus (wie Anm. 17), S. 164–196.

28 Ebd., S. 187 f.

29 Ebd., S. 188–191.

30 Die folgenden Ausführungen basieren auf einer Sichtung des im VD 17 verzeichneten medizinischen Schrifttums. Als Übersicht zur Medizingeschichte in der Frühen Neuzeit siehe Wolfgang Uwe Eckart, Geschichte der Medizin. Fakten, Konzepte, Haltungen, 6. Aufl., Heidelberg 2009, S. 93–154.

31 Zu Paracelsus siehe einführend Udo Benzenhöfer, Paracelsus, 3. Aufl., Reinbek bei Hamburg 2003, mit weiterer Forschungsliteratur.

32 Als Einführung in die frühneuzeitliche Policey-Literatur siehe Andrea Iseli, Gute Policey. Öffentliche Ordnung in der Frühen Neuzeit, Stuttgart 2009.

33 VD17 23:711759U und VD17 3:301980U.

34 VD17 12:192339B und VD17 1:068859F.

35 Zum Beispiel: Friedrich Müller, Lexicon Medico-Galeno-Chymico-Pharmaceuticum, Oder: Gründliche Erklärung Achtzehen Tausend Medicinischer Nahmen, Frankfurt/M./Nürnberg 1661. VD17 12:168374F; Johann Jacob Woyt, Thesaurus Pharmaceutico–Chirurgicus, oder Gründliche Erklärung der üblichsten Kunst=Wörter / Welche in Lesung Deutscher Medicinischer Bücher vorkommen, Leipzig 1696. VD17 23:305264R.

36 Zu Philipp Gruling siehe die biografischen Angaben im VD 17; zu Matthias Gottfried Purmann vgl. Hermann Frölich, Purmann, Matthias Gottfried. In: Allgemeine Deutsche Biographie 26 (1888), S. 731 f.; zu Franz Christian Paullini siehe Franz Xaver von Wegele, Paullini, Franz Christian. In: Allgemeine Deutsche Biographie 25 (1887), S. 279–281.

37 Zit. nach: Eckart, Geschichte der Medizin (wie Anm. 30), S. 138. Zu Sennert siehe allgemein Wolfgang Uwe Eckart, Wahrheitsbegriff, Autoritätskritik und sensualistische Erkenntnistheorie des Konziliators Daniel Sennert (1572–1637), Diss. Münster 1978; ders., Antiparacelsismus, okkulte Qualitäten und medizinisch-wissenschaftliches Erkennen im Werk Daniel Sennerts (1572–1637). In: August Buck (Hg.), Die okkulten Wissenschaften in der Renaissance, Wiesbaden 1992, S. 139–157; Hans Theodor Koch,

Die Wittenberger Medizinische Fakultät (1502–1652). Ein biobibliographischer Überblick. In: Stefan Oehmig (Hg.), Medizin und Sozialwesen in Mitteldeutschland zur Reformationszeit, Leipzig 2007, S. 289–348.

38 Im Hinblick auf die Paracelsisten schreibt Sennert: „Ich weiß nicht, welches Lumen Naturae et Gratiae sie herbeirufen, mit dem sie dann die Einbildungen ihres Gehirns, die weder durch Vernunftgründe noch durch Erfahrung erwiesen werden können, verdecken. Wenn das erlaubt wäre, daß jeder neue Dogmen frei von aller Erfahrung und Vernunft fingieren kann, und man nur jenen Glauben an das Lumen Naturae et Gratiae haben muß, so wird das wahr sein, was jedem beliebigen so erscheinen wird; was daraus für eine Verwirrung für alle Wissenschaftsbereiche entstehen kann, sieht jeder." Zit. nach: Eckart, Antiparacelsismus (wie Anm. 37), S. 145.

39 Zit. nach ebd., S. 153.

40 Zusammengefasst nach ebd., S. 155.

41 Über Hoffmann siehe Hans-Heinz Eulner, Friedrich Hoffmann, in: Neue Deutsche Biographie 9 (1972), S. 416–418. Zur Medizin der Frühaufklärung in Mitteldeutschland vgl. Carsten Zelle, Vernünftige Ärzte. Hallesche Psychomediziner und Ästhetiker in der anthropologischen Wende der Frühaufklärung. In: Walter Schmitz/Carsten Zelle (Hg.), Innovation und Transfer – Naturwissenschaften, Anthropologie und Literatur im 18. Jahrhundert. Dresden 2004, S. 47–62.

42 Siehe Eulner, Friedrich Hoffmann (wie Anm. 41), S. 417.

43 Friedrich Hoffmann, Eigentliche Untersuchung Der Säure und des Schleimes: Worinnen Die von denen Doct. Bontekoe un[d] Blanckard und andern mehr auffgeführte neue Lehr=Sätze gründlich widerleget sind und hingegen behauptet wird Daß nicht alle Kranckheiten und Gebrechen vom Saur und Schleim herrühren. Halle: Hübner, 1696. Hier wird das Exemplar der UFB Erfurt/Gotha, Signatur Math 8° 01140/03 (02) benutzt (siehe VD 17 39:117728E). Das Werk wurde von Dr. Johann Georg Hoyer (1663–1737) aus Mühlhausen ins Deutsche übersetzt, der in seiner Vorrede die Notwendigkeit volkssprachlichen medizinischen Wissens und der volkssprachlichen Diskussion von Blankaarts und Bontekoes Lehrsätzen unterstreicht. Siehe Hoffmann, Eigentliche Untersuchung, S.)(2r–)(4v.

44 Zu Bontekoe siehe Philipp Christiaan Molhuysen/Petrus Johannes Blok, Cornelis Bontekoe. In: Nieuw Nederlandsch Biografisch Woordenboek, Bd. 8, Leiden 1930, S. 172–175; F. M. G. de Feyfer, Inleiding van Cornelis' Bontekoe Tractatus de herba Thee. *Opuscula Selecta Neerlandicorum de arte medica*, Amsterdam 1937, S. LII–XCIX; Lindeboom, Geschiedenis van de medische wetenschap (wie Anm. 8), S. 93–95.

45 Hoffmann, Eigentliche Untersuchung (wie Anm. 43), S. 7.

46 Ebd., S. 16.

47 Ebd., S. 23–25.

48 Ebd., S. 27–29.

49 Ebd., S. 32–65, 89–104.

Intrigued observer or an agent on his own behalf? August Hermann Francke's journey to the Netherlands in 1705

Today, it's a common belief that Halle pietists and especially August Hermann Francke had close relationships to the Netherlands. For this purpose, two main reasons are mentioned: First, Francke's appraisal of the Dutch welfare system in his *Fußstapffen Des noch lebenden und waltenden liebreichen und getreuen GOTTES* of 1701, second, his journey to the Netherlands in 1705. But is this assumption really true? By means of a detailed reconstruction of Francke's Dutch trip, the following remarks intend to show that the traveler didn't have much specific interest in the foreign country, but instead in his own kind, preachers and theologians mostly of German origin, who can be considered to be part of a European *res publica theologica*. In addition, Francke travels as a representative of the 'Glauchasche Anstalten'; he establishes useful ties with diplomatic circles and promotes pietistic ideas by preaching for Dutch Lutheran communities. By using the Dutch language only here, Francke ensures the comprehension of his pietistic message: The Dutch exclusively function as *receivers*, rather than sincere *vis-à-vis*.

Interessierter Beobachter oder Agent in eigener Sache? August Hermann Franckes Hollandreise 1705

Udo Sträter

I.

Dass die Pietisten in Halle, dass v. a. August Hermann Francke selbst ganz spezielle und spezifische Beziehungen und Kontakte in die Niederlande unterhalten hätten, gilt in allgemeiner Überzeugung als eine gesicherte Tatsache. Diese Überzeugung fand nicht zuletzt dadurch Ausdruck, dass unter den Räumen der Konferenzetage im restaurierten Historischen Waisenhaus, die sämtlich nach privilegierten Partnern der „Pietas Hallensis Universalis" benannt worden sind, neben einem Amerika-, Indien-, Russland- und Ungarn-Zimmer auch ein Holland-Zimmer entstanden ist. Worauf aber gründet sich die Überzeugung besonders intensiver Beziehungen Franckes nach Holland – und darüber hinaus in die Niederlande generell?

Abgesehen von einzelnen Korrespondenzen – zum großen Teil aber mit Deutschen, die (wie Friedrich Breckling) in den Niederlanden lebten – und Indizien, die erst in weiterer Forschung zu erhärten und zu evaluieren sind,[1] werden regelmäßig v. a. zwei Tatsachen benannt, die ihr jeweils eigenes Gewicht haben. Zum einen die Würdigung, die Francke in seiner apologetischen und zugleich werbenden Darstellung der Anfänge seiner Anstalten, den *Fußstapffen Des noch lebenden und waltenden liebreichen und getreuen GOTTES* von 1701, der niederländischen Armen- und Waisenpflege zusprach, nachdem er schon 1697 seinen Adlatus Georg Heinrich Neubauer in die Niederlande geschickt hatte, um dort anhand eines detaillierten Fragebogens zu erkunden, wie man in den großen Städten der Niederlande die Armen- und Waisenpflege organisiert hatte: beginnend von Fragen der Konstruktion und baulichen Ausführung der Häuser über Modelle der Finanzierung bis hin zu Details im Tagesablauf, zur Speisung und zur Hygiene. Zum anderen die Feststellung, dass Francke die einzige längere Reise, die er zwischen seinem Amtsantritt in Glaucha und Halle 1692 und seiner intensiv dokumentierten pietistischen Repräsentationsreise „ins Reich" – also nach Oberdeutschland – 1717 unternommen hat, in die Niederlande führte. Das war im Jahre 1705; die Reise dauerte insgesamt von Anfang Mai bis Ende Juli.[2]

Abb. 1 August Hermann Francke (1663–1727), Stahlstich von unbekanntem Künstler, o. J.

Ich will im Folgenden auf beide Punkte eingehen; auf ersteren nur kurz, weil das Ganze ziemlich bekannt ist, auf die Reise in die Niederlande 1705 aber ausführlicher, weil man darüber bisher nur wenig lesen kann.

II.

Aus dem wichtigen programmatischen, zu Franckes Lebzeiten aber nur handschriftlich, vertraulich und intern kursierenden *Großen Aufsatz* von 1704 wird gern die folgende Passage zitiert: „Denn es sind ja wol eher von Königen und Fürsten Universitaeten gestifftet, welche einen großen Zulauff bekommen; so ists auch nichts ungewöhnliches, daß allerley Commünen, Armen-Verpflegungen, Stifftungen, Waysen- und Wittwen=Häuser, Schulen und dergleichen angerichtet worden. Werden doch in Holland jährlich viele Tonnen Goldes auff die Armen=Häuser gewendet."[3]

Schon drei Jahre zuvor, 1701, hatte Francke Kritikern wie Freunden seiner „Anstalten" in den *Fußstapffen* öffentlich mitgeteilt, wie der Bau und die interne Organisation seines eigenen großen „Waysenhauses" durch eine Studienreise Neubauers in die Niederlande vorbereitet worden war: „Dieweil aber in diesen Landen man noch nicht sonderlich gewohnet ist / Waysen-Häuser zubauen / bin ich schlüßig worden / mich nach andern dergleichen guten Anstalten umbzusehen / und ferner / da die gedruckten und schrifftlichen Beschreibungen mir keine satisfaction gegeben / oben benannten *Georg Heinrich Neubauern* in *Holland* / als den Sitz guter und löblicher Armen-Anstalten / zusenden; Welcher auch den 2. Junii Anno 1697. dahin abgereiset / mit der intention, die Waysen-Häuser / deren Gebäu / Ordnungen und Anstalten daselbst zusehen / und daraus zu observiren / was bey Erbauung und guter Ordnung unsers Waysen-Hauses zu wissen nöthig seyn möchte."[4]

Neubauer war also am 2. Juni 1697 aus Halle abgereist. Sein Weg führte ihn „über Magdeburg, Wolfenbüttel, Braunschweig, Hannover, Zelle, Lüneburg nach Hamburg und von dort über Bremen, Oldenburg durch Ostfriesland nach Holland".[5] Schon die Reise war Teil des Ziels, denn Neubauer hatte den Auftrag, unterwegs für Franckes Projekt zu werben und Spenden zu gewinnen – was auch gelang.

Was Neubauer – neben einem Attestat der Theologischen Fakultät Halle – an Schriftlichem vorweisen konnte, war ein kleiner Aufsatz, der im April 1697 handschriftlich entstanden war, die *Historische Nachricht, Wie sich die Zu verpflegung der Armen und Erziehung der Jugend [...] gemachte Anstalten veranlasset*.[6] Im selben Jahr erschien dieser Aufsatz mit einem Nachtrag bis Juni 1697 im Druck als Anhang zur Publikation von Philipp Jakob Speners Predigt *Christliche Verpflegung der Armen*.[7] Diesen Aufsatz ließ Neubauer ins Niederländische übersetzen und in Amsterdam drucken. Der Titel lautet (etwas abgekürzt zitiert): *Korte Beschryving Van het onlangs opgerechte Wees-Huys tot Halle In't Hertogdom Maagdenburg [...]. Uit het Hoogduyts in't Hollands overgeset*.[8] Als Drucker firmieren Johannes Smets und Paulus Dibbits, „Boekdrukkers op de Nieuwe zyts Achterburgwal". Wer diese Übersetzung angefertigt, wer sie vermittelt hat, ob es spezielle Beziehungen zu den beiden Buchdruckern gab – dies alles ist bisher nicht bekannt.[9]

Diese niederländische Übersetzung der *Historischen Nachricht* gilt insofern als bemerkenswert, als sie erstmals auf dem Titelblatt explizit von einem *Wees-Huys tot Halle*, einem „Waisenhaus" spricht. Die deutsche Vorlage hatte die allgemeinere Formulierung der „Zu verpflegung der Armen und Erziehung der Jugend [...] gemachte[n] Anstalten" gewählt. Der Begriff der „Anstalten" ist hier noch nicht im institutionellen Sinne oder gar als Verweis auf einen Gebäudekomplex zu verstehen, sondern im dynamischen Verständnis von „Anstalten machen zu etwas", „eine Sache angehen".[10] Wenn ich recht sehe, entspricht dies dem auch im Niederländischen geläufigen Unterschied von „aanstalten maken" und „inrichting" oder „gesticht". Der Begriff „Waisenhaus" erscheint in den deutschen Publikationen Franckes erstmals 1699 in der *Ordnung*

So unter denen Studiosis, die in dem Wäysen=Hause zu Glaucha an Halle der freyen Kost genießen / zu beobachten ist[11] sowie seit 1701 auf dem Titelblatt der *Fußstapffen*: *Durch den Ausführlichen Bericht Vom Wäysen=Hause / Armen=Schulen / und übriger Armen=Verpflegung Zu Glaucha an Halle.*[12]

Jedenfalls ist es sicher eine ganz bewusste Entscheidung gewesen, dass die niederländische Übersetzung der *Historischen Nachricht* nicht mit der eher etwas vagen Formulierung der „gemachten Anstalten" operiert, sondern den für die Studienreise Neubauers zentralen Begriff des „Wees-Huys" in den Mittelpunkt rückt – womit zugleich das Ziel der Unternehmung anvisiert ist, nämlich die Errichtung eines Waisenhauses in Glaucha unter Einbezug und Verwendung des niederländischen Vorbilds.

Der genaue Weg Neubauers in den Niederlanden ist nicht zu rekonstruieren. Auf jeden Fall hielt er sich in Amsterdam und in Den Haag auf, ebenso in Delft. Unter den Papieren, die er mitbrachte, als er am 19. Juni 1698 – also ein Jahr nach seinem Aufbruch – wieder in Halle eintraf, befinden sich z. T. detaillierteste Informationen über unterschiedliche Armen- und Waisenhäuser sowie ein umfangreicher Bericht, in sauberer Handschrift in niederländischer Sprache geschrieben, über die sozialen Einrichtungen der Stadt Amsterdam vom Diaken Wees-Huys bis zum Nieuwe Werck-Huys, dazu Abschriften aus den dortigen Statuten und Regeln („Ordonantien en Reglementen"). Mit dem Bau seines Waisenhauses in Glaucha ab Juli 1698 begann Francke, seine eigenen Regelwerke zu entwerfen. Von einer weiterführenden Korrespondenz zwischen Neubauer und den Vorstehern der von ihm besuchten Armen- und Waisenhäuser in den Niederlanden ist nichts bekannt.

III.

Wenden wir uns nun Franckes Reise im Jahre 1705 zu, die ihn in die Niederlande führte. Sie war als Erholungsreise gedacht, nachdem er Anzei-

Abb. 2 Christian Friedrich Richter (1676–1711), Kupferstich von unbekanntem Künstler, 1713

chen von Überlastung und Erschöpfung aufgewiesen hatte.[13] Francke reiste in Begleitung von Georg Heinrich Neubauer und Christian Friedrich Richter, dem „Arzt, Apotheker und Liederdichter des halleschen Pietismus".[14] Der Aufbruch erfolgte nicht Ende April 1705 – wie meist zu lesen –, sondern Anfang Mai, ohne dass wir ein genaues Datum wüssten. Der Weg führte über Halberstadt, Wolfenbüttel, Braunschweig, Hannover, Bielefeld, Wesel und Cleve. Genaue Aufenthaltsdaten sind kaum bekannt. Immerhin existieren ein Brief Franckes an seinen Berliner Freund und Gönner Carl Hildebrand von Canstein vom 8. Mai 1705 aus Halberstadt[15] und ein Brief Neubauers an Franckes Frau Anna Magdalena, datierend vom 17. Mai 1705 aus Braunschweig,[16] in dem auf die bisherigen Erlebnisse – u. a. eine Audienz beim Herzog von Braunschweig, Anton Ulrich, in Wolfenbüttel – zurückgeblickt wird.

Ein Reisejournal existiert wohl nicht. Gustav Kramer, der Francke-Biograph des 19. Jahrhunderts, hat zur Darstellung der Reise in die Niederlande einen zusammenfassenden Bericht abgedruckt, den Francke nach seiner Rückkehr mit Datum vom 6. August 1705 für das im Freundeskreis handschriftlich verbreitete Informationsblatt der *Hallischen Correspondenz* verfasst hat.[17] Wer aber von diesem Bericht Näheres über die einzelnen Stationen der Reise zu erfahren hofft, wer ausführlicher über Franckes konkrete Beziehungen in die Niederlande informiert werden will, der wird enttäuscht. Der Bericht bleibt sehr allgemein, ist überwiegend erbaulich abgefasst.

„In Teütschland so wol als in Holl[and] habe ich […] den Zustand der Kirchen so verderbt angetroffen, als ein Verständiger selbst leicht ermeßen kan", erklärt Francke;[18] andererseits aber auch: „Ich bin an keinen Ort gekomen, […] da ich nicht […] Gemüter solte gefunden haben, von einer guten und ernstlichen Intention, ihr Christenth[um] Gott wohlgefällig zu führen."[19] Diese typisch pietistische Gegenwartsanalyse mündet bei Francke in eine sanfte „Hoffnung besserer Zeiten": „Ich sehe es an als einen Frühling, da die Bäume voll Blüthen sind".[20] Aber wo hat er das erfahren? Francke antwortet, er rede „nicht allein von denen Orten in Teütschland, sondern auch in Holland, an welche ich gekomen bin".[21]

Geht es nicht konkreter? Offenbar will er das nicht. Francke berichtet nicht über eine Reise mit Wegen und Stationen, mit Erlebnissen und Begegnungen, sondern über allgemeine Erfahrungen und Nutzanwendungen.[22] Das Land, das er bereist hat, bleibt in der Darstellung flacher, als es die Niederlande in Wirklichkeit sind, und zudem bedeckt von dichtem Nebel, den man nicht einmal als Nordsee-Küstennebel identifizieren kann.

Wo Francke explizit über die Niederlande schreibt, bezieht er sich auf neu erschienene Bücher und auf aktuelle Kontroversen, die v. a. in Büchern und Pamphleten ausgetragen wurden. Zum einen interessierten ihn die katholischen Jansenisten, die in den Niederlanden Asyl fanden, und die „Sache von dem so genannten Erzbischoff von Sebaste",[23] zum anderen jegliche Polemik gegen die calvinistische Prädestinationslehre. So lobte Francke die postum edierten Schriften des Separatisten Jacob Brill (1629–1700), der „mit sehr großem Nachdruck gegen der Ref[ormierten] Lehre de praedestinatione redet",[24] und er verwies auf die Kontroverse um Frederik van Leenhofs (1647–1712) *Den Hemel op Aarden; of een korte en klare beschrijving van de waare en stantvastige blydschap* (1703),[25] in der reformiert-orthodoxe Prädestinationslehre und heterodoxer Spinozismus nicht mehr unterscheidbar schienen.

Das alles hätte man wissen und schreiben können aus Beobachtung des Buchmarktes, auch ohne selbst in den Niederlanden gewesen zu sein. War Francke denn 1705 überhaupt in den Niederlanden? Topographisch konkret wird er nur, wo er Predigten aufzählt, die er unterwegs gehalten hat, und in diesem Zusammenhang nennt er auch Daten, und seien es nur die jeweiligen Sonntagsnamen. Gepredigt hatte er in Wolfenbüttel, Braunschweig, Bielefeld, Wesel und Cleve sowie in Den Haag und Zaandam.[26] Der Hinweis auf die Predigten in Den Haag und Zaandam zeigt nun sehr klar, dass Francke wohl tatsächlich in den Niederlanden gewesen ist. Die anderen Daten aber lassen nach der Stringenz der Reiseplanung fragen. Man könnte sagen, Francke habe mehr als einen Monat lang Anlauf genommen, um überhaupt das Territorium der Generalstaaten zu erreichen: noch Anfang Juni ist man erst in Wesel.

Hilfreich erscheint ein Blick in die dichte Korrespondenz zwischen Francke und Carl Hildebrand von Canstein. Am 28. April wünschte Canstein zur bevorstehenden Reise Franckes „des höchsten reiche gnade";[27] von den Reiseplänen jedenfalls wusste er.

Am 8. Mai schrieb Francke aus Halberstadt folgende bemerkenswerte Sätze an Canstein: „Und weil meine Gesundheit erfordert, daß ich noch we-

Abb. 3 Carl Hildebrand von Canstein (1667–1719), Kupferstich von Johann Georg Wolffgang nach Johann Heinrich Schwartz, 1720

nig bey diesem schönen wetter herumreise :/da ich doch gern mit frischen kräfften wieder zur arbeit nach Halle kommen wolte /: auch zu dem Ende morgen früh auf Wolffenbüttel und Braunschweig reisen werde, so werde ich […] mit meinen Collegis zu halle keine abrede faßen können."[28]

Das klingt nicht so sehr nach klaren Absprachen und festen Planungen. Dieser Eindruck verstärkt sich für die folgende Zeit. Über Pfingsten war Francke in Wesel und predigte dort, zuletzt am 2. Juni 1705. Am 6. Juni schrieb Canstein aus Berlin: „[A]ls ich von demselbigen schreiben erwarthet von Halle aus, erhalte das ihrige mit dem einschluß von Wesel und Ersehe daraus mit freuden, das man bis dahin in gesundheit gekommen."[29] Offenbar war Canstein überrascht. Er erwartete Nachricht von Francke aus Halle – ging also von dessen baldiger Rückkehr aus – und erhielt von diesem einen Brief aus Wesel. Nun wusste er auch von dem Plan, nach Holland zu reisen, und ging darauf ein.[30]

Es spricht vieles für die Annahme, dass Francke gar nicht von Anfang an geplant hatte, in die Niederlande zu reisen, sondern zunächst die Nähe alter Freunde aus wildbewegt enthusiastischen Zeiten des Pietismus in Halberstadt, Wolfenbüttel und Umgebung suchte – rund um den Harz.[31] Erst nach mehr als drei Wochen nahm die Reise dann einen anderen Verlauf: Es ging nicht zurück nach Halle, sondern Richtung Wesel und Cleve – und von dort in die Niederlande.[32] Damit gewann die Reise ein neues Ziel und eine neue Stringenz der Route. Richtig vorbereitet war sie trotzdem nicht. Jedenfalls traf Post aus Rotterdam in Halle ein, als Francke schon in die Niederlande unterwegs war, doch der Absender schien davon nichts zu wissen.[33] Auch der brandenburgische Gesandte in Den Haag, dem Francke dort seine Aufwartung machen wollte, wusste nichts vorab von dieser Reise und war über Franckes Erscheinen völlig überrascht. Ich komme auf diese Episode zurück.

Warum nun plötzlich die Niederlande das Reiseziel wurden, ist schwer zu ergründen. Immerhin kam Neubauer mit, der ein Jahr im Auftrag Franckes dort verbracht hatte. Außerdem war die Reiseroute gerade relativ ungefährdet. Zwar herrschte seit 1701 der Spanische Erbfolgekrieg, der auch eine massive Bedrohung der südlichen Niederlande bedeutete, zu deren Schutz eine Koalitionsarmee unter dem Herzog von Marlborough operierte. 1704 aber hatten sich die Kampfhandlungen rheinaufwärts verlagert, wo sie in der Schlacht von Blenheim kulminierten. Erst 1706 kehrte der Krieg rheinabwärts zurück. Der Weg über Cleve war somit jedenfalls Anfang Juni 1705 ziemlich frei.

IV.

Glücklicherweise gibt es zu Franckes eigentlicher Hollandreise im Juni 1705 mehr Quellen als nur dessen eigene Darstellung, die Kramer gekannt und publiziert hat, nämlich zumindest zwei handschriftliche Berichte Neubauers über Franckes Aufenthalte in Den Haag, Leiden, Amsterdam und Utrecht. Zwar beantworten auch diese Berichte, auf die ich mich im Folgenden beziehen werde, nicht alle Fragen, aber sie liefern jede Menge an Details, Anekdoten und Lokalkolorit.

Der erste, undatierte Bericht umfasst die Woche von Dienstag, dem 16. Juni, bis zum folgenden Dienstag, dem 23. Juni.[34] Er führt mitten hinein in Franckes Aufenthalt in Den Haag und zeichnet zunächst das Bild eines gehobenen Touristenprogramms. Francke speist in diplomatischen Kreisen, im Haus des dänischen Gesandten Johann Henrich von Stöcken,[35] gemeinsam mit den braunschweigischen Residenten Johann Caspar von Bothmar[36] und Elias Klinkgräfe[37]. Bothmar ist ein interessanter Zeitzeuge. Er war 1697 Gesandter auf dem Friedenskongress in Rijswijk, und so besichtigt man nach Tisch den Ort, an dem der Friedensvertrag unterzeichnet worden war. Am Mittwoch (17. Juni) sind Strand und Sightseeing angesagt. Klinkgräfe stellt seinen Dienstwagen zur Verfügung: „Und nachdem ihm der H. Commissarius Klinkgräffe am vorigen Tage seinen Wagen angeboten um nach Schevelingen [sic] an die See zu fahren, auch ein und anders remarquables auff demselben Wege zu besehen, und deßen Secretarius nun mit dem Wagen sich einfand, fuhr er hinaus, und kam gegen die Mittagsmahlzeit wieder heim".[38]

Ich hätte gern mehr gewusst über dieses *uitstapje naar Scheveningen*, aber unser Berichterstatter Neubauer war wohl selbst nicht dabei. Und Madurodam[39] wurde erst rund 350 Jahre später errichtet; für den Bauherrn Francke und den Baumeister Neubauer aus Halle wäre die Besichtigung dieser Miniaturstadt wohl ein Glanzpunkt ihres Besuchsprogramms gewesen.

Statt dessen bewegte man sich weiter in diplomatischen Kreisen, speiste bei Herrn von Bothmar und besuchte den königlich polnischen und kurfürstlich sächsischen Gesandten Wolf Abraham von Gerstorff.[40] Endlich erfolgte auch eine Audienz beim preußischen Gesandten, der für die Reisenden aus Halle eigentlich der erste Ansprechpartner gewesen wäre. Hier aber war es zu Irritationen gekommen: Zwar hatte man sich dort durch einen Diener *zuerst* angemeldet; es war aber weder sofort noch nach Wiederholungen der Anmeldung eine Reaktion erfolgt. Erst als sich Neubauer persönlich um die Sache kümmerte, kam ein kurioses, aber bezeichnendes Missverständnis zu Tage: Der Diener hatte mitgeteilt, „das ein Professor von Wittenberg da sey".[41] Dieser irgendwie weitsichtige, aber um 112 Jahre zu früh kommende Vorgriff auf die Vereinigung der Universitäten Wittenberg und Halle hatte in der preußischen Botschaft Verlegenheit ausgelöst. Schließlich war es preußischen Landeskindern – aus konfessionellen Gründen – seit 1662 verboten, in Wittenberg zu studieren. Der Knoten löste sich, als Neubauer die Sache aufgeklärt hatte.

Der preußische Gesandte, Wolfgang von Schmettau (1648–1711),[42] war in Halle kein Unbekannter und außerdem der Schwiegersohn des einflussreichen Ministers Paul von Fuchs (1640–1704), in dessen Zuständigkeit innerhalb der Regierung sowohl die Universität Halle als auch Franckes Unternehmungen in Glaucha fielen – er war damit einer der wichtigsten Partner Franckes bei der Etablierung der Symbiose von „Preußentum und Pietismus" (Carl Hinrichs).[43] Nun wurde Francke sofort aufs freundlichste empfangen, doch mit großer Überraschung: „Als nun der H. Prof. Francke denselben nachmittag zu dem H. von Schmettau kam, war derselbe so verwundert als erfreuet darüber daß ers war, hatte aber nicht dencken können, daß er es wäre", notiert Neubauer.[44] Auch diese Begebenheit scheint mir ein Indiz dafür zu sein, dass Franckes Reise in die Niederlande nicht von langer Hand geplant war. Vielleicht ist die Idee zu dieser Reise in Wolfenbüttel und Braunschweig geboren worden; immerhin lässt das starke Bemühen gerade der braunschweigischen Gesandten um Francke vermuten, dass dieser mit entsprechenden Empfehlungsschreiben aus Wolfenbüttel auftrat.

Noch ehe Schmettau nun seine bereitwillig erbotene Gastfreundschaft voll entfalten konnte, galt es, zunächst weitere Ziele aufzusuchen. Als Reiseroute Richtung Leiden wählte man – für die Niederlande adäquat – den Wasserweg: „Darauff fuhren wir ab auff dem Schuyt nach Reinevelt zu dem H. von Schweinitz, dem wir zugesagt hatten, bey ihm zu übernachten, und am folgenden Tage fuhren wir von da auff dem Schuyt nach Leyden."[45]

Der Aufenthalt in Leiden dauerte von Donnerstag (18. Juni) bis Samstag (20. Juni). Nun bekam das Besuchsprogramm auch einen wissenschaftlichen und theologischen Touch. In Leiden wohnte die Reisegruppe bei Karl Schaaf (1646–1729), einem Deutschen, der nach dem Studium und einer ersten Lehrtätigkeit in Duisburg seit 1679 Professor für orientalische Sprachen an der Universität in Leiden war – also ein direkter, international renommierter Fachkollege Franckes.[46] Bei den vier Theologieprofessoren stattete Francke Höflichkeitsbesuche ab: bei Trigland jr., van der Mark, Witsius und van Till.[47]

Ebenfalls besuchten die Reisenden „einen Teutschen, der sich Crenius nennet, und in Leyden als ein gelährter Mann Bücher schreibet".[48] Eine etwas merkwürdige Formulierung! Wussten die Reisenden, dass sich dieser Deutsche zwar „Crenius" nannte, aber nicht ursprünglich so hieß? Vermutlich hatte Francke keine konkrete Vorstellung davon, wen er da vor sich hatte; es hätte ihn trotz dessen Gelehrsamkeit wohl kaum begeistert.

Crenius, 1648 in Brandenburg als Sohn eines Superintendenten geboren, hieß eigentlich Thomas Theodor Crusius. Nach dem Studium in Wittenberg, Leipzig und Gießen, wo er Magister wurde und seit 1669 philosophische Collegia hielt, war er 1672 Pfarrer in Blumenlage, einer Vorstadt von Celle, geworden und heiratete die Tochter des dortigen Generalsuperintendenten Dr Joachim Hildebrand. Dann allerdings verliebte er sich in eine andere Frau und verließ mit dieser seine Pfarrstelle. Während ihm in Celle der Prozess gemacht und sein Vermögen beschlagnahmt wurde, wechselte er den Namen und bekleidete unterschiedliche Stellungen als Schulrektor in Ungarn, als Hof- und Schlossprediger in Riga sowie als Superintendent im Stift Pilten in Kurland. Seit 1683 lebte er in Leiden und schrieb eine Fülle von Büchern, v. a. zur Historia Litteraria. Er starb 1728 im 80. Lebensjahr.[49]

Zwei weitere Besuche Franckes in der Nähe von Leiden – beide von Neubauer nur als Stichworte erwähnt – können mehr Interesse erwecken. Am Freitag (19. Juni) unternahm man einen Abstecher nach „Reinsburg" (Rijnsberg) zu Pierre Poiret (1646–1719), der dort seit 1688 bei den Rijnsberger Collegianten lebte.[50] Der zweite Besuch war noch brisanter. Neubauer berichtet: „Am Sonnabend früh giengen wir hinaus nach Leyderdorp und besuchten den Herrn Iberfeld"[51] – wohl niemanden anders als Johann Wilhelm Überfeld (1659–1732), einen engen Mitarbeiter des Jakob-Böhme-Anhängers Johann Georg Gichtel (1638–1710) und Führer der asketisch lebenden Gemeinschaft der „Engelsbrüder", denen Franckes Frau Anna Magdalena mehr als nur oberflächliche Sympathien entgegenbrachte.[52]

Die Rückfahrt nach Den Haag erfolgte am Samstag über Land, weil Francke – angesichts kühler Witterung – die Reise in der offenen Schuit[53] zu gesundheitsgefährdend erschien. So verpasste man den Prediger Spitzius, der vier Stunden lang an der Anlegestelle gewartet und bei jeder ankommen Schuit – sie trafen in halbstündigem Abstand ein – gehofft hatte, Francke unter den Passagieren zu finden. Erst am späten Abend, als Francke schon bettfertig war, „kam gedachter H. Spitzius noch an unsere Herberge, und empfieng den H. Prof. mit solcher Bewegung, daß ihm die Thränen über die Wangen lieffen".[54] Spitzius hatte Francke schon am Dienstag um eine Predigt bitten wollen, war aber durch eine Beerdigung verhindert gewesen. Statt seiner hatte die Botschaft kein anderer überbracht als Friedrich Breckling (1629–1711),[55] der seit 1690 in Den Haag lebte.[56]

Am zweiten Sonntag nach Trinitatis, dem 21. Juni 1705, hielt Francke dann die erbetene Predigt in Den Haag.[57] Als Kommentar zu Franckes

Aufzählung seiner während der Reise gehaltenen Predigten fragte Kramer: „ob etwa [auf] holländisch?"⁵⁸ Die Antwort heißt nein; Francke predigte deutsch. Am Sonntagnachmittag aber hielt er noch eine Erbauungsstunde, zu deren Kontext Neubauer eine frömmigkeitsgeschichtlich interessante Miniatur beisteuert. Schon an anderer Stelle hatte er berichtet von der Begegnung mit einem „frommen Edelmann, der blind ist, und dem H. Achilli (Andreas Achilles, Franckes Freund aus radikalpietistischen Zeiten, U. S.) wohl bekandt [...]; dieser pflegt Collegia pietatis oder wie sie es nennen oeffeningen zu halten mit etlichen Bürgersleuten, so sich darzu einfinden".⁵⁹ Als Francke nun allgemein dazu einlud, ihn vor seiner Abreise aus Den Haag am Nachmittag noch einmal zu besuchen, verbreitete sich die Nachricht – so Neubauer –, „daß er eine oeffening halten wolte. Darauff kommen wol zu 50 biß 60 Personen gegen 4 Uhr in unsere Herberge, wir stunden verwundert, konten aber die Leute nicht heißen weggehen. [...] Der H. Professor [...] konte nicht anders als eine kleine oeffening [sic] halten, weil er sahe, daß die Gemüter alle darauff gerichtet waren. Nachdem er aber vernommen, daß ihn nicht alle vormittag in der hochteutschen Sprache völlig verstanden, so that er hie seine Anrede und Gebeth in holländischer Sprache."⁶⁰ Also doch. Francke konnte jedenfalls Holländisch – das wissen wir auch aus Briefen – und er scheute sich nicht, seine Sprachkenntnisse auch anzuwenden.

Damit neigte sich der Aufenthalt in Den Haag seinem Ende zu. Noch einmal besuchte Francke Diplomaten und Residenten, um Abschied zu nehmen. Dann eine knappe Bemerkung Neubauers: „Wir besuchten darauff noch einen Vorsteher der Gemeine, und speiseten im Mittage bey H. Colerus".⁶¹ Der Name Colerus fällt ohne jeglichen Kommentar. Ob Francke nicht gewusst hat, bei wem er war und wo er war?

Johannes Colerus (1647–1707), eigentlich Köhler, aus Deutschland stammend, war seit 1679 zunächst lutherischer Pfarrer in Amsterdam, seit 1693 dann in Den Haag. In der Kirchengeschichte ist er praktisch völlig unbekannt wie sein Kollege Spitzius; man kennt ihn jedoch in der Spinoza-Forschung, denn Colerus war der Verfasser der ausführlichsten älteren Lebensbeschreibung Spinozas, eben im Jahr von Franckes Besuch 1705 in niederländischer Sprache publiziert als Anhang zu einer gegen Spinozas Lehren gerichteten Predigt.⁶² Ob Neubauer ein Gespräch über Spinoza verschwiegen hat? Francke stattete Colerus einen kurzen Abschiedsbesuch ab, schon „mitten im Aufbruch"⁶³; immerhin erhielt er noch ein wertvolles Buchgeschenk.⁶⁴

Damit blieb ein weiterer pikanter Reiz dieses Besuchs im Dunkeln: Colerus lebte nämlich in der früheren Wohnung von Spinoza: „... legerende alhier op de Veerkai, bij de weduwe van Velen, alwaar hij zig ook in de kost besteet hadde, in het zelfde huis, daar ik tegenwoordig in wone, zynde myn Studeer-kamer, in't agter-ende van't huis, op de tweede verdieping gelegen, zyn Laboratorium of werkplaats, alwaar hy sliep en arbeyde" („... hier am Veerkai liegend, bei der Witwe von Velen, wo er sich auch zur Kost eingemietet hatte, im selben Haus, in dem ich gegenwärtig wohne, im Hinterhaus auf der zweiten Etage, wo mein Studierzimmer ist, war sein Laboratorium oder seine Werkstatt, dort schlief und arbeitete er").⁶⁵ Franckes Besuch bei Colerus hatte ihn also in Spinozas Arbeitszimmer geführt. Kein Wort davon bei Neubauer.

Den Montag verbrachte Francke zunächst noch in Den Haag, dann reiste man nach Leiden und am folgenden Tag (Dienstag, den 23. Juni 1705) nach Amsterdam.⁶⁶ Mit dieser Etappe der Reise setzt der zweite Bericht Neubauers⁶⁷ ein, den er – schon weit auf der Rückfahrt – am 19. Juli 1705 retrospektiv in Bielefeld verfasst hat:

„Nachdem der H. Professor in Amsterdam die Lutherischen Prediger alle fünffe besuchet (deren einer ihn auch zu einer Mahlzeit invitiret [eingeladen] hat) hat er die 9 Waysenhäuser nach und nach besehen, auch das alte Frauen=Hauß, das Altemannenhauß, das Gasthauß, das Zuchthauß, das Spinnhauß, das Dollhauß, das Kranksinnigen Hauß, das Lazarus-Hauß, und was sonst mehr sehens werth ist, und davon einiger Nuzze aus der Besichtigung zu hoffen".⁶⁸

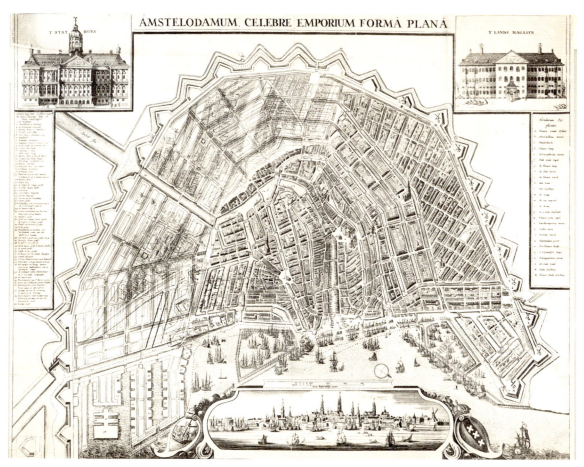

Abb. 4 Amstelodamum. Celebre Emporium Forma Plana, kolorierter Kupferstich von unbekanntem Künstler, Mitte des 17. Jahrhunderts

Bei diesem Besichtigungsprogramm muss Neubauer in seinem Element gewesen sein – schließlich hatte er acht Jahre zuvor Wochen mit der Erkundung dieser Häuser zu- und alle denkbaren Details zu Papier gebracht. Davon lesen wir in seinem Bericht aber gar nichts, auch nichts über mögliche Treffen mit früheren Gesprächspartnern, nichts über Begegnungen mit *huisvaders* oder *huismoeders*, mit Regenten oder Vorstandsmitgliedern. Was Neubauer in seinem Bericht zentral stellt, ist die Frage einer Predigt Franckes in Amsterdam – und zwar in der lutherischen Gemeinde. Welchen geistlichen Raptus Neubauer bei Abfassung seines Berichts in Bielefeld erlebt haben mag (heute steht dort das eher nüchtern-behördlich strukturierte Landeskirchenamt der Evangelischen Kirche von Westfalen), sei dahingestellt; seine folgende zweiseitige Schilderung jedoch wirkt selbst dann theologisch grenzwertig, wenn man sich an Franckes Selbstdarstellung im paulinischen Gestus mühsam gewöhnt hat.[69] Francke – so Neubauer – hätte gern in Amsterdam gepredigt, „denn es jammerte ihn der großen Menge, die er da in der Kirche beysammen gesehen".[70] Eine schöne Anspielung auf Matthäus 9,36, aber es ist der Herr Jesus selbst, den es dort jammert, und der Kontext, den man mitdenken muss, lautet: „… denn sie waren verschmachtet und zerstreut wie die Schafe, die keinen Hirten haben".

So gesehen ist das kein Kompliment für die Amsterdamer lutherischen Prediger, und in der Tat wird die Gemeinde als zerstritten dargestellt, so dass der zuständige Kirchenrat sich nicht dazu verstehen kann, Francke eine Lizenz zum Predigen zu erteilen. Neubauer kommentierte: „Der Kirchen=rath bestehet aus Bürgern, die sich wohl etwa auf ihren Handel verstehen, aber nicht auf Kirchen Sachen, und mögen zuweilen wunderlich Zeug mit einander machen".[71]

Amsterdam also verweigerte sich der halleschpietistischen Heilsbotschaft. Dagegen „schickte ein Prediger von Saenredam, das etwa 2 Stunden von Amsterdam liegt, an der andern Seite einer kleinen See, 2 von seinen Kirchen Vorstehern mit einem Brieffe an den Hn. Professor, und bath ihn sehr, daß er sich möchte gefallen laßen, den folgenden Sonntag an seinem Orte zu predigen, welches Er denn zusagte".[72]

Der alte Name Saenredam ist noch bekannt durch den dort geborenen Maler Pieter Saenredam; heute heißt es Zaandam und ist aufgegangen in dem größeren Gebiet von Zaanstad und dem Zaanstreek. Francke und Richter wurden mit einer Jacht abgeholt und fuhren bereits am Samstag, dem 4. Juli 1705, nach Zaandam. Neubauer hatte noch in Amsterdam zu tun, er bereitete die bevorstehende Heimreise vor und wollte am Sonntag in aller Frühe nachkommen. Was in seiner Erzählung nun folgt, ist ein Gegenstück zur biblischen Geschichte von der wunderbaren Stillung des Seesturms, nämlich die Geschichte der Errettung aus einer fatalen Flaute. Und Neubauer beginnt wieder mit einer kleinen Blasphemie: „Am Sonntage morgen trat ich auch um 5 Uhr in ein Schiff, in welchem ich bey die 100 Menschen fande, die ihm nachfolgten das wort zu hören."[73]

Dann kommt Neubauer zur Sache: „Wir hatten auf dieser Farth eine Begebenheit, darinn ich den Finger der Göttlichen Providenz erkante: Es war nehml. eine große Stille, so, daß nicht das geringste Lüfftgen zu fühlen war, das unsere Segel hätte mögen einiger maßen forttreiben, und die Sonne begunte warm zu scheinen: Es gieng fast eine Stunde hin, ehe das Schiff aus dem Hafen und von der Stadt kam, denn wir hatten keine Hülffe vom Winde, und weil die Ebbe-Zeit angieng, so lieff der See rückwarts, und hatten wir also den Strom entgegen, und solten ohne Wind gegen Strom fahren, wir avancireten nichts [kamen nicht voran], ohne was mit dem Ruder geschahe (es war aber nur ein einziges vorhanden) und der Schiffer sprach, daß er uns bey solcher Stille unter 5 Stunden nicht hinschaffen könte. Hierauff wurde überlegt, was zu thun (denn die Leute wolten nicht gerne erst nach der Predigt hinkommen) der meiste theil bestunde darauf, der Schiffer solte arbeiten zu Lande zu kommen an der andern Seite des Sees bey einem Ort, genant Buyksloot, von da wolten sie zu Fuße [den] See umgehen: Dieser Vorschlag schiene nun wohl beßer, denn man konte von dar binnen 2 stunden zu Lande nach Saenredam kommen, weil aber viele zarte Persohnen darunter waren, als junge Töchter, und andere Frauens=Persohnen, und ein sehr heißer Tag wurde, so war es demnach eine schwere Sache, | und Wagen waren da nicht zu bekommen, mir selbst grauete bey der Hizze fürm gehen, doch konte ich dennoch nicht anders alß es fürs beste mit erkennen. In dem aber der Schiffer seinen cours nach dem Lande zu richtete, sezzete sich ein einziger Mensch (der nicht um der Predigt willen, sondern sonst in seinen Geschäfften nach Saenredam reysete) entgegen, und drang darauf, der Schiffer solte ihn nach Saenredam lieffern zu waßer, wie er schuldig wäre zu thun, wenns gleich in 5 Stunden erst geschehen möchte, da läge ihm nichts an, er wolte nun nicht gehen: die andern aber behaupteten, der Schiffer solte sie ans Land sezzen, sie wolten die Zeit gewinnen. Dieser Dispüt wehrete wol eine halbe Stunde, in welcher Zeit der Schiffer seinen cours noch beständig der meisten meinung gemäß nach dem Lande zu richtete, und mit dem Ruder, so viel er konte, avancirete; bis endl. der eine Mann zum Schiffer sagte, wann er die andern ans Land gesezt hätte, so solte er ihn allein nach Saenredam zu Waßer bringen vermöge seiner Pflicht. Da dieß der Schiffer hörete, veränderte er sofort seinen cours, wante sich vom Lande ab, und richtete seinen cours See-inwarts, und kehrete sich nicht an der meisten sagen; mir wolte es auch etwas nahe gehen, und dachte, ob es auch ein Tück des Feindes

(d. h. Satans, U. S.) seyn möchte, der diese Hungrigen von der gesuchten Speise zurück halten wolte: ich war aber stille, und befahl es Gott, in dem ichs doch nicht ändern konte; aber siehe! kaum hatten wir die Höhe der See erreicht, so entstund ein sanftes kühles Lüfftgen daß unsere Seegel almählich begunten aufzuschwellen und das Schiff fortführeten, so, daß wir noch vor 8 Uhr in Saenredam zu Lande kamen, durch dieses Lüfftgen erfrischet, und vom Gehen befreyet waren, auch zur rechten Zeit in die Kirche kamen, über welche Führung wir nicht wenig erquickt wurden."74

Mit dieser Wundergeschichte ist der Höhepunkt des Reiseberichts überschritten. Am Dienstag, dem 7. Juli, reiste man nach Utrecht, wo man von Loth Vischer (Fischer) empfangen wurde, einem aus Nürnberg ausgewiesenen Separatisten und Gichtel-Anhänger, der sich in Utrecht zu einem Gefolgsmann der Mystikerin Jane Leade (1623–1704) transformierte und deren Schriften in deutscher Übersetzung in Amsterdam drucken ließ.75 Ansonsten absolvierte Francke das übliche Programm: Er besuchte den lutherischen Prediger in Utrecht, dann die Theologieprofessoren und schließlich „einen reformirten Prediger, der Gott fürchtet"; auch traf man die Fürstin von Nassau-Siegen. Der Rest der Reise steckt in einem Summarium: „Wir sind nachhero durch Wesel hieher nach Bielefeld gekommen, hoffen morgen von hier abzureisen, und etwa donnerstages Braunschweig zu erreichen."76 Der Donnerstag war der 23. Juli 1705. Am 2. August hat Francke wieder in Glaucha gepredigt.77

V.

Ich versuche ein Fazit, das sich ausschließlich auf die Reise von 1705 bezieht:

1. Die Niederlande scheinen nicht von Anfang an Franckes Reiseziel gewesen zu sein. Nach seinem Aufbruch aus Halle tändelte die kleine Reisegesellschaft fast einen Monat lang zwischen Halberstadt und Braunschweig herum. Ob die Reise weitergeht und wie lange sie dauern soll, schien zunächst unklar zu sein. Ende Mai jedoch war man plötzlich in Wesel, und auch der Freiherr von Canstein erfuhr Anfang Juni, dass es „nach Holland" gehen soll.

2. Die ersten beiden Juniwochen liegen im Dunklen. Ein Aufenthalt Franckes in Rotterdam ist möglich. Für Mitte Juni lässt sich Franckes Anwesenheit in Den Haag aus Neubauers Bericht nachweisen. Vom 16. bis zum 22. Juni können wir Franckes Wege in Den Haag und nach Leiden rekonstruieren, für die Zeit in Amsterdam vom 23. Juni bis zum 7. Juli haben wir neben einer summarischen Formulierung praktisch nur die Wundergeschichte vom 5. Juli. Mit der Ankunft in Utrecht am 7. Juli bricht der Bericht Neubauers ab. Er meldet sich erst wieder am 19. Juli aus Bielefeld.

3. In Den Haag verkehrte Francke in Kreisen der Diplomatie. Die Prediger, mit denen er Kontakt aufnahm – in Den Haag, Amsterdam und Utrecht –, waren Lutheraner und zumeist Deutsche. Hinzu kommen die Höflichkeitsbesuche bei den Theologieprofessoren in Leiden und Utrecht. In Leiden übernachtete Francke bei dem deutschstämmigen Kollegen Karl Schaaf.

4. Einige Abstecher und Besuche aber galten Separatisten und Radikalpietisten, Böhmisten, Gichtelianern und Philadelphiern, die in den Niederlanden ihre Zuflucht gefunden hatten und in den deutschen Territorien nicht geduldet würden. Zu diesen gehörten nicht Pierre Poiret, wohl aber Friedrich Breckling, Johann Wilhelm Überfeld und Loth Vischer.

5. Dennoch verkehrte Francke nicht nur in hohen diplomatischen Kreisen und obskuren theologischen Ovalen, sondern er baute auch Kontakt zu niederländisch sprechenden Gemeindegliedern auf – allerdings durchwegs in lutherischen, nicht in reformierten Gemeinden. Neben der schon genannten „oeffening" in Den Haag hat er auch in Amsterdam Erbauungsversammlungen gehalten.

6. Was die Sprache angeht, so wissen wir, dass Francke in Den Haag mit Sicherheit deutsch gepredigt hat, in Zaandam höchst wahrscheinlich

ebenso. In den Erbauungsversammlungen aber soll er niederländisch gesprochen haben. Über Amsterdam berichtet Neubauer: „Er nahm dann Gelegenheit von dem Evangelio des folgenden Sonntags, und discurirete wohl eine Stunde lang, alles in Holländischer Sprache, und schloß mit einem Gebeth, dergleichen Vermahnung er auch den vorhergehenden Sonntag am 28ten Junii in eines Kaufmanns Hause, der solches von ihm verlangete, in holländischer Sprache gehalten".[78] Dass Francke in schlichten Worten sprach, gehörte sicher zu seinen Prinzipien; ob es auch etwas mit seiner Sprachkompetenz im Niederländischen zu tun hatte, sei dahingestellt. Jedenfalls lobte ihn eine über achtzigjährige Frau in Amsterdam, „daß er seine Rede so einfältig ohne seine Gelehrsamkeit zu zeigen, auf die Erbauung richtete".[79]

7. Strategisch geplant war „Holland 1705" sicher nicht. Neubauer konnte wahrscheinlich nostalgische Gefühle entwickeln – er sagt aber nichts darüber –, Francke konnte Kontakte pflegen, erneuern und knüpfen, aber auch er schweigt. Wo es spannend wird, wie bei Colerus, Breckling, Überfeld und Vischer: kein Wort. Einige Personen aus Franckes niederländischem Briefwechsel müssen noch identifiziert und eingeordnet werden. Hier sind Fäden zu entwirren und ist zu prüfen, ob sich aus diesen Fäden ein niederländisches Fischernetz knüpfen lässt.

8. Bezogen auf die für den vorliegenden Band konstitutive Frage des kulturellen Transfers lässt sich schließlich resümieren, dass die Erfahrungswirklichkeit des bereisten fremden Landes für Francke eher nicht im Fokus seines Interesses stand. Mehr noch, er nahm die Fremdheit nur sehr begrenzt, ausschnitthaft wahr, da er sich größtenteils unter seinesgleichen bewegte, d. h., unter Predigern und Theologen, die, wenn sie nicht ohnehin schon deutsche Exilanten waren, als Zugehörige einer europäischen *res publica theologica* verstanden werden können. Franckes Reise besaß zudem einen offiziösen Charakter: Er war, wenig überraschend, unterwegs als Agent der glauchaschen Anstalten, knüpfte nützliche diplomatische Kontakte und inszenierte sich als Prediger, der seine pietistische Botschaft zu vermitteln sucht. Die Niederländer kamen dabei nahezu ausschließlich als Adressaten dieser Botschaft in den Blick: So hielt Francke es denn auch nur bei seinen Besuchen in lutherischen Gemeinden für geboten, holländisch zu sprechen, um die Rezeption zu gewährleisten. Diesem Charakter der Reise entspricht auch, dass die Begegnungen mit dem radikalen theologischen Flügel und so kontroversen Zeitgenossen wie Crenius oder Colerus von Francke und dem berichtenden Neubauer nicht näher ausgeführt wurden – sie passten nicht in die Gesamtinszenierung und hätten das Darstellungsziel gefährdet.

Anmerkungen

1 Eine Reihe von Briefen an Francke ist im Archiv der Franckeschen Stiftungen (AFSt) gesammelt als „Holländische Korrespondenz", Sign. AFSt C 714. Darüber hinaus lassen sich weitere Briefe über das Ortsregister finden.

2 Gustav Kramer, August Hermann Francke. Ein Lebensbild, 2 Bde., Reprint der Ausgabe Halle 1880–1882, Hildesheim u. a. 2004, Bd. 2, S. 41–51. – Kramer zufolge begann die Reise „Ende April"; einen Beleg dafür nennt er nicht. Tatsächlich gibt noch ein Brief Franckes an den Freiherrn von Canstein vom dritten Mai 1703 Halle als Ort des Absenders an. Vgl.: Peter Schicketanz (Hg.), Der Briefwechsel Carl Hildebrand von Cansteins mit August Hermann Francke, Berlin (West) 1972, Brief Nr. 304, S. 297 f. Schicketanz hat dementsprechend in einer Anmerkung Kramers Angabe korrigiert (ebd., S. 297, Anm. 65).

3 August Hermann Francke, Schrift über eine Reform des Erziehungs- und Bildungswesens als Ausgangspunkt einer geistlichen und sozialen Neuordnung der Evangelischen Kirche des 18. Jahrhunderts. Der Große Aufsatz. Mit einer quellenkundlichen Einführung hg. v. Otto Podczeck, Berlin (Ost) 1962, S. 41.

4 August Hermann Francke, Die Fußstapffen Des noch lebenden und waltenden liebreichen und getreuen GOTTES […]. In: ders., Werke in Auswahl, hg. v. Erhard Peschke, Berlin (Ost) 1969, S. 31–55, hier S. 39 f. (Hervorhebung im Original). Der Eingangssatz dieser Passage wurde geändert und lautet in der dritten Ausgabe von 1709: „Dieweil aber in diesen Landen noch keine Waysen-Häuser waren, von denen man ein Modell hätte nehmen können". In: August Hermann Francke, Segensvolle Fußstapfen, bearb.

5 Kramer, August Hermann Francke (wie Anm. 2), Bd. 1, S. 174, Anm. 1. – Insofern stimmt es nur für Teile der Reise innerhalb Deutschlands, wenn Kramer konstatiert, Francke „gieng ziemlich auf demselben Wege, den einst Neubauer genommen hatte" (ebd., Bd. 2, S. 41), denn Francke reiste nicht über Hamburg und Ostfriesland, sondern über Wesel und Cleve.

6 AFSt (wie Anm. 1), W II/-/S. 38. – August Hermann Francke 1663–1727. Bibliographie seiner Schriften, bearb. von Paul Raabe und Almut Pfeiffer, Tübingen 2001, Nr. F 1.1a.

7 Ebd.

8 Bibliothek der Franckeschen Stiftungen (BFst), Sign. BFst 183 B 20. – Vgl. Pietas Hallensis Universalis. Weltweite Beziehungen der Franckeschen Stiftungen im 18. Jahrhundert, Halle 1995, S. 52, Nr. 88 (Abbildung des Titelblattes ebd., S. 53).

9 Immerhin publizierten sie eine Reihe von Schriften Oliger Paullis (zu Paulli s. Hans Joachim Schoeps, Philosemitismus im Barock. Religions- und Geistesgeschichtliche Untersuchungen, Tübingen 1952, S. 53–67 u. ö.; ders., Barocke Juden, Christen, Judenchristen, Bern/München 1965, S. 43–50). Von hier aus ergeben sich wiederum Beziehungen zu Gichtel und Breckling. Vgl. Brigitte Klosterberg/Guido Naschert (Hg.), Friedrich Breckling (1629–1711). Prediger, „Wahrheitszeuge" und Vermittler des Pietismus im niederländischen Exil, bearb. v. Mirjam-Juliane Pohl, Halle 2011, S. 11 u. ö. – Jedenfalls handelt es sich durchaus nicht um ein lutherisch-orthodoxes Umfeld.

10 Udo Sträter, August Hermann Francke und seine „Stiftungen" – einige Anmerkungen zu einer sehr bekannten Geschichte. In: Vier Thaler und sechzehn Groschen. August Hermann Francke. Der Stifter und sein Werk, Halle 1998, S. 15–31, hier S. 26–29.

11 Raabe/Pfeiffer (Bearb.), Bibliographie (wie Anm. 6), Nr. F 10.1.

12 Ebd., Nr. F 16.1.

13 Kramer, August Hermann Francke (wie Anm. 2), Bd. 2, S. 40, verweist auch auf den Tod Philipp Jakob Speners am 5. Februar 1705.

14 Eckhard Altmann, Christian Friedrich Richter (1676–1711). Arzt, Apotheker und Liederdichter des halleschen Pietismus, Witten 1972. – Altmann geht auf die Reise in die Niederlande nicht ein.

15 Schicketanz (Hg.), Briefwechsel Canstein – Francke (wie Anm. 2), Brief Nr. 306, S. 299 f.

16 Auszüge aus diesem Brief sind gedruckt bei Kramer, August Hermann Francke (wie Anm. 2), Bd. 2, S. 41 f.

17 Archiv der Franckeschen Stiftungen, Sign. Stab/F 28/3:3 (Mikrofilm Nr. 19, S. 636–646). – Gedruckt bei Kramer, August Hermann Francke (wie Anm. 2), Bd. 2, S. 42–51. – Der Druck bei Kramer bietet den Text Franckes im Wesentlichen der Sache nach zuverlässig und – bis auf eine kurze erbauliche Passage – ungekürzt, allerdings in Kramers Orthographie und bisweilen auch vom Original abweichender Wortwahl; an einer Stelle wird durch Zeilensprung auch eine Reisestation samt Predigt unterschlagen. Zitiert wird im Folgenden nach der Handschrift.

18 Mikrofilm Nr. 19 (wie Anm. 17), S. 637^a; Kramer: August Hermann Francke (wie Anm. 2), Bd. 2, S. 43.

19 Mikrofilm Nr. 19 (wie Anm. 17), S. 638^b; Kramer: August Hermann Francke (wie Anm. 2), Bd. 2, S. 44 f.

20 Mikrofilm Nr. 19 (wie Anm. 17), S. 638^b; Kramer: August Hermann Francke (wie Anm. 2), Bd. 2, S. 45.

21 Ebd.

22 „Daher ich denn auch anietzo Anlaß nehme […] von meiner ohnlängst in Holland gethanen Reise, und was darauf zum gemeinen Nutzen observiret, einige Nachricht zu geben". 636^{b}f; Kramer, August Hermann Francke, (wie Anm. 2), Bd. 2, S. 43.

23 Mikrofilm Nr. 19 (wie Anm. 17), S. 642^b–644^a; Kramer, August Hermann Francke (wie Anm. 2), Bd. 2, S. 49 f., Zitat auf S. 49. – Gemeint ist die Auseinandersetzung zwischen den Generalstaaten und der Kurie über die Amtsenthebung des jansenistisch gesinnten Utrechter Bischofs Petrus Codde (1648–1710) durch den Papst. Vgl. J. A. Gerth von Wijk: Art. „Jansenistenkirche". In: Realencyklopädie für protestantische Theologie und Kirche, 3. Aufl., Leipzig 1900, S. 599–606, hier S. 602 f.; Otto J. de Jong: Nederlandse Kerkgeschiedenis, Nijkerk 1972, S. 230–233, 260–263.

24 Mikrofilm Nr. 19 (wie Anm. 17), S. 640^a; Kramer: August Hermann Francke (wie Anm. 2), Bd. 2, S. 46.

25 Mikrofilm Nr. 19 (wie Anm. 17), S. 644^{a}f.; Kramer: August Hermann Francke (wie Anm. 2), Bd. 2, S. 50 f.

26 Mikrofilm Nr. 19 (wie Anm. 17), S. 642^{a}f.; Kramer: August Hermann Francke (wie Anm. 2), Bd. 2, S. 48 f. – Kramer hat die Station Cleve überlesen und damit auch den Predigttext falsch eingeordnet. Richtig heißt es: „Zu Wesel am 1ten Pfingst=Feyertage über Joh. 14, 23 sq. Von dem unzertrennl[ichen] Bande der Liebe zwischen Gott und seinen Kindern und eben daselbst am 3ten Feyertage über das Evang[elium] Joh. 10, 1 sq. von dem rechten Verhalten und der übergroßen Seeligkeit der wahren Schäfflein Christi. Zu Cleve am Sont[age] Trin[itatis] über Joh. 3 sq. von der Wiedergeb[urt]." – Die während der Reise gehaltenen Predigten sind nicht verzeichnet in: Katalog der in der Universitäts- und Landesbibliothek Sachsen-Anhalt zu Halle (Saale) vorhandenen handschriftlichen und gedruckten Predigten August Hermann Franckes. In Verb. mit Friedrich de Boor bearb. von Erhard Peschke, Halle 1972. In der chronologischen Abfolge besteht hier vielmehr eine Lücke zwischen dem 13. April und dem 2. August 1705.

27 Schicketanz (Hg.), Briefwechsel Canstein – Francke (wie Anm. 2), Brief Nr. 302, S. 296.

28 Ebd., Brief Nr. 306, S. 300.

29 Ebd., Brief Nr. 308, S. 301 f., Zitat auf S. 301 f.

30 Ebd.: „Sonsten ist mir beygefallen, das bey ihrer anwesenheit in Holland."
31 Vgl. Veronika Albrecht-Birkner/Udo Sträter, Die radikale Phase des frühen August Hermann Francke. In: Wolfgang Breul/Marcus Meier/Lothar Vogel (Hg.), Der radikale Pietismus. Perspektiven der Forschung, Göttingen 2010, S. 57–84.
32 Aus Cleve schreibt am 13. Juni 1705 der Informator J. C. Jeggeller an Francke, er habe seinem Prinzipal, der sich zu Verhandlungen in den Niederlanden aufhalte, über Franckes Besuch in Cleve berichtet; dieser lasse nun anfragen, ob Francke auch nach Den Haag oder Amsterdam komme und man sich dort treffen könne (AFSt [wie Anm. 1], Sign. C 790: 12). Adressiert ist der Brief an Francke „bey Mr: Christian Moerkamp op Heeregracht" in Amsterdam.
33 Im Archiv der Franckeschen Stiftungen liegen acht Briefe von Christian Staakenbeck aus Rotterdam (Sign. AFst C 714: 14–21), darunter jeweils einer vom 19. Mai und vom 15. Juni 1705, die keinerlei Hinweise auf eine Kenntnis der Reisepläne Franckes enthalten.
34 Mikrofilm Nr. 19 (wie Anm. 17), S. 628–631.
35 Repertorium der buitenlandse vertegenwoordigers, residerende in Nederland 1584–1810, Samengesteld door Otto Schutte, Den Haag 1983, S. 436f. – Stöcken „woonde 1704 tot 1706 op de Fluwelen Burgwal" (ebd., S. 437). – Seit einigen Jahren (wahrscheinlich schon vor 1701) bestand Kontakt zwischen Francke und Stöcken.
36 Schutte, Repertorium (wie Anm. 35), S. 295f.
37 Ebd., S. 296f.
38 Mikrofilm Nr. 19 (wie Anm. 17), S. 628^b f.
39 Die Miniaturstadt Madurodam, benannt nach dem holländischen Leutnant George Maduro (1916–1945), der 1945 im Konzentrationslager Dachau starb, gilt als eine der größten touristischen Attraktionen der Niederlande.
40 Mikrofilm Nr. 19 (wie Anm. 17), S. 629^a; Schutte, Repertorium (wie Anm. 35), S. 383–385.
41 Mikrofilm Nr. 19 (wie Anm. 17), S. 629^a.
42 Schutte: Repertorium (wie Anm. 35), S. 344–347.
43 Carl Hinrichs, Preußentum und Pietismus. Der Pietismus in Brandenburg-Preußen als religiös-soziale Reformbewegung, Göttingen 1971.
44 Mikrofilm Nr. 19 (wie Anm. 17), S. 629^a.
45 Ebd., S. 629^a f. – Gemeint ist Johann Friedrich von Schweinitz (1647–1712). – Zur Familie von Schweinitz s. Johannes Wallmann, Schlesische Erbauungsliteratur des 17. Jahrhunderts. Die Schriften des Liegnitzschen Landeshauptmanns David von Schweinitz (1600–1667). In: ders., Pietismus und Orthodoxie. Gesammelte Aufsätze III, Tübingen 2010, S. 144–190, hier S. 144–148. – In einem Brief von Hans Christoph von Schweinitz an Heinrich Julius Elers vom 28.10.1706 bittet Margarethe Ursula von Schweinitz um Franckes Predigt, die er in Den Haag gehalten hat (AFST [wie Anm. 1], Sign. Stab/F 25/13: 30).
46 In einem Schreiben an Schaaf vom zweiten Dezember 1714 erinnert Francke an die gastfreundliche Aufnahme in dessen Haus „abhinc novem annis" (AFSt [wie Anm. 1], Sign. C 714: 41).
47 Mikrofilm Nr. 19 (wie Anm. 17), S. 630^a.
48 Ebd.
49 Vgl. Christian Gottlieb Jöcher, Allgemeines Gelehrten-Lexikon [...]. Erster Theil A – C, Reprint der Ausg. Leipzig 1750, Hildesheim/New York 1981, Bd. 1, S. 2189–2191. – S. a. Martin Mulsow, Moderne aus dem Untergrund. Radikale Frühaufklärung in Deutschland 1680–1720, Hamburg 2002, S. 196f. (allerdings ohne die Identität von Crenius aufzudecken).
50 Hans Schneider, Art. „Poiret, Pierre". In: Religion in Geschichte und Gegenwart, 4., völlig neu bearb. Aufl., Tübingen 2003, S. 1437f.
51 Mikrofilm Nr. 19 (wie Anm. 17), S. 630^a.
52 Gertraud Zaepernick, Johann Georg Gichtels und seiner Nachfolger Briefwechsel mit den hallischen Pietisten, besonders mit A. M. Francke. In: Pietismus und Neuzeit 8 (1983), S. 74–118.
53 Schuit ist ein meist offenes Boot für Passagiere und Waren, das im Fähr- und Reiseverkehr auf Binnenwasserstraßen eingesetzt wurde.
54 Mikrofilm Nr. 19 (wie Anm. 17), S. 630^a f.
55 Statt der allgemeinen Literatur zu Breckling nenne ich hier nur eine neue Publikation, die speziell die Beziehungen Brecklings nach Gotha und Halle thematisiert: Klosterberg/Naschert (Hg.), Friedrich Breckling (wie Anm. 9). – Gerade vor und zur Zeit von Franckes Besuch in den Niederlanden erfolgte der Transfer von Büchern Brecklings nach Halle. Vgl. dazu insbesondere den Beitrag von Brigitte Kloster, Ole Fischer und Mirjam-Juliane Pohl in diesem Band.
56 Mikrofilm Nr. 19 (wie Anm. 17), S. 628^b.
57 Ebd., S. 630^b.
58 Kramer, August Hermann Francke (wie Anm. 2), Bd. 2, S. 48.
59 Mikrofilm Nr. 19 (wie Anm. 17), S. 629^b.
60 Ebd., S. 630^b f.
61 Ebd., S. 631^a f.
62 Die Lebensgeschichte Spinozas. Zweite, stark erw. u. vollst. neu komm. Aufl. der Ausg. v. Jakob Freudenthal 1899. Mit einer Bibliographie hg. v. Manfred Walther unter Mitarb. von Michael Czelinski, 2 Bde., Stuttgart/Bad Cannstatt 2006. – Colerus beherrschte das Niederländische nur unvollkommen. Seine Lebensbeschreibung Spinozas ist von kompetenter Seite ins Niederländische übersetzt worden. 1706 erschien eine französische Übersetzung, die weitere Verbreitung fand als die niederländische Erstausgabe. Vgl. Michael Czelinski-Uesbeck, Der tugendhafte Atheist. Studien zur Vorgeschichte der Spinoza-Renaissance in Deutschland, Würzburg 2007, S. 54–58.
63 Anschließend suchte Francke noch kurz Johann Valentin Siegel auf, den Residenten von Braunschweig-Wolfenbüttel; vgl. Schutte, Repertorium (wie Anm. 35), S. 304f., der ihm das Bedauern Schmettaus übermittelte, während seiner Predigt auswärtigen Verpflichtungen nachkommen zu müssen. Auch dies ist ein Hinweis auf die engen Kontakte deutscher Gesandter in Den Haag untereinander.
64 Vgl. den Aufsatz von Klosterberg/Fischer/Pohl in diesem Band (Anm. 3).

65 Freudenthal, Lebensgeschichte Spinozas (wie Anm. 61), Bd. 1, S. 120. Übersetzung: Frank Grunert.
66 Am 25. Juni 1705 schickte A. W. Drensch, Küster und „Vorsänger" der lutherischen Gemeinde in Den Haag, Francke einen kurzen Brief nach, da er keine Gelegenheit gehabt hatte, Francke vor dessen Abreise noch einmal zu sprechen. Der Brief nennt keine spezifische Adresse, sondern geht an Francke „tegenwoordig Tot Amsterdam" (AFSt [wie Anm. 1], Sign. C 714: 22).
67 Mikrofilm Nr. 19 (wie Anm. 17), S. 632–636.
68 Ebd., S. 632^b.
69 Sträter: August Hermann Francke und seine „Stiftungen" (wie Anm. 10), S. 19–21.
70 Mikrofilm Nr. 19 (wie Anm. 17), S. 632^b f.
71 Ebd., S. 633^a.
72 Ebd.
73 Ebd., S. 634^a.
74 Ebd., S. 634^a–635^a (Hervorhebungen im Original).
75 Hans Schneider, Der radikale Pietismus im 17. Jahrhundert. In: Martin Brecht (Hg.), Geschichte des Pietismus, Göttingen 1993, Bd. 1, S. 391–437, 405, 429; ders., Der radikale Pietismus im 18. Jahrhundert. In: Martin Brecht/Klaus Deppermann (Hg.), Geschichte des Pietismus, Göttingen 1995, Bd. 2, S. 107–197, hier S. 179.
76 Mikrofilm Nr. 19 (wie Anm. 17), S. 636^a. – In diesem Zusammenhang berichtet Neubauer in einem Exkurs erstmals, dass man seit Amsterdam einen weiteren Reisegefährten bei sich hatte, der nicht für Franckes Holland-Beziehungen, wohl aber für die Geschichte des „Collegium Orientale" eine Rolle spielte: „Nachmittage um 3 Uhr kamen wir nach Utrecht, da uns H. Loth Vischer beym aussteigen am Schiffe empfieng, und in sein Hauß führete mit samt dem Persianer, der aus Amsterdam mit uns gezogen und zu Halle im Collegio Orientali die Hebraeische Sprache noch zu lernen intendiret, und auch sonsten die Anstalten und was gutes daselbst ist, sich zu Nuzze machen will. Er ist ein verständiger, sittsahmer Mann von 40 Jahren, der viele Sprachen redet, nehmlich die Persianische, Türckische, Armenische, Lateinische, Italiaenische, Französische, Spanische und Holländische, und in seiner Jugend in Rom und nachhero in Spanien studiret hat, bishero aber in Amsterdam zum Nuzzen der Kirchen in seinem Vaterlande eine Druckerey angelegt und gute Bücher verfertigt, womit er nun zum Ende kommen ist und mit nechstem samt den Büchern nach Persien zu reisen gedencket. Ein Erzbischoff seiner Kirchen, unter deßen direction er dies wichtige Werck verrichtet hat, war zugleich in Amsterdam, und empfieng den Hn. Professor, alß derselbe ihn besuchte, mit Bezeugung großer Freundschafft, und besuchte den Hn. Professor sofort am folgenden Tage hinwieder in H. Mesmanns Hause, und recommandirte ihm diesen Mann, der mit uns kömt. Viel Vergnügung haben wir an diesem alten Erzbischoffe gehabt, er hat ein Ansehen alß ein alter Patriarch, deren Bild mir bey diesem Manne vorgestellet habe, und dieß venerable Gesicht war mit so großer Demuth und Niedrigkeit vergesellschafftet" (ebd., S. 636^a f). Offenbar handelt es sich nicht um einen Perser, sondern um den Armenier Lukas Nuridjan. Vgl. Eduard Winter, Halle als Ausgangspunkt der deutschen Russlandkunde im 18. Jahrhundert, Berlin (Ost) 1953, S. 299; Hermann Goltz, Ecclesia Universa. Bemerkungen über die Beziehungen H. W. Ludolfs zu Rußland und zu den orientalischen Kirchen. In: Wissenschaftliche Zeitschrift der Martin-Luther-Universität Halle-Wittenberg 28 (1979), Heft 6, S. 19–37, 26, 36. – Der Patriarch ist dem zufolge wahrscheinlich Erbischof Oskan von Jerewan.
77 Peschke, Katalog der Predigten (wie Anm. 26), Nr. 727. – Vom 7. August 1705 datiert ein Brief Brecklings an Olaus Björn, in dem er auf Franckes Predigt in Den Haag zurückblickt (Forschungsbibliothek Gotha, Chart. B 197, 19^r f.).
78 Mikrofilm Nr. 19 (wie Anm. 17), S. 633^b.
79 Ebd.

How the proponents of Enlightenment enlighted themselves: Travels to the Netherlands around 1700

Due to their wealth and their excellent cultural status, 17th-century Netherlands were a preferred destination for travelers from the whole of Europe. Especially German scholars visited the country to get to know the scientific discussions at Dutch universities on the one hand and on the other hand the liberal religious discourse. For a long time Dutch scholarship was used as a general orientation in order to stimulate theoretical and practical innovations in German territories. But when German philosophers began to elaborate an independent concept of Enlightenment, they also became interested in the specific resonance of their own work in the Netherlands. So they traveled there not only to get acquainted with novelties of the Dutch *respublica literaria*, but also to check their own position within the international discussion; in this sense these travels also functioned as mirrors.

Selbstaufklärung der Aufklärer.
Hollandreisen um 1700

Frank Grunert

I.

Während ihres Goldenen Zeitalters konnten sich die Niederlande der allgemeinen Bewunderung sicher sein. Der erfolgreiche Aufstand der Protestanten gegen das katholische Spanien, der ökonomische Erfolg und die damit verbundene allgemeine Wohlfahrt des Landes, die weitgehende Religionsfreiheit und die Blüte von Künsten und Wissenschaften führten dazu, dass dem Land v. a. aus deutscher Perspektive eine „Leitbildfunktion"[1] zuerkannt wurde, was seine Attraktivität als Reiseziel natürlich enorm steigerte.[2] Freilich sollte es bei dieser von Guillaume van Gemert sogenannten „pragmatische[n] Idealisierung" nicht bleiben.[3] Wie van Gemert in seinem Beitrag zum Band *Niederländisch-Deutsche Kulturbeziehungen 1600–1830* von 2009 zeigt, lässt sich der „Umschlag, bei dem die niederländische Republik ihre Leitbildfunktion für die deutschen Lande endgültig verlor, […] genau festlegen: Er ist im Jahr 1672 zu verorten, als der französische König Ludwig XIV. im Bündnis mit England und Schweden einen Krieg gegen die nördlichen Niederlande vom Zaun brach".[4] Nach diesem als *Rampjaar* – als Katastrophenjahr – in die niederländische Geschichte eingegangenen Jahr 1672[5] folgte der ursprünglichen Idealisierung „zunehmende Fremdheit", ja bisweilen sogar Spott. Und in der Tat: Liest man etwa die Ausführungen, die Samuel Pufendorf (1632–1694) in seiner zehn Jahre nach dem *Rampjaar* erstmals erschienenen und später vielfach aufgelegten *Einleitung zur Historie der vornehmsten Europäischen Staaten* den Niederlanden widmet, dann wird trotz des unübersehbaren Wohlwollens dennoch eine gewisse Distanz spürbar.

Unter dem Rubrum *Kräffte und Schwachheiten dieser Republic* diskutiert Pufendorf dort die Vorzüge und Nachteile der Niederlande. Zu den „Kräfften dieser Republick" rechnet er zunächst den „Kauff-Handel und [die] mächtigen Schiffs-Flotten", wobei er noch hinzufügt, dass es „in keinem Lande so eine Menge guter erfahrner Matrosen" gäbe, um „grosse Flotten zu bemannen",[6] wie in den Niederlanden. Hatte Pufendorf dies sachlich und ohne weiteren Kommentar vorgetragen, so wird der Ton schon ein wenig schärfer, als es um die „nicht geringen Schwachheiten" der Nation geht. Dazu zählt er v. a. den Umstand, dass die sieben Provinzen, „die durch den Utrechtschen Bund in ein Systema verknüpfet sind",[7] nicht eine einzige Republik bildeten, sondern genau genommen sieben geblieben seien. Damit wird der Vorwurf der ‚Monstrosität', den Pufendorf bereits 1667 an das Deutsche Reich gerichtet hatte – man darf wohl sagen: naheliegenderweise – auch gegen die Niederlande gewendet. Interessant, weil durchaus nicht eindeutig, sind Pufendorfs Ausführungen zur Religionsfreiheit. Diese zählt er ausdrücklich auch zu den „Schwachheiten eines Staates", und zwar obwohl, wie es bei ihm heißt, „einige […] dieses [die Existenz verschiedener Religionen, F. G.] unter die Ursachen der zeitlichen Wohlfahrt und Flor von Holland rechnen, weil dardurch die Menge der Einwohner vermehret wird, welche zu Stärcke und Grösse ihres Staats hauptsächlich dienet".[8]

Pufendorf entwickelt nun keinen eigenen Gedankengang, der das allgemeine Urteil widerlegt oder seine eigenen Vorbehalte erklärt; immerhin weiß er noch zu schätzen, dass in Holland kein „Bürger den andern wegen des Unterscheids der Religion hasse oder verfolge".[9] Sein abschließendes Urteil ist dann aber reichlich sybillinisch; es beschränkt sich auf die folgende, unkommentiert bleibende Bemerkung: „Und haben einige gesagt: Es thäte die Religion wol in andern Ländern mehr Gutes, aber in Holland thäte sie am wenigsten Schaden."[10] Es scheint, als sei die Tatsache, dass in Holland die Religion nur geringen Schaden verursache – in Pufendorfs Wahrnehmung – schließlich ähnlich hoch zu veranschlagen, wie der Nutzen, den die Religion in anderen Ländern schafft. Bei aller prinzipiellen Kritik an der Uneinheitlichkeit des religiösen Bekenntnisses gibt sich hier – distanziert und mit aller Vorsicht – doch eine gewisse Wertschätzung der niederländischen Verhältnisse zu erkennen. Gleichwohl: Bewunderung, ja Begeisterung hört sich anders an. Und so wird man Pufendorf wohl in der Tat zu denjenigen rechnen dürfen, die den Niederlanden nach 1672 mit einer gewissen Reserve begegneten.

Dennoch fragt sich, ob die von van Gemert gemachte und grosso modo sicher zutreffende Beobachtung in allen Stücken gilt. Denn vieles spricht dafür, dass zwischen der Wahrnehmung im politischen Diskurs und der Wahrnehmung auf kulturellem bzw. wissenschaftlichem Gebiet unterschieden werden muss, denn auf letzterem hat die Leitbildfunktion der Niederlande offenkundig noch eine ganze Zeit angehalten. Die Reiseberichte, um die es im Folgenden gehen wird, die Berichte also von Johann Burkhard Mencke (1674–1732), Gottlieb Stolle (1673–1744) und Christoph August Heumann (1681–1764) dürften genau dies belegen. Denn niemand unternimmt eine strapaziöse Reise, wenn das Ziel nicht in irgendeiner Hinsicht, d. h. genauer: in der Hinsicht, auf die es dem Reisenden ankommt, vielversprechend ist. Ein Land, das nichts vorzuweisen hat, will niemand sehen, und einen Gelehrten, der nichts zu sagen oder nichts mehr zu sagen hat, will niemand sprechen. Worauf kam es also den Reisenden an, die sich zu einer Zeit auf den Weg in die Niederlande machten, als in Deutschland die Formierung der Aufklärung gerade einsetzte, in den Niederlanden jedoch die *Verlichting* – nach allgemeiner Auffassung – ihren Höhepunkt bereits überschritten hatte? Was erwarteten sie? Wer waren sie überhaupt? Was genau haben sie unternommen? Reisten sie im Auftrag oder aus eigenen Stücken? Waren sie erfolgreich, d. h., haben sie ihr vorgesetztes Ziel erreicht? Was brachten sie mit, und hatte das, was sie mitbrachten, irgendwelche Folgen für sie oder für andere? Eine hinlängliche Antwort auf alle diese Fragen würde eine ausführliche Studie erforderlich machen, die dann freilich auch auf eine größere Quellenbasis gestellt werden müsste. Vorläufige Hinweise, die aber dennoch aussagekräftig sein dürften, können jedoch bereits an dieser Stelle gegeben werden.

II.

Welche Unterschiede hinsichtlich der Herkunft, der Interessen und der Absichten zwischen den drei Reisenden auch immer bestanden haben mögen, sie hatten doch insgesamt dasselbe Ziel, und sie reisten zwar nicht zu genau derselben Zeit, wohl aber in zeitlicher Nähe zueinander. Johann Burkhard Mencke war von 1698 bis 1699 in Holland und England unterwegs, Gottlieb Stolle reiste als Hofmeister mit seinem Schüler Johann Ferdinand von Halmenfeld (geb. ca. 1680) und dessen Vetter Hallmann in den Jahren 1703 und 1704 durch Holland, und im Jahr darauf, am 30. April 1705, begab sich Christoph August Heumann auf Reisen. Wann Heumann zurückgekehrt ist, wissen wir nicht, was daran liegt, dass wir über kein erhaltenes Journal dieser Reise verfügen, sondern darauf vertrauen müssen, was uns Heumanns Biograph Georg Andreas Cassius in seiner *Ausführlichen Lebensbeschreibung des um die gelehrte Welt hochverdienten*

Selbstaufklärung der Aufklärer. Hollandreisen um 1700

Abb. 1 Johann Burkhard Mencke (1674–1732), Kupferstich von Martin Bernigeroth, o. J.

Abb. 2 Gottlieb Stolle (1673–1744), Kupferstich von unbekanntem Künstler, o. J.

D. Christoph August Heumann[11] auf immerhin gut einhundert Seiten mitteilt. Cassius hat zwar den Beginn der Reise und die Reiseroute verzeichnet, ihr Ende teilt er jedoch leider nicht mit. Mit Blick auf die Dauer der anderen Reisen dürfen wir jedoch annehmen, dass die heumannsche Tour ebenfalls ungefähr ein Jahr in Anspruch nahm.

Die philologisch unbefriedigende Überlieferungslage wurde bereits angedeutet. Das Manuskript von Heumanns Reisejournal ist entweder verloren oder hat sich bisher nicht finden lassen, so dass von der Reise bis heute nicht mehr bekannt ist, als dasjenige, was den Filter des Biographen passierte. Der volle Umfang dessen, was Heumann wirklich gesehen und erlebt hat oder was er selbst für notierenswert hielt, wurde nicht überliefert. Hinzu kommt, dass Cassius aus dem als „umständlich", d. h. ausführlich apostrophierten Journal nur dasjenige auswählte, „was darinnen zur Litteratur und Kirchengeschichte Merkwürdiges enthalten"[12] ist. Cassius beschränkt sich also auf Informationen, die nur zwei Gegenstände in den Blick nehmen; er teilt lediglich mit, was er selbst für interessant hält bzw. nur das, von dem er glaubt, seine Leser hielten es für wissenswert. Und weil Heumanns Ruhm im 18. Jahrhundert nicht nur, aber im Wesentlichen auf seiner seit 1718 nicht weniger als sieben Mal aufgelegten Gelehrsamkeitsgeschichte, dem *Conspectus reipublicae Literariae sive Via ad Historiam Literariam*,[13] gründete, lag es nahe, sich auf Mitteilungen zu beschränken, die in das Umfeld litterärgeschichtlicher Forschungen gehören. Auch wenn diese Auswahl nachvollziehbar ist, kann man angesichts dessen, was dem an den Praktiken der Gelehrsamkeit interessierten Historiker mutmaßlich vorenthalten wurde, nur hoffen, dass das Originalmanuskript irgendwann doch noch gefunden wird.

Die Überlieferungslage der anderen Reisejournale ist besser bzw. im Begriff, besser zu werden. *Das Holländische Journal 1698–1699* von Johann Burkhard Mencke, in der Staatsbibliothek Berlin als Manuskript erhalten, wurde 2005 von Hubert Laeven ediert.[14] Hier bleibt kein Wunsch offen. Im Hinblick auf Stolles Journal muss man sich indes noch etwas gedulden. Zwar liegen hier unterschiedliche Versionen und Bearbeitungen in Manuskriptform in der Universitätsbibliothek in Wrocław und in Sankt Petersburg – Stolle selbst hatte den Gedanken einer Publikation offenbar lange Zeit verfolgt und immer wieder daran gearbeitet –, doch ist eine Veröffentlichung bisher nicht zustande gekommen.[15] In absehbarer Zeit wird allerdings Martin Mulsow eine kommentierte Edition von Stolles Reisejournal vorlegen.[16] Die Edition stützt sich auf den letzten Stand der ursprünglichen Druckvorbereitung und wird der Forschung zweifellos in ungekanntem Umfang wertvolle und dringend benötigte Nahaufnahmen aus der Gelehrtenrepublik um 1700 zugänglich machen. Doch bis es soweit ist, bleiben wir auf Mitteilungen aus dem Manuskript angewiesen, die bereits im 19. Jahrhundert Gott-

Abb. 3 Christoph August Heumann (1681–1764), Kupferstich von Johann Georg Mentzel, o. J.

schalk Eduard Guhrauer[17] und Jacob Freudenthal[18] gemacht haben. Hier gilt, wie auch schon im Fall Heumanns, dass obwohl bereits manches bekannt ist, das für eine vorläufige Einschätzung ausreichen mag, dennoch der vollständige Text selbstverständlich unersetzlich bleibt.

Während August Hermann Francke (1663–1727) seine Reise in die Niederlande – wie Udo Sträter im vorliegenden Band zeigt – offenbar im Vorhinein nicht geplant hatte und eher kurzentschlossen von Wesel aus weiterreiste, haben die hier in Rede stehenden Reisenden ihre Touren ganz offenkundig gut vorbereitet; sie dauerten ohnehin viel länger und dienten auch nicht der Erholung. Hilfreich war dabei ein Buch, das 1698 unter dem Titel *Holländischer Kirch- und Schulen-Staat* in Frankfurt a. M. und Leipzig publiziert wurde und aus der Feder des lutherischen Theologen und späteren Generalsuperintendenten in Harburg, Henrich Ludolff Benthem (1661–1723), stammte.[19] Benthem wollte mit seinem umfänglichen Werk – die zwei Teile summieren sich auf nicht weniger als 1.660 Seiten – die „Fackel" vorantragen, den Nachreisenden „Anleitung"[20] geben, und zwar durchaus in dem Bewusstsein, dass die „Besuchung fremder Ohrter, und fürnemlich eine wohl eingerichtete Reise nach dem Vereinigten Niederlande" der „Unterhaltung und Treibung guter Wissenschafften" diene. Für Benthem war die Leitbildfunktion der Niederlande auch Ende des 17. Jahrhunderts noch immer intakt, wenngleich er vor Idealisierungen warnte und schon in seinem ersten Kapital betonte, dass es auch „böse Dinge" in den Niederlanden gäbe, z. B. „Wüste Kirchen. Große Religions-Freyheit. Spiel-Häuser (d. h. Bordelle, F. G.). Schlechte Kinder-Zucht. Unhöfliche Sitten" und schließlich „Geringhaltung der Obern".[21] Allerdings fügt er gleich hinzu: „Wenn ich denn einige Fehler der Niederländer entdecke, kann solches einem Fremden wohl zur Warnung, den vor vielen Völckern löblichen Einwohnern aber keineswegs zum Schimpff gereichen".[22]

Denn die „bösen Dinge" werden ganz offenkundig von den guten auf-, wenn nicht gar überwogen. Und Benthem zählt auf: „Mild-thätigkeit gegen Arme. Liebe zu Gottes Wort. Handhabung der Gerechtigkeit. Gelinde Regierung. Auffrichtigkeit. Fleiß in Beruffs-Wercken. Sanfftmuth. Sparsamkeit. Achtung der Studien, Künste und andere Tugenden mehr".[23] Für eine „wohleingerichtete Reise" gibt Benthem, der 1686 und 1693 selbst in Holland unterwegs war, wichtige Tipps, und zwar nicht nur hinsichtlich der „merckwüdigen Sachen in Niederland", also der Sehenswürdigkeiten,[24] sondern auch in Bezug auf die vorteilhafteste Reiseroute; so handelt das zweite Kapitel „von dem nützlichen Wege nach und in dem vereinigten Niederlande. Der beste Weg soll angezeiget werden. Es gibt unterschiedliche, die es nicht sind. Der über Bremen durchs Gröningsche und Ost-Frisische ist es."²⁵ Vor allem Heumann und Mencke, aber offenbar auch Stolle haben das von Benthem gebotene reiche Material gerne herangezogen. Sie verweisen häufig auf ihren Vorgänger und sind dabei sowohl zustimmend als auch kritisch oder zumindest korrigierend. Dabei werden die Reisenden bisweilen auch durchaus deutlich, etwa wenn Heumann feststellen muss, dass Benthem, anstatt genaue Informationen einzuholen, sich „lustig gemacht, und mit den Reformirten ein Glas Wein getrunken" habe, wobei er sich habe „bereden lassen, in seinem Buche nur aus dem Aeuserlichen zu urtheilen", so dass ihm die „wahre Beschaffenheit des Kirchenstaats" schlicht entgangen sei.²⁶ Benthems Reiseanleitung war als Anregung willkommen, doch ersetzte sie mitnichten die eigene Erfahrung, die als Korrektur wiederum Anleitung für andere sein konnte. Insofern ist es gut möglich, dass Heumann, als er auf der Rückreise bei Benthem Station machte, ihm dergleichen allfällige Corrigenda gleich hinterbrachte.

III.

Fragt man sich nun, welche Routen die Herren Mencke, Stolle und Heumann genau genommen, was sie im Einzelnen gewollt und tatsächlich getan haben, dann empfiehlt es sich, die hier nur in groben Zügen mögliche Analyse nach der chronologischen Reihenfolge vorzunehmen.

Johann Burkhard Mencke war der Sohn Otto Menckes (1644–1707), des Leipziger Professors für Moral und Politik, der v. a. als Herausgeber der in Leipzig erscheinenden Zeitschrift *Acta Eruditorum* bekannt ist. Otto Mencke hatte 1680 selbst eine Reise nach Holland und nach England unternommen, die vor allem dem geschäftlichen Interesse der Zeitschrift galt, d. h., ausländische Korrespondenten mussten angeworben, Kontakte zu Buchhändlern und Verlegern geknüpft werden. Die Reise seines Sohnes (Reiseroute, Abb. 4) war zwar eine klassische *peregrinatio academica* – Johann Burkhard Mencke trat sie nach Erwerb des philosophischen Magisters und theologischen Bakkalaureats 24-jährig zusammen mit dem Theologen Friedrich Wilhelm Schütze (1677–1739) an –, doch wird man Hubert Laeven recht geben können, wenn er in der Einleitung zu der von ihm besorgten Edition Folgendes feststellt: „Es steht aber außer Zweifel, dass Menckes Reise zugleich auch den geschäftlichen Interessen seines Vaters als Herausgeber der *Acta Eruditorum* diente. „Mencke junior", so fährt Laeven fort, „gerierte sich während der Reise ausdrücklich als Anwalt des väterlichen Projekts und trat einige Male auch als dessen Sachwalter auf. Sein Reiseprogramm scheint aufs Sorgfältigste vom Vater mit vorbereitet worden zu sein, und einzelnen Aufzeichnungen dürfte zu entnehmen sein, dass er sein Tun und Lassen vor dem Vater als mutmaßlichen Geldgeber der Reise zu verantworten hatte".²⁷

Natürlich absolvierte Mencke neben der Erfüllung des väterlichen Auftrages auch das damalige Standard-Besuchsprogramm für Holland; er berichtete von verschiedenen Turmbesteigungen, besichtigte selbstverständlich in Amsterdam das Rasphuis, das Spinhuis – die dortigen Zuchthäuser für Männer bzw. Frauen – und das Dolhuis, wobei er sich hinsichtlich des Erstgenannten darüber wunderte, dass die Insassen „nur bis 10 Uhr frühe arbeiten, nachdem aber den gantzen Tag ihre Ruhe haben, so daß ihnen auch erlaubet ist die übrige Zeit im Garten zu spielen, wie es denn also viel auch für keine Straffe halten".²⁸ Bei Mencke finden sich dann auch die sogenannten *Mikrologismen*, d. h. Bemerkungen über Reisekosten und -bedingungen vor Ort; so notiert er etwa die Qualität und den Preis der angesteuerten Gasthäuser. Für seinen Aufenthalt in Utrecht hält Mencke z. B. fest, dass er und sein Reisegefährte im *Wapen van Antwerpen* „nicht übel accommodirt wurden", doch habe er „nach der Zeit" erfahren, „dass es wolfeiler und bequemer in dem Creutze von Jerusalem sey, alwo eine alte Wirthin, welche denen Deutschen sehr affectioniret und sie daher vor ein weniges sehr wol tractirt".²⁹

Selbstaufklärung der Aufklärer. Hollandreisen um 1700

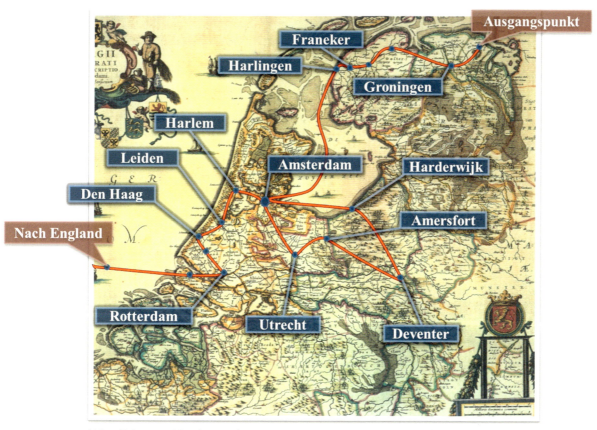

Abb. 4 Reiseroute Mencke 1698/1699. Graphik: Ronny Edelmann, Halle (Saale)

Im Zentrum des Interesses standen bei Mencke freilich die Gespräche mit Gelehrten. Er hörte sich um, fragte nach Einschätzungen und ließ seine Gesprächspartner erzählen; nicht selten ging es dabei sowohl um aktuelle als auch um zukünftige Arbeiten. Er verschaffte sich ein Bild von dem, was vorzufinden war und dem, was erwartet werden konnte, und stellte sich als Sohn und prospektiven Nachfolger seines Vaters vor, welches für den weiteren Betrieb der *Acta* zweifellos essentiellen Wert besaß. Dabei nahm er zur Kenntnis, dass man in Holland gerne die Disputationen von Jacob Thomasius (1622–1684) zur Verfügung hätte,[30] sprach mit dem Theologen und Philosophen Pierre Poiret (1646–1719) über den sowohl in Deutschland wie in Holland lebhaft diskutierten schlesischen Mystiker Jacob Böhme (1575–1624),[31] wurde von dem Historiker Jacobus Perizonius (1651–1715) über die zunehmende Bedeutung der „Historia recentior" (Neuere Geschichte) belehrt und erhielt zugleich eine kritische Beurteilung des angeblich „in gratiam virginum" („für das Frauenzimmer") geschriebenen *Dictionnaire historique et critique* von Pierre Bayle (1647–1706).[32] In einem kurzen Passus über den Besuch Menckes bei dem Theologen und Philosophen Jean Le Clerc (1657–1736) lässt sich dann in nuce das gesamte Reiseprogramm finden: eine nicht in jeder Hinsicht erfreuliche Unterhaltung über die *Acta Eruditorum*, Auskünfte über zukünftige Pläne, ein allgemeiner Hinweis zum methodischen Selbstverständnis des Gastgebers und schließlich eine knappe Beschreibung von dessen äußerlicher Erscheinung.

Mencke notiert am 22. August 1698: „Wollten wir die beyden Professores des Arminianischen Gymnasii besuchen, fanden aber den Hn. Limborch nicht zu Hause. H. Jo. Clericus fieng bald von denen Actis zu reden, alß er vernahm, daß wir von Leipzig waren, und beschwerte sich daß man seine Sachen offt cum aculeo („mit spitzer Feder", F. G.) reccusirte, welches doch nicht seyn sollte. Doch war er mit dem letzen Excerpto seiner Criticae wol zu frieden. Er gedachte, daß er noch scharff fortfahre in seinem Commentario über die Biebel, und davon die libros historicos bald ediren werde; es wäre nicht recht, daß man alles gleich verwürffe, was man nicht bey einem andern Commentatore zuvor gelesen, da man doch billig etwas neues schreiben müste und sich noch viel fünde, darüber man eigene Gedancken haben könte. Sonst hat er eine leichtsinnige Physiognomie und scheinen die Augen an ihm gantz dunckel und gläsern, vielleicht weil er sie bey seinem unermüdetem Fleiße zu wenig geschonet".[33]

Dass Mencke sich vornehmlich um den Kontakt mit Philologen kümmerte, entspricht dem überragenden Ansehen, das die Philologie seit Beginn des 17. Jahrhunderts in den Niederlanden genoss und das die bemerkenswerte Anziehungskraft niederländischer Universitäten und Akademien auch bei ausländischen Studenten begründete.[34] Mencke erkundete also – aus wissenschaftlichen wie wirtschaftlichen Rücksichten – einen akademischen und literarischen Markt, der aus deutscher Perspektive noch immer tonangebend war.

Er verhielt sich dabei einigermaßen zurückhaltend. Viel dringlicher, viel forschender gingen demgegenüber Stolle und Heumann vor. Stolle war gerade 30 Jahre alt, als er in der Funktion eines Hofmeisters mit Johann Ferdinand von Halmenfeld und dessen Vetter Hallmann[35] die Reise in die Niederlande antrat (Reiseroute, Abb. 5).

An der Reise waren nicht nur Stolles Schützling und dessen Vater interessiert, sondern auch Christian Thomasius (1655–1728) und der Theologe und Philosoph Johann Franz Budde (1667–1729). Bei beiden hatte Stolle studiert; v. a. der Kontakt zu Thomasius war deswegen vergleichsweise eng, weil Stolle zeitweilig dessen Kinder unterrichtete. Thomasius wollte nicht nur aus erster Hand erfahren, wie sich die intellektuellen Verhältnisse in den Niederlanden allgemein und im Besonderen anließen, sondern ihm war offenbar auch daran gelegen, zu erfahren, wie er selbst in Holland wahrgenommen wurde. Stolles Reise hatte daher in gewissem Maße einen „selbstreferenziellen" Aspekt, denn der junge Mann sprach unterwegs tatsächlich mit bekannten Gelehrten wie Anton van Dale (1638–1708), Bayle oder Friedrich Breckling (1629–1711) über Thomasius. Dieser scheint Stolle vorab regelrecht präpariert zu haben, und zwar durch seine Lehre *Anderer Menschen Gemüther erkennen zu lernen*,[36] die dazu befähige, Informationen über jemanden zu erlangen, die dieser selbst gar nicht preisgeben will. Im Kontext kluger Interessensdurchsetzung, in Gesprächen und erst recht auf Reisen verschaffte die von Thomasius entwickelte und propagierte Technik unschätzbare Vorteile. Die Quintessenz dessen hat Thomasius unmittelbar vor Stolles Abreise noch einmal in einem konkreten Ratschlag zusammengefasst. Stolle werde, so heißt es dort, „auf der Reise ohne Zweifel vielerlei Leute, besonders in Holland, zu sprechen suchen, er habe sich aber vor keinen mehr in Acht zu nehmen, als vor den Spinozisten. Es wäre dann gut, wenn er an sich hielte, und sich mit seinen Meinungen nicht blos gäbe. Er sollte lieber, unter dem Vorwande von ihnen zu lernen, ihnen ihre Meinungen und deren Gründe herauslocken, da er denn, wenn er sie erst kenne, denselben leicht begegnen, und mit ihnen auskommen würde. Den Umgang mit paradoxen Leuten (d. h. mit Leuten, die dem Atheismusverdacht ausgesetzt sind, F. G.) wolle er ihm aber nicht widerrathen, noch auch des Spinozas Schriften schlechterdings zu lesen verbieten; denn in seinem Tractatus theologico-politicus stehe freilich viel Böses, aber auch manches Gute, man müsse deswegen vorsichtig und behutsam dabei verfahren, und sich nicht übereilen."[37]

Sieht man sich die einzelnen von Stolle protokollierten Begegnungen an, dann scheint ihm neben den inhaltlichen Erörterungen gelehrter Materien der Habitus der einzelnen Gelehrten mindestens ebenso interessiert zu haben. Seine Beschreibungen bemühen sich um ein ungewöhnlich hohes Maß an Genauigkeit, insofern dürfte Mul-

Selbstaufklärung der Aufklärer. Hollandreisen um 1700

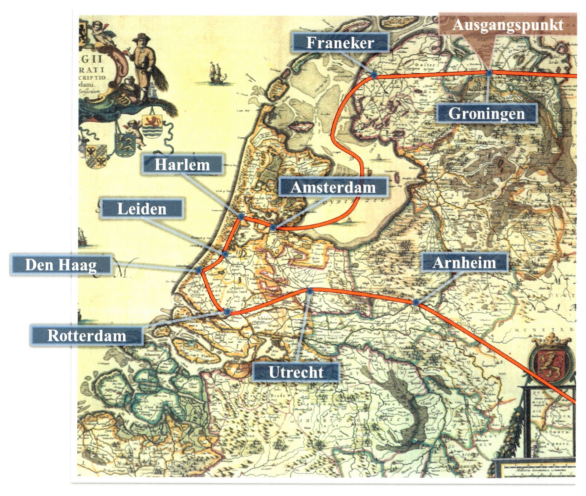

Abb. 5 Reiseroute Stolle 1703/1704. Graphik: Ronny Edelmann, Halle (Saale)

sow wohl Recht mit seiner Einschätzung haben, dass die „besuchten Gelehrten […] keine Ahnung hatten, daß sie mit einem geschulten psychologischen Blick gemustert wurden, und noch weniger ahnten sie, daß ihre oft vertraulichen Mitteilungen im Nachhinein Eingang in schriftliche Aufzeichnungen fanden".[38] Um Stolles Vorgehen zu illustrieren, sei ein Ausschnitt seines Berichts von der Begegnung mit Pierre Poiret zitiert, der ebenso wie Breckling, Bayle, Philipp van Limborch (1633–1712), Jean Le Clerc etc. zu den bevorzugten Adressen gehörte, die von Reisenden in den Niederlanden üblicherweise angesteuert wurden. Das besondere Interesse an Poiret dürfte sich zusätzlich dem Umstand verdanken, dass Thomasius in den 1690er Jahren zeitweilig mit dem Mystiker Poiret sympathisiert hatte, wovon nicht nur die Herausgabe von Poirets *De eruditione solida, superficaria et falsa*[39] (1694), sondern auch ein Briefwechsel zeugt, der leider nur durch ein einziges erhalten gebliebenes Schreiben belegt ist.

Stolle beschreibt zunächst den Garten, das Haus und die Einrichtung des Gastgebers: „Herr Poiret wohnt in einem Hause, das um nichts propper ist als die, so daneben stehen, wie es denn auch in diesem Dorfe weit prächtigere giebt. Er hat aber dabey einen feinen Garten. In dem Hause hing ein Spiegel, ein Paar Landkarten und schwarze Kupfer, so etwas Andächtiges exprimirten. Desgleichen fanden wir auch in dem auf der Erde gelegenen

Zimmer, darein wir geführt wurden, ein Spind, Spiegel und andächtige Bilder, unter deren einem ein locus Chrysostomi stand, dieses Inhalts: Quis est inter Christianos, qui non quotidie Deo psalmos cantet".[40]

Nachdem so gleichsam der Rahmen des Bildes umrissen ist, kommt Stolle zum zentralen Darstellungsgegenstand und liefert eine minutiöse Charakteristik Poirets, der seine Gäste in einem legeren „braunen Schlafrock [...], der gar nicht kostbar war", eine „nach der Mode von schwarzem Sammet gemachte Hausmütze" auf dem Kopf, empfing: „Er ist von Person klein, von Gesicht schwartz und etwas breit, seine Nase ist auch nicht gar schmal; und, wo ich recht gesehen, so hat er schwartze Augen, die er aber fast stets untergeschlagen und gleichsam geschlossen hält. Er ist nicht gravitätisch, sondern gar modest, und von einer ihm anständigen Höflichkeit. Er sieht pensif und mystisch aus, doch erblicket man an ihm keine morose Melancholie, und sein Gesicht und Miene lässt recht andächtig. Bey dem allen hat er eine gewisse Lebhaftigkeit an sich, welche seine Conversation angenehm macht, wie er denn auch zum Reden ganz nicht verdrüsslich ist. Er hat das Unglück, dass er übel hört, daher man sehr laut zu ihm reden muss, er aber redet gar leise. Seine schwartzen Haare, die kurz und etwas krausig sind, fangen an grau zu werden, und mag er wohl wenigstens dem 50sten Jahr gar nahe seyn. Er redet prompt latein, antwortet auf alles gar bescheiden und richtig, und so er einen in etwas auf andere Gedanken bringen will, so kommt er mit seinen dubiis ganz per indirectum, und zeigt dabei viel Moderation und Sanftmuth."[41]

Natürlich berichtet Stolle auch von den inhaltlichen Einschätzungen und Auffassungen seiner Gegenüber, doch ist bemerkenswert, wie sehr ihm daran liegt, jenseits abstrakter Einsichten konkrete und gelebte Gelehrsamkeit aufzufinden. Dabei spielt der moralische Habitus eine hervorgehobene Rolle. Dies wird anhand der Feldforschung deutlich, die der Reisende im Hinblick auf Spinoza bzw. die Spinozisten betrieben hat. Stolle und seine Gefährten suchten – vermutlich durch Thomasius' Warnung erst recht ermuntert – gezielt und mit einem gewissen detektivischen Gespür Menschen auf, die mit Spinoza in Kontakt gestanden hatten und daher Näheres über seine Lebensverhältnisse mitteilen konnten. Dazu gehörte etwa der Arzt, bei dem Spinoza zuletzt in Behandlung war, und der den Reisenden versicherte, dass dieser nicht etwa an den Folgen eines lasterhaften Lebenswandels gestorben sei, sondern an der Schwindsucht, die „er sich durch allzuviel meditiren zugezogen"[42] habe. Ein wichtiger Gesprächspartner in diesem Zusammenhang war auch Jan Rieuwertsz jun., der Sohn von Spinozas Verleger gleichen Namens, welcher Stolle und seine Begleiter bei geradezu konspirativen Zusammenkünften mit wichtigen und weitreichenden Einzelheiten versorgte, wobei sich die Reisenden in diesem Fall ausdrücklich zugute hielten, mit Hilfe ihrer Gesprächstechnik manches aus Rieuwertsz „herausgelokket"[43] zu haben.

Auffällig ist in jedem Fall einerseits das weitgehende, ganz offensichtlich über die bloße Kuriosität hinausgehende Interesse, das Spinozas Werk und Lebenswandel entgegengebracht wurde, und andererseits der schon bestehende und im Laufe der Zeit sich immer mehr erweiternde Fundus von Kenntnissen, der nicht zuletzt in einem differenzierten und Indiskretionen nicht scheuenden Katalog von Fragen zum Ausdruck kommt, die Stolle und seine Gefährten dem Verlegersohn noch hätten stellen wollen.[44] Selbstverständlich ist Spinozas tatsächlicher oder nur vorgeblicher Atheismus immer wieder Gegenstand der Gespräche, wobei Stolle offenbar gerne einem apologetischen Impetus folgt, der – ganz im Sinne Pierre Bayles – die moralische Integrität des mäßig lebenden und sich mit wenigem bescheidenen Spinoza von dessen Gottlosigkeit absetzt.[45] Dass ein Atheist moralisch sein kann, und dies nachprüfbar vor aller Augen, war in Zeiten einer noch weitgehend theonomen Moralbegründung eine wichtige Nachricht, die auf das Interesse des Publikums rechnen konnte. Während Stolle nach einer moralisch ausgewiesenen habituellen Gelehrsamkeit suchte, war Heu-

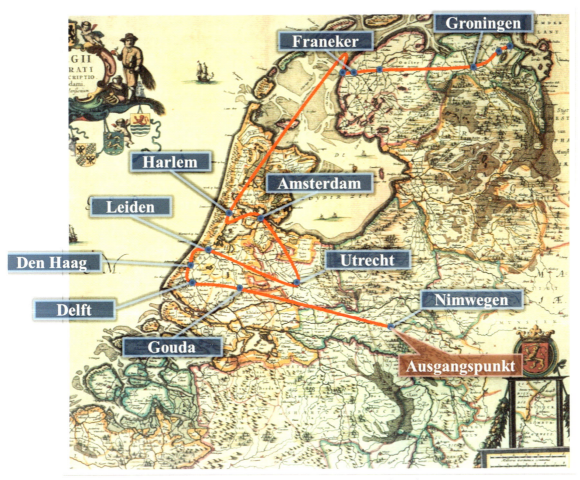

Abb. 6 Reiseroute Heumann 1705. Graphik: Ronny Edelmann, Halle (Saale)

mann, abgesehen von seinen litterärgeschichtlichen Interessen, die ihn immer wieder Rara und Rarissima verzeichnen ließen, vornehmlich an der Begegnung mit religiösen Gruppen interessiert, die jenseits dessen angesiedelt waren, was der lutherische Theologe von Deutschland her kannte. Bei Beginn der gemeinsamen Reise (Route, Abb.6) mit Bonifacius Heinrich Ehrenberger (1681–1759) zählte Heumanns erst 24 Jahre.

Bemerkenswert im Zusammenhang mit seinen spezifischen Interessen ist Heumanns ausführlicher Bericht „von der Quaker Gottesdienst". Nachdem er gegenüber dem Quäker Jean Claus zu erkennen gegeben hatte, dass er „begierig sey, den Quakerzustand recht zu wissen"[46], war dieser gerne bereit, in einem ausführlichen Gespräch Auskunft zu erteilen. Heumann fragte nach Einzelheiten des Gottesdienstes und dessen theologischen Hintergründen. Indem er das Gespräch geradezu als eine erbauliche Exempelerzählung vorführt, werden Heumanns ekklesiologische Sympathien für die Quäker unübersehbar. Der junge Gelehrte inspizierte nicht nur religiöse und theologische Besonderheiten in Holland, sondern erkundigte sich bei seinen Gesprächspartnern auch nach deren Einschätzung deutscher bzw. hallescher Gelehrter. So erfuhr Heumann in einer ebenfalls sehr ausführlichen Unterredung mit Friedrich Breckling, dass dieser den halleschen Theologen und Philosophen Johann Franz Budde sehr schätzte und ihm geraten habe, den Ruf nach Jena anzunehmen. Christian Thomasius dagegen hielt er für „einen Socinianer, Spötter und Flat-

Abb. 7 Der Auftraggeber Gottlieb Stolles: Christian Thomasius (1655–1728), Kupferstich von Martin Bernigeroth, o. J.

tergeist", der zu Unrecht „dem Herren Francke in Halle in einigen Stücken e. g. mit dem Waysenhause, opponiret habe".⁴⁷ Von Budde, Gottfried Arnold (1666–1714) und Thomasius ist auch in den Gesprächen mit Poiret, Hermann Alexander Roëll (1653–1718) und van Dale die Rede; mit Letzterem diskutiert Heumann über *De crimine magiae* (1701) von Christian Thomasius. Dabei sah sich van Dale durch Thomasius bestätigt, während Heumann auf Meinungsverschiedenheiten verwies, die Thomasius selbst kenntlich gemacht habe.⁴⁸

Heumanns Vorgehen, das Kasper Eskildsen in einem demnächst erscheinenden Beitrag zu dessen Reisetagebuch zu Recht als „historisch-literarische Feldarbeit" bezeichnet,⁴⁹ nimmt sich, wenn wir uns die einzelnen Unterredungen vor Augen führen, einigermaßen forsch, vielleicht sogar unverfroren aus. Heumann sammelte Einschätzungen nicht nur über Texte, sondern auch über Autoren und deren Persönlichkeit. Hatte er sich soeben mit einem Gelehrten über einen anderen unterhalten, wandte er sich bisweilen unmittelbar danach an denjenigen, der noch kurz zuvor Gegenstand des Gespräches gewesen war, und führte sozusagen dieselbe Unterredung aus der anderen Perspektive noch einmal. Diese eben nicht nur bibliographisch interessierte „historisch-literarische Feldarbeit" ermöglicht eine vergleichsweise differenzierte Kartierung des gelehrten Terrains, wobei es offenbar gar nicht darum ging, subjektive Einschätzungen anderer mit der Hilfe weiterer Einsichten und Ansichten, die eben auch subjektiv sind, zu objektivieren. Vielmehr blieben die protokollierten subjektiven Einschätzungen als solche unkommentiert und unvermittelt nebeneinander bestehen, was dazu führt, dass jenseits der historisch-literarisch interessierenden gedruckten Texte sachliche und nicht-sachliche Relationen sichtbar gemacht werden, die nicht zuletzt durch Sympathie und Antipathie gekennzeichnet sind.

Das Verhältnis der anderweitig gedruckten Texte untereinander erhält dadurch eine zusätzliche Dynamik, die bei der Betrachtung des gesamten gelehrten Diskurses in Rechnung gestellt werden muss. Diese Dynamik entsteht mittels der im Reisetagebuch festgehaltenen direkten Kommunikation mit einem Gegenüber, wodurch ein *Intertext* im Wortsinne geschaffen wird, nämlich die Vertextung, d. h. die Generierung und Bewahrung eines für die Pragmatik der gelehrten Situation entscheidenden Dazwischens von *be*stehenden, bereits gedruckten und *ent*stehenden, zum betreffenden Zeitpunkt bloß projektierten Texten. Durch Heumanns Vorgehen wird nicht nur – im Sinne einer größeren Sachangemessenheit – ein höheres Maß an Differenzierung möglich, sondern zugleich eine genuin produktive Perspektive. Denn indem die Objektivität gedruckter Texte mit der Subjektivität von Einschätzungen verbunden wird, werden Dispositionen sichtbar, die im pragmatischen Kontext gelehrter Produktion weitere Entwicklungen präfigurieren. Daher ging es Heumann auch gar nicht darum, subjektive Urteile und Einschätzungen gegebenenfalls zu korrigieren: Eine Korrektur hätte das produktive Spannungsfeld nur neutralisiert, doch gerade dieses Feld sollte offenbleiben. Dass sich jemand, der später für seine *Historia literaria* berühmt geworden ist, für genau diese Zusammenhänge interessieren musste, liegt auf der Hand.

IV.

Alle drei Autoren reisten in der Überzeugung in die Niederlande, von dort aus wichtige gelehrte Impulse importieren zu können. Insbesondere die Berichte von Stolle und Heumann zeigen, dass diese Erwartung nicht getrogen hat, insofern ist hier noch die allenthalben konstatierte Leitbildfunktion niederländischer Gelehrsamkeit intakt. Allerdings lassen diese Berichte auch erkennen, dass das Interesse am anderen nicht immer oder nicht ausschließlich durch das Interesse an dessen spezifischen Leistungen bestimmt sein musste. Thomasius' Auftrag an Stolle war unmissverständlich: Er fragte nicht bzw. nicht nur, was ein bestimmter Kollege in den Niederlanden derzeit treibe, er wollte vor allen Dingen wissen, ob er – Thomasius – von diesem bestimmten Kollegen auch angemessen wahrgenommen werde. Wobei – und das kann man an Heumanns Engagement ablesen – auch ohne einen solchen Auftrag mitteldeutsche Reisende an der Wahrnehmung mitteldeutscher Gelehrsamkeit in einem derart tonangebenden Lande interessiert waren. Hier ging es dann nicht so sehr um die sachliche Anregung durch genuin Fremdes, sondern nicht zuletzt um Spiegelung. Allerdings hatte diese sicher nichts mit einem folgenlosen Selbstgenuss zu tun, sondern die Perzeption der Fremdwahrnehmung fungierte vielmehr als Selbstüberprüfung mit dem Ziel, das eigene Renommee auf dem Parkett internationaler Gelehrsamkeit zu verbessern. Stellt man abschließend noch in Rechnung, dass ein großer Teil der in Holland besuchten Gelehrten ursprünglich deutscher Herkunft war, dann erweist sich die Reise nach Holland nicht unbedingt als eine Reise in ein anderes Land, sondern als Besuch einer geographisch anderen Provinz derselben Gelehrtenrepublik,[50] freilich einer Provinz, die ihrer ökonomischen, politischen und religiösen Bedingungen wegen um 1700 immer noch eine Leitbildfunktion erfüllen konnte.

Anmerkungen

1 Guillaume van Gemert, „Ein Land das wohl ehemahls die alles überwindende Macht der Römer aufgehalten hat ...". Die Konstruktion des deutschen Niederlandebildes im 17. und 18. Jahrhundert. In: Jan Konst/Inger Leemans/Bettina Noack (Hg.), Niederländisch-Deutsche Kulturbeziehungen 1600–1830, Göttingen 2009, S. 33–60, hier S. 41. Von „Vorbild" spricht auch Heinz Schneppen in: ders., Niederländische Universitäten und deutsches Geistesleben, Münster 1960, S. 132.
2 Vgl. Horst Lademacher, Phönix aus der Asche? Politik und Kultur der niederländischen Republik im Europa des 17. Jahrhunderts, Münster 2007, S. 80; vgl. auch Anja Chales de Beaulieu, Deutsche Reisende in den Niederlanden. Das Bild eines Nachbarn zwischen 1648 und 1795, Frankfurt a. M. 2000.
3 Gemert, Ein Land (wie Anm. 1), S. 33.
4 Ebd., S. 41.
5 Das Jahr 1672 ist nicht nur durch den Krieg mit Frankreich und England zum *Rampjaar* geworden, sondern die Situation dramatisierte sich auch durch innenpolitische Unruhen, in deren Folge die Brüder De Witt gelyncht wurden, den größten Krach der Amsterdamer Börse und die wirtschaftliche und kulturelle Erlahmung des ganzen Landes. Siehe Jonathan Israel, der dazu konstatiert: „Het jaar 1672 was het meest traumatische jaar in de Gouden Eeuw van de Republiek. Het was een jaar van militaire instorting, van bijna totale demoralisering, een jaar waarin de ondergang van de Republiek, zo niet in haar geheel dan toch zeker als grote mogendheid, nabij leek." Jonathan I. Israel, De Republiek 1477–1806, 6. Aufl., Franeker 2008, S. 877. Vgl. auch die lesenswerte Studie von Luc Panhuysen, Rampjaar 1672. Hoe de Republiek aan de ondergang ontsnapte, Amsterdam 2009.
6 Samuel Pufendorf, Einleitung zur Historie der vornehmsten Europäischen Staaten. Hier zit. nach der Ausg. Frankfurt/Leipzig 1746, S. 656.
7 Ebd., S. 657.
8 Ebd., S. 661.
9 Ebd.
10 Ebd.
11 Ausführliche Lebensbeschreibung des um die gelehrte Welt hochverdienten D. Christoph August Heumanns, gewesenen ordentlichen Lehrers der Theologie, Philosophie, und Historie der Gelahrheit zu Göttingen. Aus Desselben MSt. Hinterlassenen und anderen zuverläßigen Nachrichten verfasset und zum Drucke befördert von Georg Andreas Cassius, Cassell 1768.
12 Ebd., S. 34.
13 Vgl. zu Heumanns epochemachendem Schaffen als Historiker der Gelehrsamkeit: Sicco Lehmann-Brauns, Neukonturierung und methodologische Reflexion der Wissenschaftsgeschichte. Heumanns *Conspectus reipublicae literariae* als Lehrbuch der aufgeklärten Historia literaria. In: Frank Grunert/Friedrich Vollhardt (Hg.), Historia literaria. Neuordnungen des Wissens im 17. und 18. Jahrhundert, Berlin 2007, S. 129–160.
14 Johann Burkhard Mencke, Das Holländische Journal 1698–1699. Hg. u. mit einer Einl. v. Hubert Laeven, unter Mitw. v. Lucy Laeven-Aretz, Hildesheim u. a. 2005 (Ms. Germ. oct. 82 der Staatsbibliothek Berlin).
15 Siehe zu Stolles Reisejournal: Martin Mulsow, Eine Reise durch die Gelehrtenrepublik. Soziales Wissen in Gottlieb Stolles Journal der Jahre 1703–1704. In: Ulrich Johannes Schneider (Hg.), Kultur der Kommunikation. Die europäische Gelehrtenrepublik im Zeitalter von Leibniz und Lessing, Wiesbaden 2005, S. 185–201. Zur Überlieferungsgeschichte des Manuskripts siehe dort S. 187 f.
16 Vgl. http://www.sfb-frueheneuzeit.uni-muenchen.de/projekte/mulsow.html [03.10.11] sowie: http://www.pierre-marteau.com/c/mulsow/stolle.html [03.10.11].
17 Gottschalk Eduard Guhrauer, Beiträge zur Kenntniss des 17. u. 18. Jahrhunderts aus den handschriftlichen Aufzeichnungen Gottlieb Stolle's. In: Allgemeine Zeitschrift für Geschichte 7 (1847) S. 385–436, 480–531.

18 Jacob Freudenthal, Die Lebensgeschichte Spinoza's in Quellenschriften, Urkunden und nichtamtlichen Nachrichten, Leipzig 1899, S. 221–230; siehe neuerdings: Die Lebensgeschichte Spinozas. Zweite, stark erw. u. vollständig neu komm. Aufl. d. Ausg. v. Jakob Freudenthal 1899. Mit einer Bibliographie hg. v. Manfred Walther unter Mitarb. v. Michael Czelinski. Bd. 1: Lebensbeschreibungen und Dokumente. Bd. 2: Kommentar, Stuttgart/Bad Cannstatt 2006, Bd. 1, S. 82–96; Bd. 2, S. 51–61. Hinweise zur Reise finden sich auch in: Gottlieb Stolles Weiland der Moral und Politic öffentlichen Lehrers auf der Universität Jena, wie auch der dasigen Academischen Bibliothec und Teutschen Gesellschafft Aufsehers Leben und Schriften, Jena 1745, S. 29–48.
19 Heinrich Ludolff Benthem, Holländischer Kirch- und Schulen-Staat, Frankfurt/Leipzig/Merseburg 1698.
20 Ebd., S. 20.
21 Ebd., S. 1.
22 Ebd., S. 3.
23 Ebd., S. 1.
24 Vgl. ebd., S. 30–129.
25 Ebd., S. 21.
26 Cassius, Ausführliche Lebensbeschreibung (wie Anm. 11), S. 64.
27 Hubert Laeven, Einleitung. In: Mencke, Das Holländische Journal (wie Anm. 14), S. 16; vgl. auch ebd., S. 28 f.
28 Mencke, Das Holländische Journal (wie Anm. 14), S. 82.
29 Ebd., S. 70.
30 Ebd., S. 80.
31 Ebd., S. 94. Siehe zur Verbreitung von Böhmes Schriften im behandelten Gebiet: Carlos Gilly, Wege der Verbreitung von Jacob Böhmes Schriften in Deutschland und den Niederlanden. In: Theodor Harmsen (Hg.), Jacob Böhmes Weg in die Welt, Amsterdam 2007, S. 71–98.
32 Mencke, Das Holländische Journal (wie Anm. 14), S. 90 f.
33 Ebd., S. 86.
34 Vgl. dazu Schneppen, Niederländische Universitäten (wie Anm. 1), S. 9–67. Auf den hervorgehobenen Rang der Philologien als entscheidender Faktor für die Attraktivität niederländischer Universitäten weist auch Israel hin, siehe ders., De Republiek (wie Anm. 5), S. 638.
35 Bei diesem dritten Reisegefährten handelt es sich möglicherweise um Georg Theophil Hallmann. Siehe dazu Walther, Die Lebensgeschichte Spinoza's, Bd. 1 (wie Anm. 18), S. 53.
36 Christian Thomasius, Weitere Erleuterung durch unterschiedene Exempel des ohnlängst gethanen Vorschlags wegen der neuen Wissenschafft, Anderer Menschen Gemüther erkennen zu lernen, Halle 1692.
37 Zit. nach Guhrauer, Beiträge zur Kenntniss des 17. u. 18 Jahrhunderts (wie Anm. 17), S. 391. Siehe dazu auch die entsprechenden Hinweise in der Beschreibung von Stolle, Leben und Schriften (wie Anm. 18), S. 29 f.
38 Mulsow, Eine Reise durch die Gelehrtenrepublik (wie Anm. 15), S. 190.
39 Pierre Poiret, De Eruditione Solida, Superficiaria, Et Falsa, Libri Tres. Editio Nova cui accessit Christiani Thomasii, Frankfurt a. M. 1694. Eine zweite Auflage ist 1708 erschienen, wobei die darin abgedruckte Vorrede allerdings eine deutliche und sogar warnende Distanzierung enthält.
40 Zit. nach Guhrauer, Beiträge zur Kenntniss des 17. u. 18. Jahrhunderts (wie Anm. 17), S. 496. – Locus Chrysostomi, d. i. eine Textstelle aus den Werken des Johannes Chrysostomus (344/349–407). Die Übersetzung der Textstelle lautet: „Wer unter Christen ist, braucht dem Herrn nicht täglich die Psalmen zu singen."
41 Ebd., S. 496 f.
42 Walther, Die Lebensgeschichte Spinozas, Bd. 1 (wie Anm. 18), S. 93.
43 Ebd., S. 85.
44 Vgl. ebd., S. 95 f.
45 Vgl. ebd., S. 511, sowie Freudenthal, Die Lebensgeschichte Spinoza's (wie Anm. 18), S. 225.
46 Cassius, Lebensbeschreibung (wie Anm. 11), S. 87.
47 Ebd., S. 55.
48 Ebd., S. 79.
49 Kasper Eskildsen, Historia literaria als Feldarbeit: Heumanns Reisetagebuch und die Anfänge der Gelehrtengeschichtschreibung. Demnächst in: Kasper Eskildsen/Martin Mulsow/Helmut Zedelmaier (Hg.), Christoph August Heumann – Stile und Themen frühaufklärerischer Gelehrsamkeit.
50 Vgl. die ähnlich gelagerten Befunde im Aufsatz von Udo Sträter im vorliegenden Band: August Hermann Francke besuchte in den Niederlanden v. a. deutsche protestantische Theologen.

Delft faience: a Dutch export product par excellence

The refined tin-glazed pottery, better known as faience, which was developed in Delft at the beginning of the 17th century after Oriental porcelain, had a large international market. The love that the Royal House of Orange cherished for porcelain in interiors spread to Germany via Amalia of Solms's four daughters. At the court of William III of Orange and Mary II Stuart, representative pieces of Delftware were displayed in their palaces and as diplomatic gifts found their way to England and Germany. On their part, the German rulers, amongst them the King of Prussia, Frederic I, placed individual orders in Delft as well. As a result of the large imports of Delftware in Germany, faience manufactories were set up in various German cities, organized after the Delft model and often employing workers from Delft. Especially the output of the manufactory in Berlin displays a close resemblance in shape and decoration to pottery from Delft. As a result of the development of white porcelain in Germany during the early 18th century, however, Delft lost its leading role in the European ceramics industry. In turn, the design and decoration of pottery made in Delft began to imitate that of the fashionable Meissen porcelain. Today, the ceramic interaction between the two countries is exemplified by creators of 'Dutch Design' such as Dick van Hoff and Hella Jongerius.

Delfter Fayence:
ein niederländischer Exportartikel par excellence[1]

Suzanne M. R. Lambooy

Der Delfter Aristokrat Pieter Teding van Berkhout (1643–1713) schilderte 1711 in seinem in französischer Sprache verfassten Tagebuch seine Bewunderung für die feine Tonware, die in Delft für den preußischen König Friedrich I. hergestellt wurde.[2] Dieser bislang nicht veröffentlichte Tagebucheintrag ist ein einmaliger zeitgenössischer Hinweis auf die guten Kontakte zwischen den berühmten Delfter Töpferwerkstätten und ihren deutschen Kunden. Er stellt eines von vielen weiteren Beispielen aus der Delfter Produktionsgeschichte dar, welche die fruchtbaren Geschäftsbeziehungen zwischen den Niederlanden und Deutschland ab der zweiten Hälfte des 17. Jahrhunderts bis heute belegen.

In der Blütezeit dieses Delfter Industriezweigs zwischen 1680 und 1720 bestellten zahlreiche europäische Fürsten und Könige „Delffsch Porcellain" in einer der dreiunddreißig Fayencetöpfereien, die in der holländischen Stadt ansässig waren. Die Delfter Töpfereien hatten ein großes, internationales Absatzgebiet und belieferten mit ihren beliebten Exportartikeln Kaufleute im In- und Ausland, von Hamburg und Köln bis Bordeaux, Boston oder der Insel Curaçao. Der Delfter Amtsmann und Chronist Dirck van Bleijswijck (1639–1681) berichtet in seiner Stadtgeschichte aus dem Jahr 1667 mit gebührendem Stolz, dass „het Delfsche porceleijn wijdt en zijdt werd getrocken in Braband, Vlaenderen, Vranckrijck, Spangie en oock Engelandt, ja werd oock selfs bij wijlen na Oost-Indien gevoert, daer het alderfijnste herwaerts van daen komt" („… das Delfter Porzellan wird von überall bezogen: von Brabant, Flandern, Frankreich, Spanien und auch von England, ja, es wird sogar manchmal nach Ostindien befördert, wo selbst das Allerfeinste herkommt").[3]

I. Feine Tonware aus Delft

Die Entstehungsgeschichte der Delfter Tonware ist eng mit der Einführung des fernöstlichen Porzellans in Europa verbunden.[4] Seit ihrem Gründungsjahr 1602 belieferte die Niederländische Ostindien Kompanie (VOC) die niederländischen Handelsstädte, darunter auch die Stadt Delft, mit Schiffsladungen voller Porzellan aus Fernost. Das feine Porzellan mit seinen unbekannten Formen und anfangs nur in blau ausgeführtem Dekor kam schnell in Mode und war bald ein begehrtes Produkt. Ab 1610/1620 wurde in Delft die Zinnglasurkeramik mit einem relativ dünnen Scherben und einem blau-weißen, stark glänzenden Dekor entwickelt. Diese Keramikprodukte bildeten eine attraktive und preiswerte Alternative zu dem kostspieligen Porzellan aus Fernost. Man imitierte in Delft aber nicht nur die exotischen Formen, auch die Dekorationsmotive der verschiedenen chinesischen Stilepochen dienten als Vorlage.[5] Van Bleijswijck zufolge wurde in Delft die „allerbeste" Nachahmung von chinesischem Porzellan angefertigt. Es entsprach dem echten Porzellan aus dem fernen Osten in einer Weise, dass man damals von Delfter

„Porzellan" zu sprechen begann und die Keramiker sich selbst „Porzellantöpfer" nannten. Dieses Phänomen spiegelte sich auch in der schöpferischen Namensgebung mancher Fayencetöpferei wider, wie z. B. bei „Het Gecroond Porceleyn" („Das gekrönte Porzellan", 1645–1753), „De Porceleyne Bijl" („Die Porzellanaxt", 1657–1803), „De Porceleyne Schotel" („Die Porzellanschale", 1598–1798) oder „De drie Porceleyne Flessies" („Die drei Porzellanfläschchen", 1661–1777). Echtes Porzellan wurde in Delft allerdings nie hergestellt, da keine Porzellanerde (Kaolin) vorhanden war. Heute wird die Delfter Tonware weltweit als Delfter Fayence bezeichnet.

Obwohl in den Archiven von Delft mehrere Inventare von Fayencetöpfereien existieren, muss man die Quellenlage über die Produktionsprozesse als recht dürftig bezeichnen. Es ist deshalb besonders beachtlich, dass ein Rezepturbuch über die holländische Zinnglasurtechnik aus dem Jahr 1679 erhalten blieb, das der deutsche Chemiker Johann Kunckel (1632/34–1703) zusammengestellt hat. Sein Traktat *Von der Holländischen kunstreichen weissen und bunten Töpffer=Glasur= und Mahlwerck (von etlichen/Holländische Barcellanarbeit genannt)*[6] ist für das Wissen über die niederländische Produktionsweise von unschätzbarem Wert. Neben sechzig Glasurrezepturen enthält das Traktat auch die außergewöhnliche Abbildung einer Schamottkapsel (Abb. 1). Solche Behälter kamen beim zweiten Brennvorgang nach dem ersten Biskuitbrand zum Einsatz, um die zinnglasierten Tonwaren im Ofen vor Feuer und Ruß zu schützen. Dank technischer Erneuerungen und einem feinen, gelbbrennenden Tongemisch, einer extra transparenten Überglasur („kwaart") und einer laut Kunckel „flüchtigen / geschwinden und sehr artigen Manier von Mahlen"[7] waren die Delfter Zinnglasurkeramiken in ihrer Erscheinungsform durchaus mit chinesischem Porzellan vergleichbar. Das holländische Produktsortiment bestand, wie es in dem deutschen Traktat weiter heißt, aus „schlecht" und „fein Gut", mit anderen Worten, aus Gebrauchsgut und Zierwaren. Man schätzt, dass in Delft jährlich Millionen von Fayencen produziert wurden. Der größte Teil der Stücke war für den täglichen Gebrauch bestimmt.

II. Delfter „Porzellan" – Oranien-Mode in Deutschland

Im 17. und 18. Jahrhundert stellten europäische Fürsten ihre Macht und ihren Reichtum gerne mit Porzellan- und Fayencesammlungen zur Schau. Hiervon zeugen die noch heute erhaltenen, prachtvoll ausgeführten Zierwaren aus Delft, die eigens für die Fürstenhöfe und den Hofadel hergestellt wurden. Am Hofe des niederländischen Statthalters waren Delfter Prunkstücke besonders im späten 17. Jahrhundert, während der Regierungszeit des Oranierprinzen und Statthalters Wilhelm III. (1650–1702) und seiner Frau Maria II. Stuart (1662–1695), beliebt. Doch bereits Wilhelms Großmutter Amalia von Solms (1602–1675), Ehefrau des Statthalters Friedrich Heinrich (1584–1647), ließ Anfang des 17. Jahrhunderts Gemächer mit Porzellan und anderen exotischen Kostbarkeiten ausstatten.[8] Ihre vier Töchter heirateten in den deutschen Hochadel ein und bestück-

Abb. 1 Schamottkapsel aus: Johannes Kunckel: Ars vitraria experimentalis, Oder Vollkommene Glasmacher=Kunst, 1679

ten ihre Schlösser Oranienburg, Oranienstein, Oranienbaum und Oranienhof mit Keramiksammlungen und Porzellankabinetten. Für die Verbreitung der in Mode gekommenen Keramik spielten die Oranierprinzessinnen demnach eine wichtige Rolle.[9]

Amalias älteste Tochter Louise Henriette (1627–1667) heiratete den „Großen Kurfürsten" Friedrich Wilhelm von Brandenburg (1620–1688). In ihrer Residenz Oranienburg bei Berlin richtete sie um 1662/63 ein erstes Porzellankabinett ein. Ihr Sohn Friedrich III. (1657–1713), Kurfürst von Brandenburg, folgte dem Vorbild seiner Mutter. Um 1695 ließ er für seine Gemahlin Sophie Charlotte von Hannover (1668–1705) ein weiteres Porzellankabinett in Oranienburg einrichten. Die Inventare der Residenz belegen, dass es in Oranienburg um 1700 neun Blumenvasen als Kaminstücke gab, die mit fünf bis fünfundzwanzig Tüllen ausgestattet waren.[10] Außerdem besaß Sophie Charlotte in ihrer anderen Residenz Schloss Charlottenburg Ende des 17. Jahrhunderts ein Kabinett mit vierhundert Objekten fernöstlichen Porzellans und nicht weniger als achtzig Delfter Fayencen.[11]

Im Schloss Oranienstein, Wohnsitz von Amalias zweiter Tochter Albertina Agnes von Nassau-Dietz (1634–1696), stieß man 1695 bei der Erstellung eines Inventars auf achthundert Stücke „Delfs porcelijn", präsentiert auf „2 höltzernen stellagen".[12] Amalias dritte Tochter Henriette Catharina von Anhalt-Dessau (1637–1708) besaß ebenfalls eine große Sammlung fernöstlichen Porzellans und Delfter Fayencen. Das Inventar von Schloss Oranienbaum (1709) erfasste etwa 1.600 Exemplare fernöstlichen oder auch „fein Porcellain" und über 1.100 Objekte aus „Delffsch Porcellain".[13] Von den als Delfter Tonware umschriebenen Stücken bestand ein Viertel aus weißen, nicht dekorierten Fayencen. Dass Henriette Catharina wirklich Fayencen in Delft bestellt hat, dokumentiert eine Rechnung aus dem Jahr 1679 für gelieferte Waren von Samuel van Eenhoorn (1678–1687), dem Besitzer der Töpferei „De Griecksche A" („Das griechische A") zu Delft.[14] Außer einem Porzellankabinett im Schloss existierte damals im Schlosspark auch eine Grotte, in der in einem Raum auf vier Eckpyramiden insgesamt 254 Delfter Fayencen ausgestellt waren.[15] „Zweij Blumenpottgen mit Dullen" und dazu sechzehn Delfter „confitur steltzel" sind in diesem Inventar bemerkenswerterweise ebenfalls angegeben.[16] Die Erwähnung der großen Zahl an Konfitürengeschirr, das aus sieben bis neunundzwanzig Schalen bestand, steht möglicherweise in Bezug zum Fliesenkeller in Schloss Oranienbaum. Trotz der Tatsache, dass dessen Ursprung auf das französische Porzellanschloss Trianon de Porcelaine (1670) zurückgeht, wurde dieser Typ des Fliesenkellers in Deutschland als „Holländische Küche" bekannt.

Im Schloss Het Loo in Apeldoorn besaß Maria II. auch solch einen Kellerraum, dessen Wände mit Fliesen ausgestattet waren.[17] Dieser Raum wurde von der Prinzessin zur Zubereitung von Konfitüre, als Milchkeller und zum Arrangieren von Blumen genutzt. Der Küchenkeller grenzte an eine Grotte und führte in den „Königinnengarten" hinaus. Bei Restaurierungsarbeiten (1977–1984) wurden hier zahlreiche Fragmente von Delfter Fayencen gefunden, darunter verschiedene Arten von Blumenvasen. Maria II. hegte eine große Vorliebe für Gärten und Blumen. Dank ihres Einflusses entstanden in Delft die imposanten Blumenpyramiden mit zahlreichen Tüllen und viele weitere Prunkstücke, welche die Schlösser von Wilhelm und Maria in den Niederlanden und in England zierten.[18] Die königlichen Delfter Fayencen wurden bei der Fayencetöpferei „De Griecksche A" (1657–1818) unter den Eigentümern Samuel van Eenhoorn (1678–1687) und Adrianus Kocx (1687–1701) in Auftrag gegeben sowie bei „De Metaale Pot" („Der Metalltopf", 1670–1775) unter Lambertus van Eenhoorn (1691–1724).[19]

Das Statthalter-Königspaar bestellte die Delfter Fayencen außerdem als Geschenkgaben. Ein schönes Beispiel hierfür ist ein Satz Blumentöpfe (Abb. 2) für den Markgrafen Ludwig Wilhelm von Baden-Baden (1655–1707), der ihm

Suzanne M. R. Lambooy

Abb. 2 Ein Paar Blumentöpfe mit bekröntem WMRR-Monogramm, Delft, um 1690–95. Fayence, Höhe: 39,5 cm

wahrscheinlich 1694 anlässlich eines Aufenthalts in London überreicht wurde.[20] Diese „Orangenkübel" in Schloss Favorite (Rastatt) wurden von „De Grieksche A" ausgeführt und sind mit dem gekrönten Monogramm WMRR (Wilhelmus Maria Rex Regina) versehen. Bei der erwähnten Restaurierung von Het Loo wurden in Marias „Königinnengarten" Bruchstücke eines ähnlichen achteckigen Kübels mit königlichem Wappen gefunden.[21] Sibylla Augusta (1675–1733), die Ehefrau von Ludwig Wilhelm, liebte – genauso wie Maria – Gärten und Porzellan. Bis in die Gegenwart befinden sich in Sibylla Augustas „Porzellanschloss" Favorite blau-weiße Teller, Tischkandelaber, Tüllvasen und andere schöne Stücke von Delfter Tonware aus der Zeit des Fayencetöpfers Adrianus Kocx.[22]

III. Delfter Wappenservice für den König von Preußen

Wie Wilhelm III. und Maria II. Stuart bestellten auch andere europäische Könige, unter ihnen auch deutsche, eigens für sie angefertigte Delfter Tonwaren.[23] Ein frühes, mit Herstellermarke versehenes Beispiel eines Delfter Wappengeschirrs für den deutschen Markt ist eine Serie von Schalen und Tellern mit blau-weißen mythologischen und historischen Motiven, bei denen am Rand das farbenfrohe Wappen der Herzöge von Braunschweig-Lüneburg prunkt.[24] Sie wurde um 1680 von der Fayencetöpferei „Het Moriaanshooft" („Der Mohrenkopf", 1658–1793) hergestellt, die als Erste in der Lage gewesen war, neben der traditionellen blau-weißen Farbgebung auch technisch kompli-

Delfter Fayence: ein niederländischer Exportartikel par excellence

Abb. 3 Schale mit dem Wappen von Friedrich I. von Preußen, Delft, APK Herstellermarke des Eigentümers Pieter Kocx (1701–1722), Fayencetöpferei De Griekshe A, um 1711, Fayence, Durchmesser: 31,8 cm

zierte Dekors in anderen Farben und in Gold auszuführen.

Anfang des 18. Jahrhunderts war die Fayencetöpferei „De Griekshe A" unter dem Eigentümer Pieter Kocx und später unter dessen Witwe Johanna van der Heul berühmt für ihre feinen Fayencemalereien in Rot und Gold. Es ist deshalb nicht verwunderlich, dass eben diese Manufaktur damit beauftragt wurde, ein polychromes Wappenservice (Abb. 3) für Kurfürst Friedrich III. von Brandenburg (1657–1713) zu produzieren.[25] Weil die Farbgebung bei diesem Service symbolische Bedeutung hatte, wurde – außer Weiß und Rot – sogar die äußerst selten verwendete und schwierig herzustellende Farbe Schwarz aufgetragen: Rot ist die Farbe Brandenburgs, Schwarz und Weiß stehen für Preußen. Der schwarze Adler in der Tellermitte bezieht sich zudem auf den von Friedrich gegründe-

Suzanne M. R. Lambooy

ten Orden vom Schwarzen Adler, und das gekrönte FR – Monogramm für *Fridericus Rex* – auf dessen Krönung zum König in Preußen im Jahr 1701. Aufgrund des Monogramms wurden die noch vorhandenen Teile des Services wie Schüsseln, Teller, Wandleuchten und sogar ein Wandbrunnen lange Zeit auf Friedrichs Regierungszeit als König zwischen 1701 und 1713 datiert.[26] Dank der bereits erwähnten Tagebuchnotiz von Pieter Teding van Berkhout (1711) kann diese Datierung nun präzisiert werden. Das Dokument beweist, dass 1711 bei „De Grieksche A" am Wappenservice für Friedrich I. gearbeitet wurde. Nicht die Krönung war Anlass für den Auftrag gewesen, sondern wahrscheinlich das zehnjährige Regierungsjubiläum. Bei seiner Schilderung des Besuchs bei „De Grieksche A" schenkt Teding van Berkhout seine Aufmerksamkeit besonders dem schwarzen Adler: „Je fis un tour en carosse, vis mes la Belle faiencerie qui le Roy de Pruisse, fit faire, a l'A Grec, ou L'aigle noir estoit pas oublié" („Ich habe eine Fahrt mit der Kutsche unternommen, sah die schönen Fayencen, die der preußische König von De Grieksche A herstellen lässt, wobei der schwarze Adler nicht vergessen wurde").[27] Mit Blick auf diesen Auftrag ist es bemerkenswert, dass im Inventar von „De Grieksche A" aus dem Jahr 1758 eine goldene Gedenkmünze der Krönung des Königs von Preußen beschrieben wird – vielleicht ein Geschenk des Königs an Pieter Kocx.[28]

Aber nicht nur „De Grieksche A" führten Bestellungen für den Brandenburg-Preußischen Hof aus. So ist von der Fayencetöpferei „De Metaale Pot" ein Gefäß für Öl und Essig (Ende des 17. Jahrhunderts) mit der Darstellung des kurfürstlichen Zepters und des Hosenbands (Fried-

Abb. 4 Wandfliese mit dem Wappen Brandenburg-Preußens und dem niederländischen Löwen, Berlin, der Manufaktur Gerhard Wolbeer (1697–1721) zugeschrieben, um 1701–1713. Fayence, 38 x 53 cm

Abb. 5 Drei Paar Obeliske, Fayence. Links: Delft, AK Herstellermarke des Eigentümers Adrianus Kocx (1687–1701), Fayencetöpferei De Griekshe A, um 1690, Höhe: 36 cm. Mitte: Berlin, ohne Herstellermarke, der Manufaktur Gerhard Wolbeer (1697–1721) zugeschrieben, frühes 18. Jahrhundert, Höhe: 33 cm. Rechts: Ansbach, ohne Herstellermarke, um 1710, Höhe: 32 cm

rich war Ritter des Hosenbandordens) bekannt.[29] Im späten 17. und im 18. Jahrhundert war es für Adelsfamilien und Könige in Deutschland und anderswo zudem üblich, ein Wappengeschirr in China produzieren zu lassen, das sogenannte „Chine de commande". Der preußische König Friedrich I. bestellte dort 1706 einen Vasensatz mit seinem Familienwappen. Ob diese Stücke aber je ausgeführt wurden, ist nicht überliefert.[30]

IV. „Delfter" Fayencemanufakturen in Deutschland

Dass ein preußischer König wie Friedrich I. sein Geschirr in Delft in Auftrag gab, ist deshalb erwähnenswert, weil es zu dieser Zeit bereits eine Fayencemanufaktur in Berlin gegeben hat und zudem der Import von Delfter Tonware verboten war. Vielleicht wurde Delft wegen der ausgewiesenen hohen Qualität des polychromen Dekors bevorzugt. Delfter Fayence war in Deutschland jedenfalls sehr beliebt. Der Historiker Loet Schledorn untersuchte die Schuldenbücher der beiden Töpfereien „De Metaale Pot" und „De Griekshe A" aus den Jahren 1691 und 1758 und stellte dabei fest, dass Deutschland und die südlichen Niederlande den größten Teil der ausländischen Schuldner bildeten.[31]

Angesichts der umfangreichen, teuren Exporte nach Deutschland konnte es nicht verwundern, dass geschäftstüchtige deutsche Kaufleute bald auf die Idee kamen, sich an dem lukrativen Handel zu beteiligen und in der Heimat Manufakturen nach Delfter Vorbild einzurichten. Und so entstanden um 1660 in Orten wie Hanau (1661), Heusenstamm (1662), Frankfurt a. M. (1666) und Berlin (1678) Fayencetöpfereien nach Delfter Modell, oftmals unter fürstlichem Patronat. In diesen Manufakturen wurden natürlich häufig Fachleute aus Delft beschäftigt – die Berliner Manufaktur gründete sogar der „Porcellain-Macher aus Delft" Pieter Frans van der Lee. Er erhielt vom Kurfürsten Friedrich Wilhelm (1640–1688) die Genehmigung, um „allhir in dem Lande Delftisch Porcellain zu verfertigen".[32] Viele Töpfer und Maler kamen aus den Niederlanden nach Deutschland, um ihr Glück zu versuchen. 1695 schloss beispielsweise der Delfter Fayencemaler Eduart d'Koningh einen Arbeitsvertrag mit der ebenfalls aus Delft stammenden Anna Maria Molin-Hobbers, die nach dem Tod ihres Mannes Gerrit Molin (ca. 1692) die Geschäfte der Berliner Manufaktur führte.[33]

Die engen Beziehungen zwischen Berlin und Delft veranschaulicht eine große Wandfliese (Abb. 4), die der erwähnten Berliner Manufaktur zur Zeit des Eigentümers Gerhard Wolbeer (1697–

Abb. 6a Schale mit Wanli-Dekor, Delft, ohne Herstellermarke, ca. 1660–1680, Fayence, Durchmesser: 39 cm

Abb. 6b Brennabfall, 34 aneinander geschmolzene Schalen, Delft, ca. 1660–1680, Fayence, ausgegraben aus der „Zuidergracht" in Delft

1721) zugeschrieben wird. Dieser, vormals ein kurfürstlicher Lakai, hatte die Witwe Anna Maria Molin geheiratet. Unter Berücksichtigung des dargestellten gekrönten Adlers und des Zepters lässt sich das Objekt in die Regierungszeit Friedrichs I. (1701–1713) datieren. In der Mitte der Darstellung erhebt sich der niederländische Löwe, der in einer Pranke sieben Pfeile hält, die auf die sieben vereinigten Provinzen verweisen. Im Hintergrund ist ein Flussufer mit zwei niederländischen Windmühlen („Spreelandschaft vor dem Stralauer Tor") zu sehen. Deshalb liegt die Vermutung nahe, dass es sich um das Firmenschild der Wolbeer-Manufaktur handelt.[34] Möglicherweise verweist der von den Wappen von Brandenburg-Preußen flankierte Spruch „Concordia Res Parvae Crescunt" („Durch Eintracht werden kleine Dinge groß") zusammen mit dem „Leo Belgicus" auf den Anspruch auf den niederländischen Thron, den Friedrich I. nach dem Tod von Wilhelm III. 1702 geltend gemacht hatte. Auffallend ist, dass die dargestellten chinesischen Figuren in ähnlicher Weise auch auf einer großen Blumenpyramide vorkommen, die seit 2007 der Berliner Manufaktur zugeschrieben wird.[35] Neben der offenkundigen Machtsymbolik der Obeliskform wird dieser Blumenständer zudem noch mit einer vergoldeten (Königs-?)Krone bekrönt – als Gestaltungselement eine deutsche Erfindung. Auf dem Deckel eines anderen Berliner Objekts für Friedrich I., eines Tafelaufsatzes (um 1695) aus der Sammlung von Oranienburg, sind ebenfalls plastisch geformte Kronen angebracht.[36]

Die Blumendekorationen auf diesem Tafelaufsatz mit einer Darstellung der Blumengöttin Flora weisen große Ähnlichkeit mit dem Malstil der Fayencetöpferei „De Griekshe A" auf. Eine andere Delfter Manufaktur, die nachweisbar eine Inspirationsquelle für Formen und Dekors des Berliner Sortiments bildete, war „De Drie Posteleyne Astonne" („Die drei porzellanenen Aschetonnen", 1655–1804).[37] Durch detailgetreue Nachahmung von Delfter Produkten und die Beschäftigung von Delfter Fachleuten entstand in den Manufakturen ein Sortiment, das in der Erscheinungsform fast

Abb. 7 Terrine, Deckel und Unterschale mit von Meißner Porzellan inspiriertem Dekor, Delft, Z:DEX Herstellermarke des Eigentümers Zacharias Dextra (1722–1759), Fayencetöpferei Drie Posteleyne Astonne, ca. 1745–1759, Fayence, Breite der Schale: 22,3 cm

völlig mit der Delfter Tonware übereinstimmte. Das veranschaulichen z. B. dekorative Obelisken mit Muschelmotiven (Abb. 5). Die Exemplare aus Berlin und Ansbach entsprechen in ihren Formen den Delfter Vorgängermodellen.

Ohne Herstellermarken auf der Tonware sind die Produktionswerkstätten manchmal nur sehr schwer zu bestimmen. Besonders die Zuschreibung einer Gruppe von blau-weißen Dekors aus dem 17. Jahrhundert an Delft oder Frankfurt a. M. ist unter Kunsthistorikern ein umstrittenes Thema.[38] Die chinoisen Dekorationen weisen eine derartige Übereinstimmung auf, dass eine zweifelsfreie Zuschreibung bis heute nicht möglich war. Eine systematische Erforschung dieser Objektgruppe wäre sicherlich wünschenswert; dank eines Funds (Abb. 6a, b) von Brennabfall in Delft kann jetzt zumindest ein Teil dieser Fayencen mit Sicherheit den Delfter Manufakturen zugeschrieben werden.[39]

V. Interaktionen

1708 gründete Johann Friedrich Böttger (1682–1719) in Dresden eine „Stein- und Rundbäckerei", in der „Delphter oder Holländische Porcellain" hergestellt wurde.[40] In Zusammenarbeit mit dem Physiker Ehrenfried Walther von Tschirnhaus (1651–1708) entwickelte der Alchimist Böttger im Auftrag Augusts des Starken das erste europäische Porzellan, das 1710 in Meißen in Produktion ging. Von Tschirnhaus hatte fünf Jahre in Leiden studiert und 1701 die Fayencetöpfereien in Delft besucht.[41] Neben dem weißen Porzellan entwickelten von Tschirnhaus und Böttger um 1707/08 auch das sogenannte rote „Böttgersteinzeug" in Anlehnung an in Delft in der Zeit zwischen 1675 und 1725 produzierte ähnliche rote Töpferwaren, die ihrerseits auf das Vorbild der Teeservice aus Yixing in China zurückgingen. Wie auch bei der Zinnglasurkeramik zeigt sich hier eine Wechselwirkung

Abb. 8 „Fundamentals of Makkum, Dick van Hoff", Kachelofen, Entwurf Dick van Hoff, Keramik, ausgeführt von: Koninklijke Tichelaar Makkum, Ofen von Weltevree, 2009, Höhe: 76 cm

zwischen China, den Niederlanden und Deutschland.

Mit dem Aufkommen des weißen Porzellans im 18. Jahrhundert büßte Delft seine Vorreiterrolle in der europäischen Keramikproduktion ein. In der zweiten Hälfte des 18. Jahrhunderts kommt es sogar zu einer Trendwende: Nun macht sich der Einfluss des Meißner Porzellans auf die Delfter Tonware bemerkbar. In Form von Figuren, Terrinen, Butterdosen, Wandbrunnen, Schreibutensilien und Uhrgestellen, die mit Blumenreliefs verziert waren, drangen die Meißener Stilelemente ins Delfter Sortiment vor. Gestaltungselemente des Rokoko finden sich um 1760–1770 auch in den Dekorationen der eleganten Fayence-Figuren nach Stichen von Johann Esaias Nilson (1721–1788).[42] Dabei wurden die Farbigkeit und die Goldverzierungen des sächsischen Porzellans bis ins Detail übernommen. Hier ist vor allem Zacharias Dextra (1722–1759), Eigentümer der „Drie Posteleyne Astonne", zu nennen, der qualitativ hochwertige Produkte fertigte (Abb. 7). Trotz der Versuche der Fayencetöpfer, an das in Mode gekommene Porzellan anzuschließen, blieben wirkliche Neuerungen zur Verbesserung der Qualität aus. Die Delfter Tonware behielt gegenüber dem Porzellan einen viel dickeren Scherben mit einer Glasur, die sich leicht ablösen konnte.[43]

Unter dem Einfluss der deutschen und später auch der französischen Porzellanproduktionen wurden in den Niederlanden ebenfalls Versuche unternommen, der internationalen Mode entsprechend echtes Porzellan herzustellen. Vorübergehend gab es Porzellanproduzenten in Weesp (1759–1770), Loosdrecht (1774–1784) und Amstel (1784–1814). Das Kaolin wurde zu diesem Zweck importiert und man holte jetzt *deutsche* Fachleute zur Hilfe. Von der Manufaktur in Loosdrecht sind 39 Mitarbeiter bekannt, darunter zwölf Deutsche und vier andere Ausländer.[44] In Den Haag, wo in dieser Zeit (1776–1790) Porzellan aus Ansbach und Tournai dekoriert wurde, kamen die sieben namentlich bekannten Fachleute sogar allesamt aus Deutschland.[45]

Das feine europäische Porzellan, das inzwischen recht günstige chinesische Porzellan und die harte und preiswerte englische *Creamware* stellten eine echte Bedrohung für die Delfter Fayenceindustrie dar. 1750 produzierten in Delft noch vierundzwanzig Töpfereien, fünfzig Jahre später waren davon nur noch zehn übrig. Mit dem Niedergang der Delfter Fayenceindustrie Ende des 18. Jahrhunderts und im 19. Jahrhundert kamen auf dem Gebiet der Keramikindustrie auch die wechselseitigen Beziehungen zwischen Deutschland und den Niederlanden zum Erliegen. Und doch endet damit die keramische Interaktion nicht völlig: Heute geben Produktgestalter von „Dutch Design" diesem deutsch-niederländischen Kulturtransfer eine neue Ausrichtung. Der niederländische Designer Dick van Hoff (geb. 1971) entwarf 2009 einen Kachelofen (Abb. 8), der auf ein typisch deutsches Phänomen zurückgeht.[46] Die Produzenten dieses Ofentyps, die Koninklijke Tichelaar Makkum, kombinieren traditionelle Techniken mit zeitgenössischem Design – sowohl bei Porzellan als auch bei Fayencen. Eine weitere international bekannte niederländische Designerin, Hella Jongerius (geb. 1963), lebt heute in Berlin. 2004 hat sie für Nymphenburg eine Serie mit Tierschalen entworfen, die auf der historischen Kollektion von Plastiken dieser Porzellanmanufaktur beruht. Und schließlich wird 2012 in Schloss Oranienbaum, das wie kaum ein anderer Ort die engen und langanhaltenden Kulturbeziehungen zwischen den Niederlanden und Deutschland symbolisiert, eine Ausstellung mit dem Titel „Dutch Design. House of Orange" stattfinden, die einen Überblick über mehr als 300 Jahre erfolgreichen binationalen kulturellen Transfers bietet.

Anmerkungen

1 Dieser Beitrag basiert auf den Untersuchungsergebnissen des Forschungsprojekts *Delfter Fayence*, Gemeentemuseum Den Haag (1995 bis heute). Vgl. dazu Marion S. van Aken-Fehmers u. a., Delfts aardewerk. Geschiedenis van een nationaal product, 4 Bde., Zwolle/Den Haag (Gemeentemuseum Den Haag) 1999, 2001, 2003 und 2007. – Die Übersetzung des Textes aus dem Niederländischen erfolgte durch Birgit Erdmann.

2 Tagebuch Pieter Teding van Berkhout. Den Haag, Koninklijke Bibliotheek, Signatur 129 D 16, Eintrag vom 05.11.1711. Mit freundlichem Dank an Prof. Dr. C. W. Fock (Universität Leiden) für diesen Hinweis. Weitere Angaben zu Teding van Berkhout siehe: C. W. Fock, De buitenplaats Pasgeld bij Delft ten tijde van Pieter Teding van Berkhout. In: Buitenplaatsen in de omgeving van Delft. Jaarboek van de Kastelenstichting Holland en Zeeland 2008, S. 107–153.

3 Dirck van Bleijswijck, Beschryvinge der stadt Delft, Delft 1667, S. 736 f. Zit. nach: van Aken-Fehmers, Delfts aardewerk (wie Anm. 1), Bd. 1, S. 19.

4 Für eine deutschsprachige Übersicht der Geschichte der Delfter Fayencen siehe: Marion S. van Aken-Fehmers, Die faszinierende Geschichte der Delfter Fayence. In: Wolfgang Savelsberg (Red.), Fürstlich eingerichtet – Gülden Leder und Delffsch Porcellain im Schloss Oranienbaum, Ausst.-Kat., Dessau 2007, S. 84–96.

5 Über den Einfluss von chinesischem Porzellan auf Delfter Fayencen siehe: Marion S. van Aken-Fehmers, Dutch Delftware: the ‚Very Best' Imitation of Chinese Porcelain. In: Stacy Pierson (Hg.), Transfer. The influence of China on World Ceramics, Colloquies on Art & Archaeology in Asia Nr. 24, London 2007, S. 93–121, hier S. 93.

6 Johann Kunckel, Ars vitraria experimentalis, Oder Vollkommene Glasmacher=Kunst, Bd. 2, Frankfurt a. M./Leipzig 1679, S. 50–65. Eine niederländische Ausgabe erschien 1774. Siehe außerdem: Swantje Peibst/Horst Mauter, Barock-Fayencen. Kurmärkische Manufakturen. Entstehung, Höhepunkt und Niedergang eines Gewerbes, Berlin 1994, S. 39; Marion S. van Aken-Fehmers, Hochschätzung für Schwarz. Schwarzes Porzellan aus Delft, 1700 bis 1740. In: Monika Kopplin/Marion van Aken-Fehmers (Hg.), Schwartz Porcelain. Die Leidenschaft für Lack und ihre Wirkung auf das europäische Porzellan, Ausst.-Kat., München 2003, S. 116–139, hier S. 121 f.; dies., Die faszinierende Geschichte der Delfter Fayence (wie Anm. 4), S. 88, 94.

7 Kunckel, Ars vitraria experimentalis (wie Anm. 6), S. 55. Zit. nach: van Aken-Fehmers, Die faszinierende Geschichte der Delfter Fayence (wie Anm. 4), S. 94.

8 C. W. Fock, The apartments of Frederick Henry and Amalia of Solms. Princeley splendour and the triumph of porcelain. In: Peter van der Ploeg/Carola Vermeeren (Eds.), Princely Patrons. The collection of Frederick Henry of Orange and Amalia of Solms, Ausst.-Kat., Zwolle 1997, S. 76–86; A. M. L. E. Erkelens, Die Porzellansammlung der Amalia von Solms: Aufstellungsweise und Einfluss in Deutschland. In: Wolfgang Savelsberg (Red.), Die Niederlande und Deutschland. Aspekte der Beziehungen zweier europäischer Länder im 17. und 18. Jahrhundert, Dessau 2000, S. 108–115.

9 Zur Rolle des Statthalters und der vier Oranierprinzessinnen beim deutsch-niederländischen Kulturtransfer vgl. insbesondere die Aufsätze von Michael Rohrschneider und Freek Schmidt im vorliegenden Band.

10 Samuel Wittwer, Porzellan und Fayence im Schloss Oranienburg 1699 und 1743. In: Claudia Sommer/Gerd Bartoschek (Hg.), Schloss Oranienburg. Ein Inventar aus dem Jahre 1743, Berlin 2001, S. 34–52, hier S. 49, 168.

11 Peibst/Mauter, Barock-Fayencen (wie Anm. 6), S. 47; van Aken-Fehmers, Delfts aardewerk (wie Anm. 1), Bd. 1, S. 113.

12 Zit. nach: van Aken Fehmers, Delfts aardewerk (wie Anm. 1), Bd. 1, S. 32.

13 Katharina Bechler, „An fein und Delffsch Porcellain". Einblicke in die ehemals reiche Porzellansammlung im Schloss Oranienbaum. In: Thomas Weiss (Hg.), Oranienbaum. Huis van Oranje, Wiedererweckung eines anhaltischen Fürstenschlosses. Oranische Bildnisse aus fünf Jahrhunderten, Ausst.-Kat., München/Berlin 2003, S. 71–75, hier S. 71, 73; Kristina Schlansky, Fürstlich Eingerichtet. Zur Ausstattung des Oranienbaumer Schlosses der Henriette Catharina. In: Savelsberg, Fürstlich eingerichtet (wie Anm. 4), S. 32–52, hier S. 40, 43 (einschließlich Transkription des Dokuments nach S. 52).

14 29. Dezember 1679, siehe: Bechler, An fein und Delffsch Porcellain (wie Anm. 13), S. 74; van Aken-Fehmers, Delfts aardewerk (wie Anm. 1), Bd. 4, S. 19.

15 Markus Schacht (Red.), Onder den Oranje boom. Niederländische Kunst und Kultur im 17. und 18. Jahrhundert an deutschen Fürstenhöfen, 2 Bde., Ausst.-Kat., München 1999, Katalogband, S. 338; Bechler, An fein und Delffsch Porcellain (wie Anm. 13), S. 73 f.

16 Schlansky, Fürstlich Eingerichtet (wie Anm. 13), S. 43 f.

17 A. M. L. E. Erkelens, ‚Delffs Porcelijn' van koningin Mary II. Ceramiek op Het Loo uit de tijd van Willem III en Mary II/Queen Mary's ‚Delft porcelain'. Ceramics at Het Loo from the time of William and Mary, Zwolle/Apeldoorn 1996, S. 22–27.

18 Ebd., S. 28–34; W. Erkelens, Die Bedeutung von Maria II. Stuart und Schloss Het Loo für das Delfter Porzellan. In: Savelsberg, Fürstlich eingerichtet (wie Anm. 4), S. 98–105; ders., Kunst voor Natuur. Bloemenhouders met tuiten en Maria II. Stuart (1662–1695), koningin van Groot-Britannië, prinses van Oranje/Art for Nature. Flower holders with spouts and Mary II (1662–1695), Queen of England, Scotland and Ireland, Princess of Orange. In: van Aken-Fehmers, Delfts aardewerk (wie Anm. 1), Bd. 4, S. 29–47.

19 Van Aken-Fehmers, Delfts aardewerk (wie Anm. 1), Bd. 4, S. 18 f.

20 Ebd., S. 134 f., Abb. 1.

21 Erkelens, Delffs Porcelijn (wie Anm. 17), Kat.-Nr. 17. Das Paleis Het Loo hat 2010 einen intakten Blumentopf dieses Typs erworben (Inv.-Nr. RL40887).

22 Ulrike Grimm, Favorite. Das Porzellanschloss der Sibylla Augusta von Baden-Baden, Berlin/München 2010, S. 122–129, Abb. 101–107.

23 Delfter Wappenservices für den deutschen Markt von De Grieksche A – eine Auswahl: blau-weiße Schalen mit dem Wappen der Windisch-Graetz, Herstellermarke AK, Eigentümer Adrianus Kocx (1687–1701), Sotheby's Amsterdam, 21. November 2007, Auktion AM1034, Los 113; eine 1712 datierte blau-weiße Schüssel mit dem Wappen Karls VI., Kaiser des Heiligen Römischen Reichs, Herstellermarke APK, Eigentümer Pieter Kocx (1701–1722), siehe: van Aken-Fehmers, Delfts aardewerk (wie Anm. 1), Bd. 1, Kat.-Nr. 22, S. 113, Anm. 7. Außerdem produzierte De Metaale Pot u. a.: 1711/1712 datierte Schüsseln für die Doppelkrönung von Karl VI., Herstellermarke LVE Lambertus van Eenhoorn (1691–1724), eine davon ist im Besitz des Metropolitan Museum of Art, New York, Inv.-Nr. 54.147.100, abgebildet in: Daniel F. Lunsingh Scheurleer, Delft. Niederländische Fayence, München 1984, S. 278, Abb. 254, und Sotheby's Amsterdam, 1. Oktober 1996, Los 33; ein polychromer „Walzenkrug" mit dem Wappen von Fürst Wilhelm von Anhalt-Harzgerode, Herstellermarke LVE, abgebildet in: Fayence und Steinzeug aus vier Jahrhunderten, Jubiläumskatalog zehn Jahre Kunsthandel, München (Peter Vogt) o. J., Kat.-Nr. 29; und ein 1707 datiertes Exemplar mit dem Wappen Augusts des Starken, Herstellermarke LVE, Christie's Amsterdam, 11. November 2003, Auktion 2605, Los 215. Um 1685–1690, zu Zeiten des Eigentümers Lambertus Cleffius (1679–1691), produzierte De Metaale Pot das berühmte Wappenservice für den Grafen Wenzel Ferdinand Lobkowicz in Bilina, von dem 155 Stücke überliefert sind, siehe: van Aken-Fehmers, Delfts aardewerk (wie Anm. 1), Bd. 1, S. 157, Bd. 2, S. 53 f., Abb. 3, und Bd. 4, Kat.-Nr. 5.07.

24 Brigitte Tietzel, Zu einem Delfter Wappengeschirr des Herzogs Georg Wilhelm von Braunschweig-Lüneburg. In: Keramos (1981) 94, S. 41–60. Für eine früheres Wappenservice um 1665 ohne Herstellermarke, das Delft zugeschrieben wird, siehe: H. Ressing, De markt voor het Delfts ‚porceleyn' in Duitsland en Noord-Europa. In: Christine Lahaussois (Hg.), Delfts aardewerk, Paris u. a. 2008, S. 76 ff. und S. 76, Abb. 1–2.

25 Van Aken-Fehmers, Delfts aardewerk (wie Anm. 1), Bd. 1, Kat.-Nr. 22; Schacht, Onder den Oranje Boom (wie Anm. 15), Kat.-Nr. 15.6.

26 Für die gegenwärtigen Standorte siehe: van Aken-Fehmers, Delfts aardewerk (wie Anm. 1), Bd. 1, Kat.-Nr. 22, Anm. 3.

27 Teding van Berkhout, Tagebuch (wie Anm. 2). Übersetzung: S. L.

28 Gemeentearchief Delft, Notarieel archief 2804, fol. 67 v, 13.03.1758 (Notar Geesteranus).

29 Staatliche Museen zu Berlin, Kunstgewerbemuseum, Inv.-Nr. K 1564, Herstellermarke von Lambertus van Eenhoorn (1691–1724), abgebildet in: Generaldirektion der Stiftung Preußische Schlösser und Gärten Berlin-Brandenburg (Hg.), Sophie Charlotte und ihr Schloß. Ein Musenhof des Barock in Brandenburg-Preußen. Mit Beitr. von Gerd Bartoschek, München u. a. 1999, Kat.-Nr. II. 28.

30 Van Aken-Fehmers, Delfts aardewerk (wie Anm. 1), Bd. 1, Kat.-Nr. 22, Entwurf für das Wappen, Abb. 1; C. J. A. Jörg, Chinese porcelain for the Dutch in the seventeenth century: Trading networks and private enterprise. In: Rosemary E. Scott (Hg.), The Porcelains of Jingdezhen. Colloquies on Art & Archeology in Asia Nr. 16, London 1992, S. 183–205, hier S. 201, Abb. 13.

31 L. A. Schledorn, De plateelnijverheid: vroegmodern grootbedrijf? In: van Aken-Fehmers, Delfts aardewerk (wie Anm. 1), Bd. 1, S. 41–51, hier S. 49.

32 Das Zitat stammt aus dem Vertrag vom 18. Mai 1678. Zit. nach: Christiane Keisch/Julia Schewski-Bock (Hg.), „Herrliche Künste und Manufacturen". Fayence, Glas und Tapisserien aus der Frühzeit Brandenburg-Preußens 1680–1720, Ausst.-Kat., Berlin 2001, S. 11.

33 Van Aken-Fehmers, Delfts aardewerk (wie Anm. 1), Bd. 1, S. 114, Anm. 11.

34 Keisch/Schewski-Bock, Herrliche Künste und Manufacturen (wie Anm. 32), S. 37, 178; Peibst/Mauter, Barock-Fayencen (wie Anm. 6), S. 45.

35 Van Aken-Fehmers, Delfts aardewerk (wie Anm. 1), Bd. 4, S. 44, Abb. 14.

36 Es handelt sich um Kronen vom Typ des Kurhuts. Schacht, Onder den Oranje Boom (wie Anm. 15), Kat.-Nr. 8.73; Keisch/Schewski-Bock, Herrliche Künste und Manufacturen (wie Anm. 32), Kat.-Nr. 1.

37 Zu Zeiten des Eigentümers Gerrit Pieter Kam (1679–1716). Über Delfter Dekors als Inspiration für die Berliner Produktion siehe: Keisch/Schewski-Bock, Herrliche Künste und Manufacturen (wie Anm. 32), S. 34–53.

38 Zur Debatte siehe: J. D. van Dam, Geleyersgoet en Hollants Porceleyn. Ontwikkelingen in de Nederlande aardewerkindustrie 1560–1660. In: Mededelingenblad Nederlandse Vereniging van Vrienden van de Ceramiek (MNVVC) 108 (1982), S. 13–26; Margrit Bauer (Hg.), Frankfurter Fayencen aus der Zeit des Barock, Frankfurt a. M. 1988 (viele der in diesem Katalog geführten Stücke wurden in der Zwischenzeit wieder Delft zugeschrieben); F. T. Scholten, Frankfurt revisited. In: MNVVC 134 (1989), S. 13–18; H. H. Ressing, Frankfurter Fayencen aus der Zeit des Barock. In: MNVVC 134 (1989), S. 19–23; van Aken-Fehmers, Delfts aardewerk (wie Anm. 1), Bd. 1, Kat.-Nr. 79.

39 Marion S. van Aken-Fehmers, Delfts ‚porceleyn' in Chinese stijl. In: Lahaussois, Delfts aardewerk (wie Anm. 24), S. 106–111, Abb. 2 u. 3.

40 Zit. nach: Dirk Syndram/Ulrike Weinhold, Böttgersteinzeug. Johann Friedrich Böttger und die Schatzkunst, Berlin/München 2009, S. 23.

41 Zit. nach dem Reisebericht von Tschirnhaus'. In: Kristin Duysters (Hg.), Theepotten Steengoed. Roodstenen theepotten uit Yixing en Europa, Arnhem 1998, S. 36.

42 Suzanne M. R. Lambooy, Dutch Delftware. Plaques: A Blueprint of Delft, Amsterdam (Aronson Antiquairs) 2008–2009, Kat.-Nr. 10 u. 41.

43 Van Aken-Fehmers, Delfts aardewerk (wie Anm. 1), Bd. 1, S. 25.

44 A. L. den Blaauwen (Hg.), Loosdrechts porselein 1774–1784, Ausst.-Kat., Zwolle/Amsterdam 1988, S. 35–41.

45 C. L. H. Scholten, Haags porselein 1776–1790. Een ‚Hollands' product volgens de internationale mode, Ausst.-Kat., Zwolle/Den Haag 2000, S. 135–143.

46 Die sogenannte Küchenhexe, einen Holzofentypus, der sich heute v. a. noch in Bauernhäusern findet.

Dutch book holdings in the library of the Francke Foundations

Nearly 2.000 Dutch prints from the period until 1800 have been detected in the library of *Franckesche Stiftungen* in Halle. Our article deals with the question, why precisely this library, in comparison to other German libraries, contains such a large number of Dutch prints. Based on a local project for the reconstruction of pietist libraries ("Rekonstruktion, Katalogisierung und Provenienzverzeichnung von Pietistenbibliotheken"), the study is focused only on prints in Dutch language; publications that have been printed in the Netherlands but are written in other languages are not considered. Besides the Dutch holdings in general, the article takes a closer look at two book collections with a comparatively large number of Dutch prints: the collection of Friedrich Breckling (1629–1711) and the collection of Carl Hildebrand von Canstein (1667–1719). A comparison of these collections indicates that they have significantly different profiles: While Breckling's library, adequate to a radical pietist theologian, includes a large collection of theological writings predominantly by separatist and spiritualist authors, the library of nobleman and former court official Canstein is more universal. Though also dominated by theological books, it contains a considerable number of historical, political and geographical works, too.

Niederländische Buchbestände in der Bibliothek der Franckeschen Stiftungen

Brigitte Klosterberg, Mirjam-Juliane Pohl und Ole Fischer

Ein Jahr nach der Wiedervereinigung Deutschlands, im Jahr 1991, bereiste Marco de Niet im Auftrag der Königlichen Bibliothek in Den Haag Bibliotheken mit Sammlungen alter Drucke auf dem Gebiet der ehemaligen DDR. Dabei stellte er fest, dass in der Bibliothek der Franckeschen Stiftungen zu Halle mehr niederländische Drucke des 16. bis 18. Jahrhunderts vorhanden sind als in vergleichbar großen Bibliotheken mit umfangreichen Altbeständen wie der Staatsbibliothek zu Berlin, der Universitäts- und Landesbibliothek Sachsen-Anhalt in Halle oder der Forschungsbibliothek in Gotha. Die Ergebnisse seiner Bibliothekenrundreise veröffentlichte de Niet 1993. Im Kartenkatalog der Bibliothek der Franckeschen Stiftungen wies er 604 Niederlandica bis zum Jahr 1800 nach.[1]

Marco de Niet ging es 1991/1993 nur um eine Bestandsaufnahme, nicht um mögliche Ursachen für seine Befunde. In dem vorliegenden Beitrag wird nun zu erklären versucht, warum die Bibliothek der Franckeschen Stiftungen über eine vergleichsweise große Anzahl von niederländischen Drucken verfügt.

Zunächst müssen die Zahlen, die de Niet auf der Grundlage des Kartenkatalogs ermittelt hat, korrigiert werden. Bei der Neukatalogisierung des Altbestands in den Gemeinsamen Bibliotheksverbund (GBV), die keineswegs abgeschlossen ist, wurden sämtliche Drucke in niederländischer Sprache bis zum Jahr 1800 erfasst. Der Anteil der Niederlandica würde sich noch erhöhen, wenn man sämtliche in den Niederlanden gedruckte und verlegte Werke hinzurechnete. Unsere Ausführungen beschränken sich jedoch primär auf die Drucke in niederländischer Sprache.

I. Niederländische Drucke bis 1800 im Bestand der Franckeschen Stiftungen

Zeitraum	Gesamt in niederländischer Sprache
1451–1500	6
1501–1550	59
1551–1600	117
1601–1650	599
1651–1700	969
1701–1750	203
1751–1800	34
Gesamt	**1.987**

Tab. 1: Übersicht über den Bestand niederländischer Drucke in der Bibliothek der Franckeschen Stiftungen 1451–1800

Die chronologische Übersicht in Tab. 1 zeigt, dass die meisten niederländischen Drucke aus der zweiten Hälfte des 17. Jahrhunderts stammen. Das ist nicht verwunderlich, denn die Bibliothek des Waisenhauses wurde 1698 gegründet und ihr zunächst bescheidener Bestand wuchs durch Schenkungen einzelner Bücher wie geschlossener privater Bü-

Provenienzen	Gesamtumfang	Niederländische Drucke	In Prozent
Achilles, Andreas (1656–1721)	1.294 [1.294] Titel	89 [89] Titel	6,9 [6,9]
Anton, Paul (1661–1730)	5.241 [5.890] Titel	12 [12] Titel	0,2 [0,2]
Breckling, Friedrich (1629–1711)	866 [958] Titel	323 [346] Titel	37,3 [36,1]
Canstein, Carl H. von (1667–1719)	9.134 [10.165] Titel	418 [437] Titel	4,6 [4,3]
Lüders, Justus (um 1656–1708)	3.569 [3.751] Titel	13 [13] Titel	0,4 [0,4]
Milde, Heinrich (1676–1739)	953 [1.050] Titel	1 [2] Titel	0,1 [0,2]
Ruopp, Johann F. (1672–1708)	514 [625] Titel	1 [1] Titel	0,2 [0,2]
Kleine Schenkungen	265 [353] Titel	4 [4] Titel	1,5 [1,1]
Gesamt	**21.836 [24.086] Titel**	**861 [905] Titel**	**3,9 [3,8]**

Tab. 2: Gesamtumfang der Pietistenbibliotheken und ihr Anteil an niederländischen Drucken (Stand: Ende März 2011)

chersammlungen so rasch an, dass bereits in etwas mehr als 20 Jahren etwa 18.000 Bände zusammengekommen waren. Diese fanden 1728 ihren Platz in einem eigens für sie errichteten Gebäude, welches heute als der älteste erhaltene profane Bibliotheksbau in Deutschland anzusehen ist.[2] Da die Bibliothek über keinen nennenswerten Etat verfügte, gelangten die Drucke auf Holländisch nicht durch Ankauf in die Bibliothek. Von August Hermann Francke (1663–1727) selbst ist überliefert, dass er auf seiner Reise durch Holland im Jahr 1705 in Den Haag zwar eine niederdeutsche Bibel aus dem Jahr 1494 erwarb, die in Lübeck, seinem Geburtsort, gedruckt worden war,[3] aber keinerlei Drucke in niederländischer Sprache. Dass die Auftragsreise seines Mitarbeiters Georg Heinrich Neubauer (1666–1725)[4] nach Holland im Jahr 1697 eine nicht ganz unwichtige Rolle für die Akquisition einer Privatbibliothek mit bedeutenden niederländischen Drucken spielte, wird hingegen noch zu zeigen sein.

Durch welche Schenkungen bzw. Personen kamen nun aber die niederländischen Drucke in die Bibliothek? Diese Frage kann zumindest teilweise durch ein von 2007 bis 2011 im Studienzentrum August Hermann Francke angesiedeltes, von der Deutschen Forschungsgemeinschaft (DFG) unterstütztes Projekt mit dem Titel „Rekonstruktion, Katalogisierung und Provenienzverzeichnung von Pietistenbibliotheken"[5] beantwortet werden. In dem Projekt wurden sieben größere und einige kleinere Büchersammlungen, die Privatpersonen zwischen 1705 und 1739 der Bibliothek des Halleschen Waisenhauses vermachten, anhand der im Archiv der Franckeschen Stiftungen überlieferten Nachlassinventare und Kataloge rekonstruiert und mit Angabe der Provenienz in den überregionalen Online-Katalog des GBV katalogisiert. Von diesem Personenkreis stammen mit 861 Titeln nachweisbar 43,3 Prozent aller im Bestand der Bibliothek der Franckeschen Stiftungen vorhandenen Drucke, die bis 1800 in niederländischer Sprache erschienen sind.[6]

Aus der Übersicht in Tab. 2 geht hervor, dass sich durch die Privatbibliotheken von Friedrich Breckling und Carl Hildebrand von Canstein der Bestand der Bibliothek des Halleschen Waisenhauses in knapp mehr als zwanzig Jahren nach ihrer Gründung um über 700 Drucke auf Holländisch vermehrte. Auf diese Bibliotheken und die darin enthaltenen niederländischen Drucke konzentriert sich der vorliegende Beitrag. Die in eckigen Klammern angegebenen Zahlen schließen die nicht mehr im Bestand der Bibliothek der Franckeschen Stiftungen ermittelbaren Titel ein, die sich nach Ausweis der Inventare und Kataloge einst in der Bibliothek befanden. Diese Titel sind heute entweder durch unzureichende bibliographische

Angaben nicht mehr rekonstruierbar oder physisch nicht mehr vorhanden. Sie werden auf der Homepage des Studienzentrums in einer separaten Datenbank nachgewiesen.[7]

II. Die niederländischen Drucke in der Büchersammlung Friedrich Brecklings

Bereits im ersten Jahrzehnt des 18. Jahrhunderts gelangten die Bücher Friedrich Brecklings in die Bibliothek des Halleschen Waisenhauses. Der Theologe Breckling[8] hatte wegen spiritualistischer und separatistischer Neigungen seine Pfarrstelle im Holsteinischen verlassen müssen und war in die Niederlande gekommen, wo Glaubensflüchtlinge in dieser Zeit bevorzugt aufgenommen wurden. Dort lebte er von 1660 bis zu seinem Lebensende 1711 zunächst als Pfarrer in Zwolle, dann in Amsterdam und Den Haag, finanziell unterstützt von Philipp Jakob Spener (1635–1705). Innerhalb der Forschung gilt Breckling als mystischer Spiritualist, Theosoph, Wegbereiter des Pietismus und vehementer Kirchen- und Sozialkritiker. Geradezu legendär sind das von ihm initiierte Korrespondenznetzwerk und sein *Catalogus testium veritatis post Lutherum*,[9] der in Gottfried Arnolds (1666–1714) *Kirchen- und Ketzerhistorie*[10] integriert wurde.

Mit dem Halleschen Waisenhaus kam Breckling 1697 in Kontakt, als Georg Heinrich Neubauer im Auftrag Franckes die Niederlande bereiste, um Informationen über Waisenhäuser und Formen der Armenfürsorge einzuholen.[11] Neubauer besuchte Breckling, der ihm etliche Manuskripte und einzelne Drucke mit nach Halle zur gesicherten Aufbewahrung gab. Zu diesem Zeitpunkt trat Breckling auch mit Francke in Briefkontakt. 1703 wurden die Verhandlungen konkret, Bücher aus Brecklings Besitz per Schiff und über Land nach Halle zu bringen. Diese Bücher wurden unter der Überschrift *Libri Brecklingici*[12] im ersten Katalog der Bibliothek des Waisenhauses verzeichnet, der – typisch für die Anfangsjahre des Halleschen Waisenhauses, in der die Einnahme von Spenden als Ausweis „göttlicher Providenz" verstanden und vermarktet wurde[13] – nach den Namen der Spender, also nach Provenienzen, und nicht nach dem Alphabet der Titel aufgebaut ist. Während in diesem Katalog unter dem Datum von 1704/05 201 Bücher nach Formaten und Fächern aufgeführt sind, folgen unter dem Datum von 1709 noch 290 weitere Titel, die offensichtlich später von Holland nach Halle überführt wurden. Im Rahmen des DFG-Projekts konnten noch weitere Titel der Provenienz Breckling zugewiesen werden, zum einen durch Stücke in Sammelbänden, die im Inventar nicht alle gelistet sind, sowie 27 Flugschriften, die im Konvolut der Handschriften mit einigen ausgewählten Drucken von Neubauer 1698 nach Halle gebracht wurden, zum anderen durch weitere Drucke, die mehr oder weniger zufällig der Provenienz Brecklings zugeschrieben werden konnten, weil sie Notizen von seiner Hand enthalten. Es ist also durchaus denkbar, dass noch weitere Bücher aus dem Besitz Brecklings in der Bibliothek der Franckeschen Stiftungen vorhanden sind, seinen Vorbesitz aber nicht erkennen lassen.

Insgesamt konnten im Rahmen des DFG-Projekts 958 Titel der Provenienz Brecklings zugewiesen werden, wovon 92 Drucke nicht mehr im Bestand der Bibliothek der Franckeschen Stiftungen ermittelbar waren (Stand: Ende März 2011). Ohne die genannten Flugschriften aus der ersten Hälfte des 17. Jahrhunderts handelt es sich um 931 Titel, davon 369 Titel und damit 39,6 % in lateinischer Sprache, 346 Titel (37,2 %) in niederländischer Sprache, 235 Titel (25,2 %) in deutscher Sprache und 22 Titel (2,4 %) in anderen Sprachen (Griechisch, Hebräisch, Englisch, Französisch, Jiddisch, Dänisch). Dass sich in Brecklings Bibliothek mehr Drucke auf Holländisch als auf Deutsch befunden haben, lässt sich auf seine Lebensumstände und seinen Aufenthalt in den Niederlanden zurückführen.

Der Anteil der Drucke niederländischer Produktion vermehrt sich sogar auf 48 % der Titel des in der Bibliothek der Franckeschen Stiftungen nachweisbaren Buchbesitzes Brecklings, wenn zu den Drucken in niederländischer Sprache auch

Zeitraum	Gesamt	Niederländische Sprache		Niederländische Sprache und Druckorte	
1450–1500	5	2		2	
1501–1550	62	17		21	
1551–1600	138	49		61	
1601–1650	294	71		97	
1651–1700	376	176	(46,8 %)	228	(60,6 %)
1701–1711	37	25		28	
o. J.	19	6		10	
Gesamt	**931**	**346**	**(37,2 %)**	**2**	**(48,0 %)**

Tab. 3: Bibliothek F. Brecklings: Titel chronologisch

Drucke, die innerhalb des Territoriums der damaligen Niederlande gedruckt bzw. verlegt worden sind, hinzugerechnet werden. Unter diesen zusätzlichen 101 Drucken befinden sich 88 Titel in lateinischer Sprache. Der chronologische Schwerpunkt der Sammlung liegt sowohl für den Gesamtbestand als auch für die niederländischen Drucke auf dem 17. Jahrhundert, wobei der Anteil der niederländischsprachigen Drucke für die zweite Jahrhunderthälfte im Vergleich zum Gesamtbestand mit einem Anteil von 46,8 % fast die Hälfte ausmacht. Berücksichtigt man zusätzlich die Titel, die in den Niederlanden gedruckt bzw. verlegt worden sind, erhöht sich der Anteil sogar auf 60,6 %.

Damit korrespondiert, dass der Druckort Amsterdam sowohl für den Gesamtbestand als auch für die Drucke in niederländischer Sprache am häufigsten vorkommt, gefolgt von Antwerpen als Druckort in Flandern. Die niederländischsprachigen Drucke sind bis auf wenige Ausnahmen alle in den Niederlanden bzw. im heutigen Belgien erschienen. Insgesamt 39 verschiedene Druck- bzw. Verlagsorte können für die niederländischsprachigen Drucke nachgewiesen werden.

Wertet man die Drucke aus Brecklings Bibliothek nach Fächern aus, so überwiegen bei Betrachtung der gesamten Bibliothek erwartungsgemäß die theologischen Drucke mit 74,3 %, aber auch Bücher zur Philosophie (worunter nach der zeitgenössischen Taxonomie auch Geschichte, Geographie und Astronomie zu verstehen sind), zur Medizin und zum Recht sind vertreten.[14]

Wie Tab. 6 zeigt, verschieben sich für die niederländischsprachigen Drucke die prozentualen

	Gesamte Bibliothek	Niederländische Sprache	Niederländische Sprache und Druckorte
1.	Amsterdam (162)	Amsterdam (117)	Amsterdam (162)
2.	Antwerpen (47)	Antwerpen (24)	Antwerpen (47)
3.	Basel (35)	Utrecht (15)	Leiden (24)
4.	Frankfurt a. M. (26)	Den Haag (14)	Utrecht (20)
5.	Leiden (24)	Delft (9)	Den Haag (14)
6.	Utrecht (20)	Dordrecht (9)	Dordrecht (12)
7.	Köln (18)	Leiden (7)	Delft (10)
8.	Paris (17)	Rotterdam (5)	Rotterdam (8)
9.	Wittenberg (17)	Middelburg (5)	Middelburg (7)
10.	Leipzig (15)	Gouda (4)	Löwen (6)

Tab. 4: Bibliothek F. Brecklings, Titel nach Druckorten

Fach	Anzahl	Anteil innerhalb der gesamten Bibliothek
Theologie	692	74,3 %
Philosophie	192	20,6 %
Medizin	38	4,1 %
Jura	9	1,0 %
Gesamt:	931	100,0 %

Tab. 5: Bibliothek F. Brecklings, gesamt nach Fächern

Fach	Anzahl	Anteil innerhalb der gesamten Bibliothek
Theologie	307	88,7 %
- religiöse Streit- und Flugschriften	120	
- Erbauungsliteratur	84	
- Predigten	13	
- Exegese	16	
- Dogmatik/ christliche Ethik	24	
- Liturgik	10	
- Sonstiges	40	
Philosophie	38	11,0 %
Medizin	1	0,3 %
Jura	0	0,0 %
Gesamt:	346	100,0 %

Tab. 6: Bibliothek F. Brecklings, niederländischsprachige Drucke nach Fächern

bieten Friedrich Brecklings, sowohl was seine gesamte Bibliothek als auch was die niederländischsprachigen Drucke angeht.[16]

Betrachtet man die Bibliothek Brecklings nach Formaten, so fällt der hohe Prozentsatz an kleinformatigen Drucken (Oktav oder Duodez) auf. Dies korrespondiert mit dem hohen Anteil theologischer Traktat- und Gebrauchsliteratur in der Bibliothek.[17]

Format	Gesamt	Niederländische Sprache	Niederländische Sprache und Druckorte
2°	45	2	3
4°	411	129	167
6°	8	1	2
8°	350	160	214
12°	112	53	60
16°	5	1	1

Tab. 7: Bibliothek F. Brecklings, Titel nach Formaten

Die große inhaltliche Bandbreite der Bücher in der Bibliothek Brecklings lässt sich auch an den frequentierten Verlagen ablesen: Die Bücher sind in insgesamt 154 unterschiedlichen Verlagen erschienen; es ist keine Bevorzugung eines bestimmten Verlags oder Verlagsprogrammes erkennbar. Je Verlag befinden sich in der Mehrzahl nur ein bis zwei Titel in der Bibliothek. Ausnahmen bilden die Amsterdamer Verlage Claus (neun Titel), Smets (acht Titel) und Arents (fünf Titel). Auffällig ist, dass verhältnismäßig viele Titel in Amsterdam ohne Verlagsangabe erschienen sind (24) sowie viele Titel ohne Angabe von Ort und Verlag (67) – hierbei handelt es sich um Flugschriften und religiöse Streitschriften, oft auch um anonym erschienenes Kleinschrifttum aus dem separatistischen, radikalpietistischen Umfeld, in dem Breckling sich bewegte.[18]

Welche Autoren mit ihren Büchertiteln besonders häufig in der Bibliothek Brecklings anzutreffen sind, zeigt Tab. 8. Dabei fällt insbesondere auf,

Anteile jedoch eindeutig mit 88,7 % zugunsten der theologischen Bücher. Über ein Drittel sind religiöse Streitschriften und Flugschriften, etwa ein Viertel der Titel kann als Erbauungsliteratur klassifiziert werden. Hinzu kommt ein kleinerer Prozentsatz an dogmatischen, exegetischen und liturgischen Schriften, Predigten sowie nicht eindeutig klassifizierbaren Drucken.[15]

Unter den dem Fach Philosophie zugeordneten niederländischen Büchern sind Werke der Geschichte, Geographie, Ethnographie sowie Wörterbücher zu finden. Medizin und Jura gehörten nicht zu den schwerpunktmäßigen Interessenge-

dass Breckling zumeist nur jeweils einen Titel eines Autors in seiner Büchersammlung besaß und dass er jenseits theologisch-ideologischer „Scheuklappen" ein inhaltlich und zeitlich breites Interessensspektrum abdeckte.

	Gesamt	Niederländische Sprache
1.	Ludwig Friedrich Gifftheil (66)	Ludwig Friedrich Gifftheil (14)
2.	Johann Amos Comenius (15)	Oliger Paulli (11)
3.	Johannes Chrysostomus (14)	Robbert Robbertsz le Canu (7)
4.	Laurentius Grammendorf (13)	Johannes Rothe (5)
5.	Oliger Paulli (12)	Christopher Love (4)
6.	Heinrich Ammersbach (12)	Johannes Chrysostomus (3)
7.	Johann Heinrich Alsted (9)	Casper Johannes zon Coolhaes (3)
8.	Matthias Flacius (7)	Johannes Colerus (3)
9.	Robbert Robbertsz le Canu (7)	Johan Cornelisz van Bleiswijk (3)
10.	Aurelius Augustinus (6)	Willem Teelinck (2)

Tab. 8: Bibliothek F. Brecklings, die häufigsten Autoren

In der Bibliothek überwiegen mit Abstand die Drucke aus der Feder Ludwig Friedrich Gifftheils (1595–1661), der während des Dreißigjährigen Krieges zahlreiche apokalyptisch-zeitkritische Flugschriften verfasst hatte und wie Breckling seine letzten Lebensjahre in Holland verbrachte. Von Gifftheil, der behauptete, bei der Erscheinung des Kometen von 1618 von Gott erweckt worden zu sein, und seinen Anhängern, darunter Laurentius Grammendorf (ca. 1575–1650), gelangten Manuskripte, Briefe und anonym erschienene Drucke bereits im Jahr 1698, im Vorfeld der im Katalog der *Libri Brecklingici* verzeichneten Bücherschenkung von 1704/05 bzw. 1709, durch Georg Heinrich Neubauer nach Halle. Es handelte sich um Schriftstücke, die Breckling besonders am Herzen lagen und die er für immer aufbewahrt wissen wollte.[19]

Brecklings hohe Wertschätzung Gifftheils kommt besonders dadurch zum Ausdruck, dass er ihm den ersten Platz in seinem *Catalogus testium veritatis* einräumte. Allein durch die dort verzeichneten Schriften konnten die anonym erschienen Flugschriften und Einblattdrucke erstmals dem Autor Gifftheil zugewiesen und als Unikate im OPAC der Bibliothek der Franckeschen Stiftungen und damit im Katalog des GBV weltweit nachgewiesen werden. Unter den häufig vorkommenden Autoren, deren Schriften auf Holländisch vorliegen, gibt es weitere, die aufgrund ihrer spiritualistischen, chiliastischen Ansichten in Konflikt mit der Obrigkeit gerieten.[20] Dazu zählte Johannes Rothe (1627–1702), der im Jahr 1674 einige Anhänger um sich sammelte, um ein „fünftes Weltreich" zu begründen. Er besuchte Breckling mehrmals und übergab ihm wahrscheinlich aus diesem Anlass seine Schriften, darunter *Een Nieuwe Hemel en Aerde. Het Nieuwe Jerusalem* (Abb. 1).[21] Wie Rothe war auch der Prediger und Mathematiker Robert Robbertsz le Canu (1563–ca. 1630) ein Anhänger Gifftheils und erhielt deshalb einen Platz in der Liste der „Wahrheitszeugen" Brecklings. Auf einen persönlichen Kontakt gehen wahrscheinlich auch die zahlreichen Schriften des Dänen Oliger Paulli (1644–1714) in Brecklings Bibliothek zurück, zu denen u. a. das Werk *Den seer Groten Dagh Jizreels*[22] gehört. Oliger Paulli predigte in Amsterdam, trat als „König eines neuen Israel" auf und verfasste um 1700 eine Vielzahl von Pamphleten. 1701 wurde er in Amsterdam zu zwölf Jahren Arbeitshaus verurteilt, bald darauf aber entlassen und kehrte 1706 in seine Heimatstadt Kopenhagen zurück. Weitere zahlreiche, äußerst seltene Bücher in Brecklings Bibliothek dürften ebenfalls auf persönliche Kontakte zurückgehen.[23]

In seiner Autobiographie berichtet Breckling von den Besuchen etlicher Pfarrer, die entweder die Niederlande bereisten oder dort – aus welchen Gründen auch immer – wohnhaft waren. So lernte er 1692 den Deutschen Johannes Colerus (1647–1707) kennen, der seit 1679 in Amsterdam lebte. 1692 kam auch der zum Judentum konver-

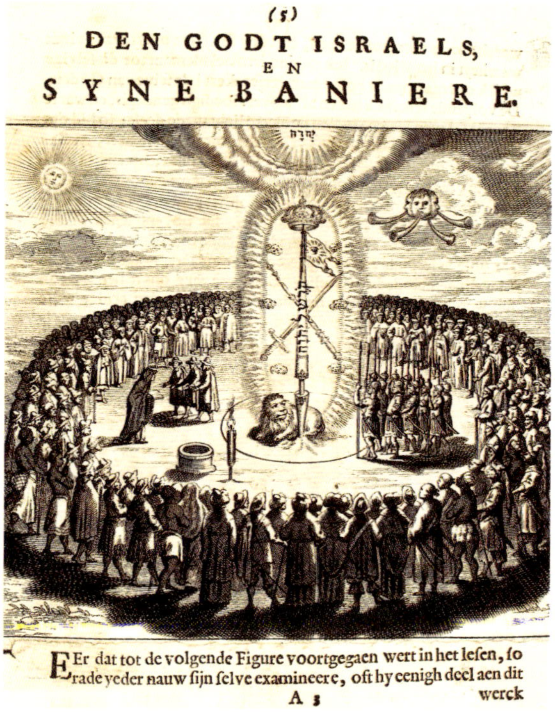

Abb. 1 Johannes Rothe: Een Nieuwe Hemel en Aerde, Amsterdam 1673. Exemplar aus der Bibliothek Friedrich Brecklings

tierte Moses Germanus (d. i. Johann Peter Späth [1642/45–1700]) zu Breckling. Von diesem besaß er eine kleine, äußerst seltene 16-seitige Schrift aus dem Jahr 1701 mit dem Titel *De Beeker der Swymelinge*.²⁴ Darüber hinaus finden sich unter den niederländischen Theologen in Brecklings Bibliothek Calvinisten und Coccejaner, Anhänger der Nadere Reformatie wie Willem Teelinck (1579–1629), Jodocus von Lodenstein (1620–1677), Abraham van de Velde (1614–1677) oder Gisbert Voetius (1589–1676) sowie Anhänger der Remonstranten wie Simon Episcopius (1583–1643) und Conradus Vorstius (1569–1622). Drucke von Adam Boreel (1603–1666), dem Begründer der Gemeinschaft der Kollegianten in den Niederlanden, gehören zu Brecklings Bibliothek ebenso wie Schriften von Jean de Labadie (1610–1674).²⁵ Unberührt von konfessionellen Vorurteilen hat Breckling außerdem auch Bücher katholischer niederländischer Autoren des 16. und 17. Jahrhundert

wie Franciscus Haraeus (1550–1631) und Everard Meyster (1617–1679) gesammelt.

Zum religiösen Schrifttum in Brecklings Bibliothek gehören aber auch zwei Werke aus der Inkunabelzeit, die zu den schönsten Büchern der Bibliothek der Franckeschen Stiftungen zählen: zum einen die niederländische Fassung der *Sermones de tempore* (Abb. 2) des Dominikanermönchs Jacobus de Voragine (1228–1298),²⁶ die auf dem ersten Blatt eine prachtvolle, rot, blau und golden gemalte Initiale sowie Pflanzenornamente zeigt; zum anderen ein Rarissimum, einen weltweit nur vier mal nachgewiesenen Druck aus Delft aus dem Jahr 1498, die niederländische Fassung des Romans *Le Pèlerinage de la Vie Humaine* des Zisterziensermönchs Guillaume de Déguileville (1295–1360).²⁷ Die 62 Holzschnitte der *Pèlerinage* stellen das menschliche Leben als Pilgerfahrt zum himmlischen Jerusalem dar und gestalten auf dramatische Weise den Kampf zwischen den personifizierten Tugenden und Lastern in der menschlichen Seele.

Diese beiden herausragenden Bücher stehen aber auch für ein weiteres Charakteristikum der brecklingschen Büchersammlung: die große Zahl von Übersetzungen. Allein 61 niederländische Titel aus der Bibliothek Brecklings – das ist ein Anteil von 17,6 % der Drucke auf Holländisch – sind Übersetzungen, v.a. aus dem Englischen, Französischen, Lateinischen und Deutschen, wobei es sich bei den meisten Titeln um die erste und bisher einzige nachweisbare Ausgabe handelt. Inhaltlich sind die Übersetzungen von einer ebensolchen Bandbreite gekennzeichnet wie die Bücher der niederländischen Autoren. Aus dem Englischen übersetzt wurden beispielsweise George Fox (1624–1691), Begründer der Quäkerbewegung, sowie Bücher von William Penn (1644–1718), Benjamin Furly (1636–1714) und James Parnell (1636–1656), allesamt Anhänger der Quäker; weiterhin Werke des Presbyterianers Christopher Love (1618–1651) und Bücher der Mystikerin und Begründerin der Philadelphischen Gesellschaft, Jane Leade (1623–1704).²⁸ Aus dem Französischen wurden Mystiker wie Jean de Bernières-Louvigny (1602–1659),

Abb. 2 Jacobus de Voragine: Sermones de tempore (ndl.), Zwolle 1489. Exemplar aus der Bibliothek Friedrich Brecklings

aber auch Anhänger der reformierten Bewegung wie Pierre Jurieu (1637–1713) ins Niederländische übersetzt.

Als Beispiele für „Klassiker" der mittelalterlichen und frühneuzeitlichen Literatur unter den Übersetzungen können genannt werden Bernhard von Clairvauxs (1090–1153) *Liber de deligendo deo*,[29] Heinrich Bullingers (1504–1563) *Predigten über die Apokalypse*,[30] Sebastian Castellios (1515–1563) *De Calumnia*,[31] Francis Bacons (1561–1626) *New Atlantis*[32] oder Samuel Clarkes (1675–1729) *Annotations of the Holy Bible*.[33] Außer diesen Büchern befinden sich in Brecklings Bibliothek jedoch nur wenige Titel, die in hohen Auflagen verbreitet waren und im weitesten Sinne als „gängig" bezeichnet werden könnten. Der Schwerpunkt liegt stattdessen, wie bereits erwähnt, auf religiösem Kleinschrifttum separatistischer und spiritualistischer Autoren, das in niedrigen Auflagen erschien und heute äußerst selten nachzuweisen ist. So sind unter den niederländischsprachigen Drucken aus der brecklingschen Bibliothek allein 119 Titel noch nicht im *Short Title Catalogue Netherlands* (STCN) verzeichnet (Stand: März 2011).

Francke selbst hat bezeichnenderweise die Bibliothek Brecklings in seinem berühmten Rechenschaftsbericht, den *Segensvollen Fußstapfen des noch lebenden und waltenden liebreichen und getreuen Gottes* (3. Aufl. 1709),[34] in dem er nahezu jede Spende an das Hallesche Waisenhaus, auch Bücher und Büchersammlungen, in buchhalterischer Gewissenhaftigkeit aufführte, verschwiegen. Der Grund hierfür dürfte darin zu suchen sein, dass Brecklings Schriften in einem brandenburgischen Edikt von 1700 als ketzerisch gebrandmarkt worden waren und es nicht im Interesse Franckes und seiner Anstalten lag, gleichsam „offiziell" mit dem religiösen Außenseiter Breckling und seiner mit mystischen, spiritualistischen und apokalyptischen Titeln reich versehenen Büchersammlung in Zusammenhang gebracht zu werden. Dies hinderte Francke aber nicht daran, die inkriminierten Werke in der öffentlichen Bibliothek des Waisenhauses auf Dauer aufzubewahren.

III. Die niederländischen Drucke in der Büchersammlung Carl Hildebrand von Cansteins

Carl Hildebrand von Canstein[35] war der wichtigste finanzielle und materielle Förderer der Glauchaschen Anstalten im Prozess ihrer Entstehung sowie in den ersten zwei Jahrzehnten ihrer Existenz. Geboren wurde Canstein 1667 als Sohn des brandenburgischen Regierungsrats Raban (von) Canstein (1617–1680).[36] Er studierte ab 1683 Jura in Frankfurt an der Oder und trat nach einer zweijährigen Bildungsreise 1689 als Kammerherr in den Dienst Friedrichs III. von Brandenburg. Während seiner Zeit als Freiwilliger im Pfälzischen Erbfolgekrieg (1688–1697) erkrankte Canstein schwer an der Ruhr und gelobte, falls es genesen sollte, sein Leben der Verbreitung der Heiligen Schrift zu widmen. Wieder gesund, quittierte Canstein den Beamtendienst und widmete sich fortan, finanziell unabhängig durch die Einkünfte aus seinen Gütern, der „Reich-Gottes-Arbeit".[37] Seit 1694 pflegte er Kontakt zu Philipp Jakob Spener und kam so mit der pietistischen Bewegung in Verbindung. Durch Spener wurde Canstein auch auf die Projekte August Hermann Franckes in Glaucha aufmerksam gemacht. Er nahm Kontakt zu Francke auf und unterstützte dessen Arbeit in den folgenden Jahren mit außerordentlich hohen Spenden. Vor allem der Druck von Bibeln wurde mit den Geldern Cansteins finanziert, weshalb sich der Name „Cansteinsche Bibelanstalt" etablierte.[38] Nach Cansteins Tod im Jahr 1719 ging ein Großteil seines Besitzes an Franckes Anstalten, so auch seine etwa 11.000 Titel umfassende Bibliothek.[39] Anlässlich der Bücherschenkung wurde ein Katalog angelegt, der die Bücher Cansteins nach Fächern geordnet und innerhalb der Fächer alphabetisch aufführt.[40] Anhand dieses Kataloges erfolgte im Rahmen des genannten DFG-Projekts seit 2007 die Rekonstruktion der Cansteinschen Bibliothek innerhalb der Bibliothek der Franckeschen Stiftungen.

Cansteins Bibliothek können zu diesem Zeitpunkt (Stand: Ende März 2011) 10.165 Titel

Zeitraum	Gesamt	Niederländische Sprache	In Prozent
1487–1500	5	0	0,0
1501–1550	135	1	0,7
1551–1600	987	3	0,3
1601–1650	3.082	88	2,9
1651–1700	4.781	334	7,0
1701–1719	1.107	7	0,6
o. J.	106	3	2,8
Gesamt	**10.165**	**437**	**4,3**

Tab. 9: Bibliothek C. H. von Cansteins, Titel chronologisch

zugeordnet werden, davon 5.360 Drucke in lateinischer und 2.377 Drucke in deutscher Sprache. Der Anteil der Titel in niederländischer Sprache beträgt 4,3 %. Hinzu kommen Drucke in französischer[61] und griechischer Sprache, während Titel in anderen Sprachen wie Hebräisch (60 Titel) und Englisch (20 Titel) in wesentlich geringerer Zahl vorliegen.

Mit 334 Titeln stammt der Großteil der niederländischen Drucke aus der zweiten Hälfte des 17. Jahrhunderts mit einem auffälligen Schwerpunkt in den 1650er und 1660er Jahren. Es ist zu vermuten, dass diese niederländischen Drucke, vor allem jene mit zeithistorischem und politischem Inhalt, ursprünglich aus der Bibliothek Raban von Cansteins stammen, der zu dieser Zeit als Diplomat für den Kurfürsten von Brandenburg, unter anderem im Herzogtum Kleve, tätig war. Die Bibliothek Raban von Cansteins ging nach seinem Tod im Jahr 1680 in die Bibliothek seines Sohnes Carl Hildebrand über.

Inhaltlich lassen sich in der Cansteinschen Bibliothek zwei Schwerpunkte feststellen: Mit insgesamt 183 Titeln machen die Schriften mit theologischem Inhalt knapp die Hälfte der niederländischen Drucke aus. Hinzu kommen 146 historiographische Werke. Mit insgesamt 42 Titeln ist außerdem der Anteil der Reiseberichte bemerkenswert hoch. Zumal für einen Juristen lassen sich jedoch erstaunlich wenige Schriften dem Fachgebiet Jura zuordnen: Lediglich 30 niederländische Titel

Fach	Anzahl	Anteil innerhalb der niederländischen Sprache
Theologie	183	43,9 %
- Kirchengeschichte	8	
- Erbauung etc.	105	
- Predigten	14	
- Sonstiges	56	
Geschichte	146	34,5 %
- Zeitgeschichte	122	
Reiseberichte	42	10,0 %
- Geographie	13	
- Ethnographie	29	
Jura	30	7,2 %
Ökonomie/ Hausväterliteratur	6	1,5 %
Literatur	3	0,7 %
Philosophie	3	0,7 %
Sonstiges	6	1,5 %
Medizin/ Naturwissenschaften	0	0,0 %

Tab. 10: Bibliothek C. H. von Cansteins, niederländische Drucke nach Fächern

mit juristischem Inhalt wurden ermittelt. Vereinzelte Schriften konnten außerdem den Fachgebieten Ökonomie (sechs Titel), Philosophie (drei Titel) und Literatur (drei Titel) zugeordnet werden. Werke mit medizinischem oder naturwissenschaftlichem Inhalt fehlen gänzlich.

Die inhaltliche Differenzierung der Bibliothek Carl Hildebrand von Cansteins ist als vorläufig anzusehen und gibt lediglich eine Tendenz wieder; auch hier, wie bei der Bibliothek Brecklings, steht eine exakte Kategorisierung durch eingehende inhaltliche Beschäftigung mit den Drucken noch aus; damit bieten sich genügend Anknüpfungspunkte für künftige Forschungsarbeiten. Es ist jedoch bereits zu diesem Zeitpunkt (Stand: März 2011) erkennbar, dass in der Cansteinschen Büchersammlung ein eindeutiger Schwerpunkt auf der Erbauungsliteratur liegt, der mit 105 Schriften mehr als die Hälfte der insgesamt 183 theologischen

Werke zugeordnet werden konnten. Hinzu kommen einige Predigtbände sowie kirchengeschichtliche, exegetische und liturgische Texte.

Von den 105 Werken zur Erbauungsliteratur sind 52 Titel Übersetzungen von ursprünglich englischsprachigen Texten, so zum Beispiel die niederländische Fassung von William Perkins' Schrift *A faithful and plaine exposition of Zephaniah*.[42] Angesichts der Tatsache, dass sich kaum englische Titel in der Bibliothek Cansteins befinden, ist zu vermuten, dass Canstein die Lektüre niederländischer Titel sehr viel leichter fiel als die der englischen Bücher. Bereits Udo Sträter hat in seiner Dissertation auf die große Bedeutung der niederländischen Übersetzungen bei der deutschen Rezeption der englischsprachigen Erbauungsliteratur hingewiesen.[43] Da also ein Großteil der puritanischen Erbauungsliteratur nicht oder noch nicht in deutscher Übersetzung erhältlich und die Kenntnis der englischen Sprache im 17. Jahrhundert noch kaum verbreitet war, boten die niederländischen Übersetzungen auch jenen Lesern einen Zugang zu diesen Schriften, die des Englischen nicht mächtig waren. So besaß Canstein beispielsweise auch Lewis Baylys (1565–1631) *Praxis Pietatis* in niederländischer Sprache,[44] (Abb. 3) ebenso wie eine niederländische Ausgabe des *Book of Common Prayer*,[45] was darauf hinweist, dass Canstein auch gegensätzliche Strömungen des englischsprachigen theologischen Diskurses rezipierte.

Bei den historiographischen Schriften handelt es sich zum Großteil um Texte, die sich mit der damals noch jungen Geschichte der Niederlande beschäftigen, also vor allem zeitgeschichtliche oder politische Werke. Dabei liegt wiederum ein eindeutiger Schwerpunkt auf Darstellungen der niederländisch-englischen Kriege des 17. Jahrhunderts. Viele dieser Schriften umfassen nur wenige Seiten. Knapp 50 % der insgesamt 122 Werke mit zeitgeschichtlichem Inhalt befinden sich zudem in einem Sammelband.[46]

Die Schwerpunkte *Erbauungsliteratur* (EL) und *zeitgeschichtliche Werke* (ZW) spiegeln sich auch in der Auswahl der Autoren wider:

	Niederländische Sprache	Anzahl der Werke/ Zuordnung	
1.	William Perkins (1558–1602)	15	EL
2.	Christopher Love (1618–1651)	9	EL
3.	Richard Baker (1568–1644/45)	8	EL/ZW
4.	Robert Bolton (1572–1631)	5	EL
5.	Paul Baynes (1573–1617)	5	EL
6.	Thomas Goodwin (1600–1680)	5	EL
7.	Pieter de la Court (1613–1685)	5	ZW
8.	Joseph Hall (1574–1656)	5	EL
9.	Jeremiah Dyke (1584–1639)	4	EL
10.	Thomas Taylor (1576–1633)	4	EL
11.	Leo v. Aitzema (1600–1669)	3	ZW
12.	P. B. Christianszoon (1559–1635)	1	ZW

Tab. 11: Bibliothek C. H. von Cansteins, die häufigsten Autoren

Im ersten Schwerpunkt sind dem puritanischen Theologen William Perkins mit allein 15 Schriften mit Abstand die meisten der niederländischen Drucke zuzuordnen. Er wird gefolgt von dem walisischen Presbyterianer Christopher Love mit neun und dem Erbauungsschriftsteller (und Historiker) Richard Baker mit acht Schriften. Hinzu kommen jeweils fünf Werke der Erbauungsschriftsteller Robert Bolton, Paul Baynes, Thomas Goodwin und Joseph Hall. Die Puritaner Jeremiah Dyke und Thomas Taylor sind mit jeweils vier Titeln vertreten. Den zweiten Schwerpunkt bilden fünf Werke des niederländischen Ökonomen und Historikers Pieter de la Court, drei große, mehrbändige historiographische Werke des Niederländers Lieuwe (Leo) van Aitzema,[47] ein mehrteiliges Werk seines Landsmannes Pieter Bor Christianszoon[48] sowie eines des bereits erwähnten Richard Baker.[49]

Abb. 3 Lewis Bayly: De Practycke Ofte Oeffeninge der Godsalicheyt, Utrecht 1640. Exemplar aus der Bibliothek Carl Hildebrand von Cansteins

Abb. 4 Albrecht Dürer: Beschryvinghe [...] Van de Menschelijke Proportion, Arnheim 1622. Exemplar aus der Bibliothek Carl Hildebrand von Cansteins

Auffällig ist, dass sich unter den zwölf meistvertretenen Autoren von Drucken in niederländischer Sprache in der Bibliothek Cansteins nur zwei Niederländer befinden, und zwar Pieter de la Court und Pieter Bor Christianszoon. Die anderen neun Autoren stammen aus England bzw. Wales (Christopher Love), sind also Verfasser von ursprünglich englischsprachiger Erbauungsliteratur. Deutlich wird so erneut, dass die Niederländer in der Büchersammlung Cansteins eine herausragende Rolle nicht als theologische Schriftsteller, sondern in erster Linie als Übersetzer englischsprachiger (Erbauungs-)Literatur spielten.

Auch einige hinsichtlich Alter, Kostbarkeit und Seltenheit besonders bemerkenswerte Werke befinden sich unter den niederländischen Drucken Carl Hildebrand von Cansteins. Einer der ältesten Drucke ist eine niederländische Ausgabe der *Goldenen Arche* des mystischen Spiritualisten Sebastian Franck (1499–1542) von 1560,[50] von dem noch einige weitere Werke in deutscher Sprache in Cansteins Bibliothek ermittelt werden konnten. Besonders reich illustrierte Schriften sind unter den Reiseberichten auszumachen, aber auch ein illustriertes Werk von Albrecht Dürer (1471–1528) über die Proportionen des menschlichen Körpers (Abb. 4 und 5) befindet sich unter den niederländischen Drucken.[51]

Auffällig ist weiter die große Anzahl sehr seltener Drucke. Von den insgesamt 418 niederländischen Drucken im OPAC der Bibliothek der Franckeschen Stiftungen sind 244 Drucke nur ein einziges Mal im Katalog des GBV verzeichnet; 170 Drucke waren selbst im *Short Title Cata-*

Format	Niederländische Sprache	Anteil innerhalb der niederländischen Sprache
2°	18	4,3 %
4°	124	29,5 %
6°	7	1,7 %
8°	111	26,6 %
12°	58	13,9 %
Einblattdrucke u. a.	100	24,0 %

Tab. 12: Bibliothek C. H. von Cansteins, Titel nach Formaten

Ort	Niederländische Sprache	Anteil innerhalb der niederländischen Sprache
Niederlande	367	87,8 %
Deutsches Reich	2	0,5 %
England	1	0,2 %
ohne Ortsangabe	48	11,5 %
Gesamt	**418**	**100 %**

Tab. 13: Bibliothek C. H. von Cansteins, Druckorte

logue Netherland (STCN) nicht ermittelbar (Stand: März 2011). Darunter befinden sich sowohl anonym gedruckte Schriften oder Drucke gänzlich unbekannter Autoren als auch Werke von bekannten Erbauungsschriftstellern, so beispielsweise eine niederländische Sammlung mit Texten von Thomas Goodwin[52] oder ein Traktat von Obadiah Sedgwick (ca. 1600–1658).[53]

Die meisten niederländischen Drucke Cansteins wurden im Quartformat gedruckt. Dabei handelt es sich in erster Linie um zeitgeschichtliche und historiographische Werke, während die Drucke im Oktav- und Duodezformat der theologischen Traktat- und Gebrauchsliteratur zuzuordnen sind. Auffällig ist darüber hinaus die hohe Anzahl an Einblattdrucken und anderen Sonderformaten, die etwa ein Viertel des Gesamtbestandes der niederländischen Schriften ausmachen.

Von den insgesamt 418 im OPAC erfassten Drucken in niederländischer Sprache wurden 367 zweifelsfrei auch in den Niederlanden gedruckt bzw. verlegt. Hinzu kommen zwei Drucke aus deutschen Gebieten (Halberstadt und Emden) sowie ein Druck aus England (London). 48 Schriften erschienen ohne Angabe des Druckorts.

Die niederländischen Drucke in der Bibliothek Cansteins wurden bei insgesamt 152 verschiedenen Druckern oder Verlegern hergestellt. Wie in der Bibliothek Brecklings ist auch in der Bibliothek Cansteins keine spezielle Vorliebe für einen bestimmten Verlag oder ein bestimmtes Verlags-

	Drucker	Druckort	Anzahl	Profil
1.	Amelis Janssz van Paddenburgh	Utrecht	25	Geschichte
2.	Jillis Kok	Amsterdam	14	Theologie
3.	Boom (*Familie*)	Amsterdam	13	Theologie, Reiseberichte
4.	Jan Veely	Den Haag	13	Geschichte
5.	Johannes van Someren	Amsterdam	13	Theologie, Reiseberichte
6.	Gillis Joosten Saeghman	Amsterdam	9	Reiseberichte
7.	Henrick Versteegh	Utrecht	9	Theologie
8.	Jacob Benjamin	Amsterdam	8	Reiseberichte
9.	Wouw (*Familie*)	Den Haag	8	Geschichte
10.	Ravesteyn (*Familie*)	Amsterdam	7	Theologie, Geschichte

Tab. 14: Bibliothek C. H. von Cansteins, Verleger

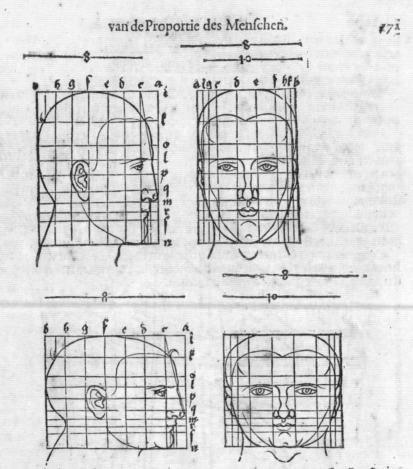

Abb. 5 Albrecht Dürer: [V]an de Proportie des Menschen. Aus: ders.: Beschryvinghe [...] Van de Menschelijke Proportion, Arnheim 1622. Exemplar aus der Bibliothek Carl Hildebrand von Cansteins

programm erkennbar. Mehr als zehn Drucke entfallen auf die Verleger Amelis J. van Paddenburgh aus Utrecht (25 Titel, v. a. Geschichte), Jillis Kok aus Amsterdam (14 Titel, v. a. Theologie), die Verlegerfamilie Boom aus Amsterdam (13 Titel, v. a. Theologie und Reiseberichte), Jan Veely aus Den Haag (13 Titel, v. a. Geschichte) sowie Johannes van Someren aus Amsterdam (13 Titel, v. a. Theologie und Reiseberichte).

IV. Schluss

Vergleicht man die niederländischen Bestände der Bibliotheken Friedrich Brecklings und Carl Hildebrand von Cansteins, so wird v. a. ihr unterschiedliches inhaltliches Profil deutlich. Brecklings Büchersammlung ist – trotz universaler Ansätze – die theologische Spezialbibliothek eines Freigeistes, der jenseits religiöser Strömungen und abseits von ideologischen Zwängen Bücher sammelte. Unter den niederländischen Drucken überwiegt neben den Übersetzungen äußerst seltenes theologisches Kleinschrifttum separatistischer und spiritualistischer Autoren.

Die niederländischen Buchbestände Carl Hildebrand von Cansteins hingegen spiegeln eine Universalbibliothek mit stark theologischem Schwerpunkt wider. Innerhalb dieser Bibliothek ist die Erbauungsliteratur beherrschend und verweist so auf Cansteins Nähe zur pietistischen Bewegung. Der sozialen Herkunft ihres Besitzers entsprechend, besitzt die Büchersammlung aber auch Charakteristika einer Adelsbibliothek, so v. a. durch die große Menge historischer, politischer und geographischer Werke.

Auch die Rolle der niederländischen Sprache ist in beiden Büchersammlungen unterschiedlich gewichtet. Breckling besaß eine nicht geringe Zahl an Übersetzungen, vor allem Erbauungsliteratur aus dem Englischen und Französischen, aber die meisten seiner niederländischsprachigen Werke stammen von niederländischen Autoren. Breckling hatte seit 1660 in den Niederlanden gelebt und mehr als 50 Jahre seines Lebens dort verbracht. Seine speziellen Lebensumstände als Glaubensflüchtling aus Deutschland sowie seine Offenheit und sein Interesse für die unterschiedlichsten theologischen Strömungen und Diskurse seiner Zeit, auch die in den Niederlanden, können als plausible Erklärung für die außerordentlich hohe Zahl niederländischsprachiger Bücher Friedrich Brecklings gelten.

Bei den niederländischen Drucken in der Bibliothek Carl Hildebrand von Cansteins hingegen liegt der Schwerpunkt auf Werken englischer Erbauungsschriftsteller. Englischsprachige Erbauungsliteratur wurde zu diesem Zeitpunkt vor allem durch niederländische Übersetzungen im Deutschen Reich verbreitet. Die hohe Anzahl niederländischer Übersetzungen in Cansteins Büchersammlung hängt daher zum einen mit der besseren Angebotssituation für die Übersetzungen als für die englischsprachigen Originale zusammen; zum anderen könnte Canstein des Niederländischen besser als des Englischen mächtig gewesen sein und hätte sich so bewusst für die Rezeption der Übersetzungen entschieden.

Insgesamt betrachtet belegen die holländischen Bestände beider Sammlungen die überragende Bedeutung der Niederlande als Drehscheibe des internationalen Kulturtransfers im „Goldenen Zeitalter" des 17. Jahrhunderts, und das gerade auch in Bezug auf die europäische protestantische bzw. pietistische Literatur. Der niederländische Buchmarkt bot die Möglichkeit, neben den gängigen auch seltene und z. T. verbotene Schriften in einer Sprache zu erwerben, die von den meisten Gebildeten der Epoche beherrscht wurde – ein entscheidender Vorteil für die europäische Gelehrtenrepublik im Allgemeinen, jedoch auch für separatistische Netzwerke wie das Brecklings im Besonderen. Insofern erscheint es nur konsequent, dass Francke, trotz der „Anrüchigkeit" der brecklingschen Sammlung, alle Hebel in Bewegung setzte, um diese einzigartige Dokumentation des theologischen Separatismus in die Hände zu bekommen, ebenso wie Cansteins umfangreiche Kollektion internationaler Erbauungsliteratur.

Abb. 6 Friedrich Breckling (1629–1711), Kupferstich eines unbekannten Künstlers im Verlag Andreas Luppius, 1692

Gemeinsam haben Friedrich Breckling und Carl Hildebrand von Canstein, dass sie beide die Bibliothek der Franckeschen Stiftungen durch ihre Bücherschenkungen mit äußerst seltenem Schrifttum bereicherten. Ihnen ist zu verdanken, dass die Bibliothek heute zahlreiche Drucke bewahrt, die in ihrem Entstehungsland, den Niederlanden, nicht mehr nachzuweisen sind.

Anmerkungen

1 Vgl. Marco de Niet, Verslag van onderzoek naar de collecties Neerlandica in enkele bibliotheken in de voormalige DDR, Den Haag 1993, S. 8.
2 Vgl. Brigitte Klosterberg, Die Bibliothek der Franckeschen Stiftungen. Fotografien von Klaus E. Göltz, Halle 2007, S. 15–18, 35–45.
3 De Biblie mit vlitiger achtinghe: recht na deme latine in dudesck auerghesettet Mit vorluchtinghe vnde glose: des hochghelerden Postillatoers Nicolai de lyra Unde anderer velen hilligen doctoren, Lübeck 1494. Bibliothek der Franckeschen Stiftungen (im Folgenden BFSt), Signatur 7 A 7. Vgl. Archiv der Franckeschen Stiftungen (im Folgenden AFSt), Signatur AFSt/H G 1, S. 16: „Eine Niederländische Bibel, so eine der ersten teutschen Versionen gedruckt im Jahr 1494. zu Lübeck mit denen glossen Nicolai de Lyra hat der H Prof: Franck auf seiner Reise in Holland von dem H Colero im Haag empfangen, und den 6. Octob. ejusd: an: in die Bibliothec gegeben."
4 Vgl. Gustav Kramer, August Hermann Francke. Ein Lebensbild. Reprint der Ausgabe Halle 1880–1882, 2 Bde., Hildesheim u. a. 2004, Bd. 1, S. 174. Vgl. auch Claus Veltmann/Jochen Birkenmeier (Hg.), Kinder, Krätze, Karitas: Waisenhäuser in der frühen Neuzeit, Halle 2009, S. 175.
5 URL: http://www.francke-halle.de/main/index2.php?cf=3_1_5_1 (14.03.2011). Vgl. auch Brigitte Klosterberg, Erschließungsprojekte in der Bibliothek der Franckeschen Stiftungen zu Halle. In: Ursula Rautenberg (Hg.), Buchwissenschaft in Deutschland. Ein Handbuch, Bd. 2, Berlin u. a. 2010, S. 963–977, bes. S. 964–967.
6 Da der vorliegende Beitrag im März 2011 verfasst worden ist, geben die Statistiken in diesem Beitrag den Bearbeitungsstand zu diesem Datum wieder. Da das Projekt zu diesem Zeitpunkt noch nicht beendet war, werden die endgültigen statistischen Angaben gegenüber den hier aufgeführten Zahlen differieren.
7 URL: http://192.124.243.55/cgi-bin/provenienz.pl (14.03.2011).
8 Vgl. Brigitte Klosterberg/Guido Naschert (Hg.), Friedrich Breckling (1629–1711). Prediger, „Wahrheitszeuge" und Vermittler des Pietismus im niederländischen Exil, bearb. von Mirjam-Juliane Pohl, Halle 2011.
9 Vgl. das am Forschungszentrum Gotha der Universität Erfurt angesiedelte, von Januar 2010 bis Dezember 2012 laufende DFG-Projekt „Erschließung, Auswertung und Analyse eines europäischen Netzwerkes des protestantischen Nonkonformismus um 1700 ausgehend von Friedrich Brecklings ‚catalogus testium veritatis'".

10 Gottfried Arnold, Unpartheyische Kirchen- und Ketzerhistorie. Vom Anfang des Neuen Testaments biß auff das Jahr Christi 1688, 2 Bde., Frankfurt a. M. 1699–1700 [und spätere Auflagen]. BFSt, Signatur 101 C 1 und 101 C 2. Vgl. auch Guido Naschert, Breckling als Netzwerker des protestantischen Nonkonformismus. In: Klosterberg/Naschert, Friedrich Breckling (wie Anm. 8), S. 3–18, bes. S. 4.
11 Vgl. die Quellenbelege in Anm. 4.
12 AFSt, Signatur AFSt/H G 1. Vgl. Brigitte Klosterberg: Brecklingiana in den Beständen der Franckeschen Stiftungen. In: Klosterberg/Naschert, Friedrich Breckling (wie Anm. 8), S. 35–40; sowie dies., *Libri Brecklingici*. Bücher aus dem Besitz Friedrich Brecklings in der Bibliothek des Halleschen Waisenhauses. In: Udo Sträter u. a. (Hg.), Interdisziplinäre Pietismusforschungen. Beiträge zum Ersten Internationalen Kongress für Pietismusforschung 2001, Tübingen 2005, S. 871–881.
13 Vgl. Brigitte Klosterberg, Bücher sammeln unter der „Providenz Gottes". August Hermann Francke und die Bibliothek des Halleschen Waisenhauses. In: Sabine Graef u. a. (Hg.), Sammler und Bibliotheken im Wandel der Zeiten. Kongress in Hamburg am 20. u. 21. Mai 2010, Frankfurt a. M. 2010, S. 145–160.
14 Vgl. Mirjam-Juliane Pohl, Die Bibliothek Friedrich Brecklings. In: Klosterberg/Naschert, Friedrich Breckling (wie Anm. 8), S. 103–151, bes. S. 106.
15 Vgl. ebd., S. 108 f.
16 Vgl. ebd., S. 140–151.
17 Vgl. Klosterberg, *Libri Brecklingici* (wie Anm. 12), S. 878.
18 Zu anonymen Publikationen als Möglichkeit, die Zensur und Bücheraufsicht im Deutschen Reich zu umgehen, vgl. Hans-Jürgen Schrader, Literaturproduktion und Büchermarkt des radikalen Pietismus. Johann Henrich Reitz' „Historie Der Wiedergebohrnen" und ihr geschichtlicher Kontext, Göttingen 1989, S. 108–123. „Die seit der Einrichtung der Bücheraufsicht im Reiche nicht unbeträchtliche Zahl von anonymen Drucken, von heimlicher oder gar offenkundiger Umgehung der Zensur, ja selbst von behördlich genehmigten Publikationen, die den Gesetzbestimmungen widersprachen, kennzeichnet deutlich, daß die Bücheraufsicht nie vollständig gemäß ihrem allumfassenden Anspruch funktioniert hat." Ebd., S. 119.
19 Vgl. Brigitte Klosterberg, Provenienz und Autorschaft. Die Quellen von, zu und über Friedrich Breckling in Bibliothek und Archiv der Franckeschen Stiftungen. In: Pietismus und Neuzeit 33 (2007), S. 54–70, bes. S. 63 f. Vgl. auch Klosterberg, Brecklingiana in den Beständen der Franckeschen

Stiftungen. In: Klosterberg/Naschert, Friedrich Breckling (wie Anm. 8), S. 35–40, bes. S. 37.

20 Zum personellen Netzwerk Brecklings vgl. Friedrich Breckling, Autobiographie. Ein frühneuzeitliches Ego-Dokument im Spannungsfeld von Spiritualismus, radikalem Pietismus und Theosophie, hg. und komm. von Johann Anselm Steiger, Tübingen 2005. Vgl. auch Klosterberg, Provenienz und Autorschaft (wie Anm. 19), S. 66; Naschert, Breckling als Netzwerker (wie Anm. 10), S. 3–18.

21 Johannes Rothe, Een Nieuwe Hemel en Aerde: Het Nieuwe Jerusalem […]. Een Voorloopende Tydinge van't volgende Nieuws voor Israel, Amsterdam 1673. BFSt, Signatur 78 D 14 [1].

22 Oliger [Holger] Paulli, Den Seer Groten Dagh Jizreels Hos. I. 9, tot 12. Rabbi Mosche Bar Maimon en Den Apostel St. Paulus, Der Joden en Heidenen Leraers vereenight, Amsterdam 1698. BFSt, Signatur 183 A 2.

23 Vgl. Klosterberg, Provenienz und Autorschaft (wie Anm. 19), S. 67; Pohl, Die Bibliothek Friedrich Brecklings (wie Anm. 14), S. 113.

24 Johann Peter Späth, De Beeker Der Swymelinge, In de handen der Antimillinairischen, en andere Gewaende Christenen en Mahometanen […] Aangetoont door Moses German, Jood […], Amsterdam 1701. BFSt, Signatur 183 A 3 [3].

25 Vgl. Pohl, Die Bibliothek Friedrich Brecklings (wie Anm. 14), S. 124–130.

26 Jacobus de Voragine, Dit zijn die Sermonen op die euangelien van den zonne[n] daghen doer dat ghehele iaer […]. Zwolle 1489. BFSt, Signatur 5 C 14. Vgl. auch Pohl, Die Bibliothek Friedrich Brecklings (wie Anm. 14), S. 115–118; Klosterberg, Die Bibliothek der Franckeschen Stiftungen (wie Anm. 2), S. 78, 94.

27 Guillaume de Déguileville, Dit is dat boeck vanden pelgrim welck boeck nuttich ende profitelick is allen kersten menschen te leren den wech welcken wech men sculdich is te ghaen of te laten […], (Delft) 1498. BFSt, Signatur 44 E 12 [1]. Vgl. auch Brigitte Klosterberg, Das Buch von dem Pilger (1498). Eine Bildergeschichte aus der Inkunabelzeit. In: Marginalien 161 (2001), S. 50–57; dies.: Das Leben – eine sündenbedrohte Wanderung. Eine mittelalterliche französische Dichtung, erzählt nach den Bildern eines niederländischen Drucks aus dem Jahr 1498. In: engagement. Zeitschrift für Erziehung und Schule 3 (2001), S. 212–222; dies.: Die Bibliothek der Franckeschen Stiftungen (wie Anm. 2), S. 103 f.

28 Vgl. Pohl, Die Bibliothek Friedrich Brecklings (wie Anm. 14), S. 121–124.

29 Bernardus Claraevallensis: Handt-boecxken Ofte den soeten Heunichdau der Devotien : Jnhoudende twee […] Schriften Te weeten 1. De aendachtighe Meditatione. 2. Een Tractaet van het inwendich Huys […], Amsterdam 1614. BFSt, Signatur 33 I 19. Vgl. auch Pohl, Die Bibliothek Friedrich Brecklings (wie Anm. 14), S. 109, 119–121.

30 Heinrich Bullinger, De Openbaringe Jesu Christi […], Dordrecht 1600. BFSt, Signatur 43 D 13.

31 Sébastien Châteillon, Calvmnia Of Ualsch-wroegen […], o. O. (ca. 1577). BFSt, Signatur 182 M 28.

32 Francis Bacon, Nieuwen Atlas, Ofte Beschrijvinge van het noytmeer gevonden Eydlandt van Bensalem […], Dordrecht 1656. BFSt, Signatur 183 A 26 [2]. Vgl. auch Pohl, Die Bibliothek Friedrich Brecklings (wie Anm. 14), S. 148–151.

33 Samuel Clarke, Annotatien Over't N. Testament Onzes Heeren en Zaligmakers Jesu Christi […], 2 Teile, Amsterdam 1692. BFSt, Signatur 23 D 1 und 23 D 2. Vgl. auch Pohl, Die Bibliothek Friedrich Brecklings (wie Anm. 14), S. 111, 123 f.

34 August Hermann Francke, Segens-volle Fußstapfen des noch lebenden und waltenden liebreichen und getreuen Gottes, Zur Beschämung des Unglaubens und Stärckung des Glaubens […] [Hauptbd.], 3. Aufl., Halle 1709. BFSt, Signatur 97 H 5. Vgl. Klosterberg, Bücher sammeln unter der „Providenz Gottes" (wie Anm. 13), S. 149.

35 Vgl. Peter Schicketanz, Carl Hildebrand Freiherr von Canstein: Leben und Denken in Quellendarstellungen, Tübingen 2002.

36 Vgl. Bernhard Erdmannsdörffer, Art. „Canstein, Raban v.". In: Allgemeine Deutsche Biographie, Bd. 3: Bode–Carlowitz, Leipzig 1876, S. 763. Vgl. auch Hans Baring: Art. „Canstein, Freiherren v.". In: Neue Deutsche Biographie, Bd. 3: Bürklein–Ditmar, Berlin 1957, S. 126 f.

37 Hartmut Lehmann u. a. (Hg.), Glaubenswelt und Lebenswelten, Göttingen 2004, S. 38.

38 Vgl. Schicketanz, Carl Hildebrand Freiherr von Canstein (wie Anm. 35), S. 147–191.

39 Vgl. Brigitte Klosterberg/Anke Fiebiger, Die Privatbibliothek Carl Hildebrand von Cansteins. Dieser Aufsatz wird zusammen mit anderen Tagungsbeiträgen des III. Internationalen Kongresses für Pietismusforschung „aus Gottes Wort und eigener Erfahrung gezeiget. Erfahrung – Glauben, Erkennen und Handeln im Pietismus" in der Reihe „Hallesche Forschungen", Band 33, voraussichtlich 2012 veröffentlicht werden.

40 AFSt, Signatur AFSt/H G 3.

41 Der Anteil der französischsprachigen Titel dürfte bei schätzungsweise etwa 1.600 liegen. Die genauen Zahlen werden vorliegen, wenn die Arbeiten an der Rekonstruktion und Katalogisierung der französischsprachigen Titel aus Cansteins Bibliothek abgeschlossen sind.

42 William Perkins, Eene Vermaninghe Tot Boetveerdigheydt uyt Zephania […], Amsterdam 1658. BFSt, Signatur 13 H 6 [6].

43 Udo Sträter, Sonthom, Bayly, Dyke und Hall: Studien zur Rezeption der englischen Erbauungsliteratur in Deutschland im 17. Jahrhundert, Tübingen 1987, S. 37 f.: „Die englische Erbauungsliteratur hält ihren Einzug in die Niederlande, wird von dort in die Schweiz und in reformierte Territorien weitervermittelt, dort ins Deutsche übersetzt und schließlich in der deutschen reformierten, dann auch der lutherischen Kirche angenommen. […] Mit Beginn der Massenübersetzung […] wird die Rolle der Niederlande als Vermittler englischer Bücher zunehmend wichtig. Reformierte wie lu-

therische Übersetzer und Verlage greifen bei ihrer Suche nach neuen Titeln auf niederländische Vorlagen zurück."

44 Lewis Bayly, De Practycke Ofte Oeffeninge der Godsalicheyt [...], Utrecht 1640. BFSt, Signatur 15 F 22 [2].
45 De Engelsche Liturgie, Dat Is: Den Gemeynen Kercken-Dienst van Engelandt [...], Rotterdam 1645. BFSt, Signatur 61 H 19.
46 BFSt, Signatur 119 D 4.
47 Lieuwe van Aitzema, Historie of Verhael Van Saken van Staet En Oorlogh, In, ende omtrent de Vereenigde Nederlanden [...], 14 Teile, Den Haag 1657–1671. BFSt, Signatur 104 B 1–13 (T. 1–13).
48 Pieter Bor Christianszoon, Nederlantsche Oorloghen [...], 5 Teile u. Register, Leiden 1621–1640. BFSt, Signatur 110 C 8–13 (5 Teile ohne Register).
49 Richard Baker, Chronyck Van Het Leven en Bedrijf van al de Koninghen van Engelandt: Van het beginsel der Romeynsche Regeringe tot de doodt van Carel de Eerste, 2 Teile, Amsterdam 1649. BFSt, Signatur 108 G 7.
50 Sebastian Franck, Die Gulde[n] Arcke: waer in de keern ende beste hooftsprueken der Heyliger Scrift, der ouder Leeraers ende Uaders der Kercken [...], [Emden] 1560. BFSt, Signatur 30 A 14.
51 Albrecht Dürer, Beschryvinghe [...]. Van de Menschelijke Proportion. Begrepen in vier onderscheyden Boecken [...], Arnheim 1622. BFSt, Signatur 167 B 8.
52 Thomas Goodwin, Opera Ofte alle de Theologische Werken [...], Amsterdam 1664. BFSt, Signatur 35 D 4.
53 Obadiah Sedgwick, Drievoudige Gront-Slag, I. Der Verootmoedige, wegens de Sonde. 2. Der Moetgrijpinge, wegens Gods Genade. 3. Der Dankbaarheyt, wegens Gods Voorsorge. Voorgestelt in drie Leersame Verhandelingen [...], Amsterdam 1666. BFSt, Signatur 31 F 1.

Gezeitenwechsel. Deutsch-niederländische Bildungseinflüsse an der Schnittstelle von Pietismus und Aufklärung

Der vorliegende Beitrag möchte drei Fragen beantworten: 1. Welche deutschen und niederländischen Schriftsteller gehörten zwischen 1700 und 1800 zu den wichtigsten Protagonisten der Theologie? 2. Was für gelehrte Strömungen repräsentierten die Schriftsteller? 3. Existierte eine besondere Beziehung zwischen diesen Autoren und dem, was man *Mittel- oder Zentraldeutschland* nennen könnte? Um diese Fragen zu beantworten, werde ich einen kurzen Blick auf den kulturellen „Handelsverkehr des Geistes" v. a. in Bezug auf die Theologie zwischen der niederländischen Republik und den deutschen Staaten im 18. Jahrhundert werfen. In der ersten Hälfte des Jahrhunderts beherrschten die Niederländer den theologischen Kulturtransfer und übten damit auf die Deutschen eine große Anziehungskraft aus. Deutsche Gelehrte reisten nach Holland, um an intellektuellen Netzwerken teilzuhaben oder Anstellung an einer Universität zu finden; sie waren es auch, die massenhaft niederländische Bücher ins Deutsche übersetzten. Dies änderte sich um etwa 1760 auf radikale Weise: Der Einfluss deutscher Ideen auf die holländische (theologische) Literatur nahm zu; immer mehr deutsche Schriftsteller wurden ins Niederländische übersetzt, während umgekehrt der Transfer der niederländischen intellektuellen Produktion nach Deutschland nahezu zum Versiegen kam.

The turning of the tide. German–Dutch intellectual influences at the interface of Pietism and Enlightenment

Joris van Eijnatten

This paper seeks to answer three questions. First, which German and Dutch writers were considered to be important 'intellectuals' in the broad domain of religion between 1700 and 1800? Second, which intellectual currents do these writers represent? And third, is there a specific relation between these authors and what might be called, conveniently if somewhat anachronistically, *Mitteldeutschland* or 'Central' or 'Middle Germany'? To answer these questions I will take a brief glance at the cultural 'intertraffic of the mind' between the Dutch Republic and the German states in the 18th century, specifically in the field of religion, broadly defined.[1] The following builds on several previous studies,[2] the results of which will be summarized in the following.

A point of controversy, perhaps, is what could be identified as central Germany in this period. Given the relatively stable external borders of the German Empire during the 18th century, a mere geographical demarcation might well suffice. Yet, drawing a circle on a map of the Empire seems as artificial and arbitrary as sketching one on a map of present-day Germany. Moreover, the concept of Middle Germany – as is the idea itself of the 'centre' or 'middle' of any geographical space – is obviously highly problematic, riddled with presupposition and charged with prejudice.[3] On the other hand, given the theme of this volume, some sense of what middle Germany is will be helpful. For this reason I will simply use a contemporary political definition and apply it to the past. Accordingly, Middle Germany is a region that could fairly be said to lie in the centre of the current state of Germany and therefore comprises bits and pieces of the following federal states: the north-east of Hessen, the south-west of Niedersachsen, the south and east of Saxony-Anhalt, most of Thuringia and the north-west of Saxony. Naturally, middle Germany taken in this sense is no more than a working definition. It will become clear in what follows that this particular interpretation is useful in determining the 18th-century Dutch perspective on Germany, and vice versa.

I. The tide before the turning

In Dutch intellectual history of the 18th century, the distinctions between 'orthodoxy', 'pietism' and 'Enlightenment' are not as clear-cut as they might appear in Germany in the same period. Apart from the question of whether it is at all possible to adequately define the three currents, it will be evident that the boundaries between them were porous, and that there were substantial overlaps.[4] A brief look at who was considered 'important' or 'innovative' (two qualifications that did not necessarily overlap at this time) is more helpful to gauge the relations between what are now known as 'Germany' and 'the Netherlands'.

German academics had long sought positions at Dutch universities, including, among others, the Bremen-born Johannes Cocceius (1609–

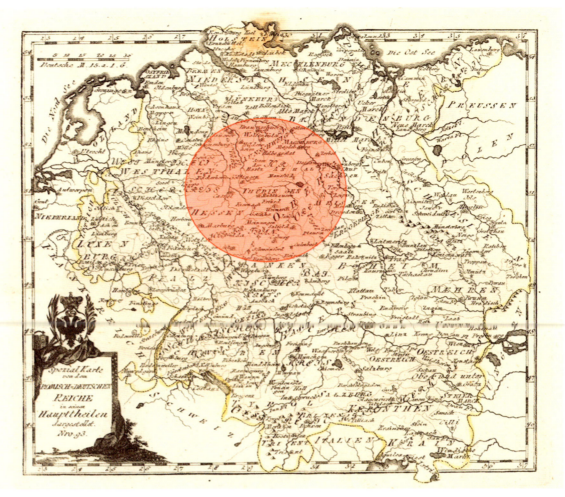

Map 1 Middle Germany. Graphic: Ronny Edelmann, Halle (Saale)

1669), who developed a dynamic but orthodox theology connecting the histories of the Old and New Testaments.[5] The 'Coccian' school flourished in the Republic in the decades around 1700 and there was a keen German interest in it. One of the significant Cocceians of the early 18th century was Friedrich Adolph Lampe (1683–1729), born in Detmold in Lippe (Westphalia). Lampe became a professor of (Reformed) theology and church history in Utrecht. He had marked pietist leanings and was a leading figure in the so-called *ernstige* or 'serious' current within Cocceianism.[6]

It is illustrative of Dutch-German relations at the time that his well-known commentary on the Heidelberg Catechism was translated as *Gülden Kleinod der Lehre der Wahrheit nach der Gottseligkeit* by an organist of the St. Stephani in Bremen.[7] The book is but one example of a Dutch work translated for the benefit of German Reformed 'pietists' – whom I take here to be all those interested in devotional works pointedly emphasising the inner life.[8] However, among the Reformed (presumably more than among Lutherans) the distinctions between mainstream orthodoxy and pietism were hardly clear-cut. Lampe collaborated on the learned *Bibliotheca historico-philologico-theologica* with Theodor Hase (Hasaeus, 1682–1731), a German scholar based in Bremen (he reputedly owned the largest library in town).[9] Often warmly supported by German intellectuals, such initiatives helped to sustain and augment the status of scholarship in Reformed areas surrounding the Dutch Republic. Incidentally, philosophical 'radicalism' was largely regional as well, as the North German controversy over Balthasar Bekker (1634–1698) shows.[10]

Other examples of cross-border contact in this period could easily be mentioned. A case in point is Isaac Le Long (1683–1762), a German-born translator who had resided in the Republic for much of his life. In the 1740s he lived for some time at Marienborn (Hessen) in the Herrnhuter colony there and somewhat later he worked assiduously to bring the Moravians to the attention of the Dutch. Le Long was a fervent translator of Lampe's writings and also a close acquaintance of Gerhard Tersteegen (1697–1769). The latter was a pietist born in Moers, a town along the lower Rhine belonging to the House of Orange before it became part of Prussia in 1702.[11] Johannes Henricus Schrader (1701–1787), a German from Bentheim on the eastern border of the Dutch Republic, also moved in these pietist circles. He studied theology in Leiden and became a court preacher with the Frisian branch of the House of Orange.

These moderately pietist networks still need to be studied adequately, but the general picture seems to be clear: they were regional and based largely on personal contacts between like-minded people. It is not clear whether radical pietists who came from farther afield, such as Johann Conrad Dippel (1673–1734), who came from Hessen, or Johann Georg Gichtel (1638–1710), who came from Bavaria, were assimilated into Reformed circles.[12] The point, however, is that they, like some Moravians, sought refuge in the Dutch Republic itself. It is Germany that looked to the Netherlands, not the other way round.

This is not to say that the Dutch did not look eastwards or southwards. Swiss Reformed theologians such as Jean-Frédéric Ostervald (1663–1747), Samuel Werenfels (1657–1740) and Jean-Alphonse Turretini (1671–1737) were hardly unknown in the Dutch Republic, although they were especially popular among their less conservative colleagues.[13] But Dutch theologians like Frans Burmann Sr. (1628–1679), Johannes d'Outrein (1662–1722), Salomon van Til (1643–1713), Campegius Vitringa Sr. (1669–1722) and Herman Witsius (1636–1708) were at least as widely read outside the Netherlands. Mainstream church relations between the Reformed and Lutheran confessions also existed, of course. One interesting issue were the Philo-Lutheran *Religionsgespräche*, 'debates' on the fundamentals of faith that spilled over into the eighteenth century.[14] Mostly very negative responses to Reformed overtures came from various places in the German-speaking world, varying from Christoph Matthäus Pfaff (1686–1760) and Johann Conrad Klemm (1655–1717) at Tübingen, Hector Gottfried Masius (1653–1709) at Copenhagen and Johann Joachim Lange (1670–1744) at Halle.[15] These were the champions of Lutheran orthodoxy and mainstream orthodox pietism. These orthodoxies would soon be on the wane, but the fact that the Dutch had begun to take notice of them at all should be construed as writing on the wall.

II. The turning of the tide

In the first half of the century, the Dutch dominated the cultural intertraffic of the mind. Dutch-German relations, in most cases, were one-sided. It were the Germans who traveled to, or sought refuge in, the Dutch Republic, who joined regional networks, who came to work at Dutch universities, who translated Dutch books. This changed radically after about 1760. Most of what happened intellectually in the Dutch Republic became quite irrelevant to Germans, while German thought and letters began to make an enormous impact on the Dutch. I traced this reversal in relations in two articles published more than a decade ago, by analysing the nature and number of German books discussed in three Dutch review journals between

1761–1796. Significantly, the titles of these three journals reflected those of their many German counterparts. The *Letter-Oefeningen, Nederlandsche Bibliotheek* and *Vaderlandsche Bibliotheek* made good use of the German equivalents *Übungen* and *Bibliothek*. But it was the content of these journals that was really telling: they intimated an enormous influx of German ideas.

One of the methods I used to determine the most influential German writers to impact Dutch intellectual life was to examine how many reviews were dedicated to each of these authors. Twenty-two authors were reviewed separately twelve times or more in the three journals mentioned. They are noted in Table I, arranged chronologically according to date of birth.

Johann Lorenz Mosheim	(1693–1755)
Friedrich Stapfer	(1708–1775)
Christian Fürchtegott Gellert	(1715–1769)
Theodor Christoph Lilienthal	(1717–1781)
Johann David Michaelis	(1717–1791)
Johann Ernst Schubert	(1717–1774)
Georg Friedrich Meier	(1718–1777)
Johann Andreas Cramer	(1723–1788)
Anton Friedrich Büsching	(1724–1793)
Johann August Unzer	(1727–1799)
Johann Georg Zimmermann	(1728–1795)
Christoph Martin Wieland	(1733–1813)
Georg Joachim Zollikofer	(1733–1788)
Christoph Christian Sturm	(1740–1786)
Johann Kaspar Lavater	(1741–1801)
Johann Jacob Hess	(1741–1828)
Johann Gottwerth Müller	(1743–1828)
Johann Gottfried Herder	(1744–1803)
Christian Gotthilf Salzmann	(1744–1811)
Joachim Heinrich Campe	(1746–1818)
Johann Ludwig Ewald	(1748–1822)
August Hermann Niemeyer	(1754–1828)

Table I German authors reviewed more than twelve times, 1760–1796

Where in Germany did these 'influences' originate? Where did these writers produce their studies? And what, if any, was their relation to Middle Germany? Eleven authors remained outside Middle Germany or only worked there for a short while: Stapfer, Lavater,[16] Hess,[17] Lilienthal, Herder,[18] Cramer, Wieland,[19] Ewald,[20] Müller,[21] Unzer and Campe.[22] Stapfer, a scion from an old Swiss family, stayed a Reformed minister in Bern throughout his life. The Reformed ministers Lavater and Hess (both born in 1741) spent much of their lives in Zurich. Lilienthal was a Lutheran priest and professor of theology, who lived and died in Königsberg. Although most of these authors had traveled through Germany and beyond at some point in their lives (mostly as youths), and while Lavater in particular undertook several journeys, only Herder worked at different locations for substantially longer periods of time in Bückeburg, Weimar and Riga. Others worked in the surroundings of Middle Germany. Cramer began his career as a Lutheran minister in Merseburg and Quedlinburg – that is, fair and square in Middle Germany – although he spent most of his working life as a theology professor first in Copenhagen and then in Kiel. The poet and writer Wieland worked mostly in his hometown Biberach prior to moving to Erfurt and Weimar in Middle Germany. Ewald moved from south to north and back again, working consecutively in Offenbach, Lippe-Detmold, Bremen and finally in Heidelberg, where he became a theology professor. The novelist Müller moved from Magdeburg to Hamburg and from thence to nearby Itzehoe; Unzer declined calls from Göttingen and Copenhagen and stayed in Altona instead; Campe moved from Dessau to Hamburg and from there to Brunswick.

The remaining eleven authors most exposed to Dutch publicity all spent most of their lives in Middle Germany, indicating that the area roughly between Brunswick and Jena, and between Göttingen and Wittenberg, was the intellectual hub, not just of Germany, but of Europe as a whole – at least from the perspective of the Dutch (who, admittedly, by 1800 had begun to subscribe to a

The turning of the tide. German-Dutch intellectual influences at the interface of Pietism and Enlightenment

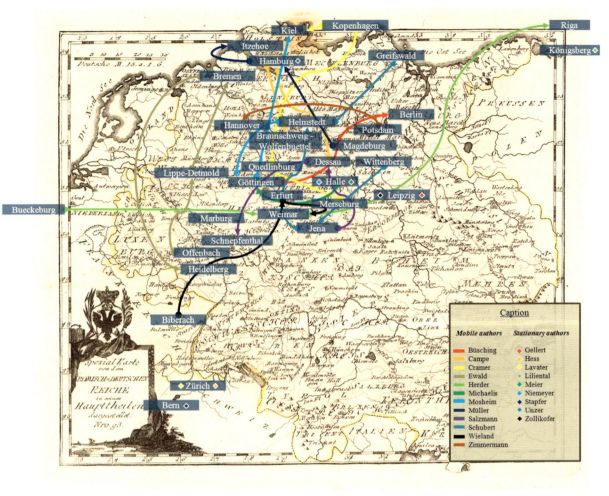

Map 2 Professional stations of (Mid-)German authors in the 18th century. Graphic: Ronny Edelmann, Halle (Saale)

rather parochial point of view). The places where these eleven authors produced their learning were reputable enough. Mosheim,[23] the oldest of the group, worked in Helmstedt and Göttingen; Schubert held positions in Wittenberg, Jena and Helmstedt (after which he moved to Greifswald, outside the magic circle of Middle Germany). Salzmann[24] was a minister in Jena and later worked in Dessau and Schnepfenthal. Büsching[25] worked in Göttingen and subsequently Berlin. Zimmermann[26] moved from Potsdam to Hannover, Michaelis[27] from Halle to Göttingen. Gellert[28] held a position at the university in Leipzig, as did Zollikofer.[29] Meier[30] and Niemeyer[31] both remained in Halle. Finally, Sturm worked mainly in Halle and Magdeburg, living in Hamburg for the last six years of his relatively short life.

Thus, more than fifty percent of the persons mentioned on the list lived in, or moved through, Middle Germany in the latter part of the eighteenth century. It is a conclusion corroborated by the list of bestselling German authors in the Dutch Republic. Table II provides an overview of those authors translated with six or more titles between 1760 and 1796, where multiple-volume titles are regarded as single titles. The third column indicates the university towns where these writers obtained their academic education.

Of the 27 authors mentioned, 18 received a substantial part of their university education with-

Author	No. of titles	University education
J. K. Lavater	21	Zürich
J. L. Mosheim	21	Kiel
J. D. Michaelis	18	Halle*
J. E. Schubert	18	Jena*
C. F. Gellert	16	Leipzig*
J. L. Ewald	13	Marburg*, Göttingen*
C. G. Salzmann	13	Jena*
J. A. Cramer	12	Leipzig*
J. J. Hess	10	Zürich
A. Knigge	9	Göttingen*
C. C. Sturm	9	Jena*
J. H. Campe	8	Helmstedt*, Halle*
C. F. Bahrdt	7	Leipzig*
A. F. Büsching	7	Halle*
A. von Kotzebue	7	Jena*, Duisburg
J. F. Jacobi	7	Jena*, Helmstedt*
J. J. Plenck	7	Wien
J. F. Stapfer	7	Bern, Marburg*
J. G. Töllner	7	Halle*
C. M. Wieland	7	–
J. G. Herder	6	Königsberg
G. Less	6	Jena*, Halle*
A. G. Meissner	6	Leipzig*, Wittenberg*
M. Mendelssohn	6	–
J. J. Spalding	6	Rostock
J. G. Sulzer	6	Zürich
J. A. Unzer	6	Halle*

Table II German authors with at least six titles translated, 1760–1796, and place of university education (towns in Middle Germany are indicated with an asterisk)

in Middle Germany. Halle and Jena both appear six times, Leipzig four times, Marburg, Göttingen and Helmstedt twice, Wittenberg once. Christoph Martin Wieland and Moses Mendelssohn are the odd ones out, since neither of them attended university. The general tenor, however, should be clear: middle Germany had become an intellectual power-house.

III. The turning: Pietism, Orthodoxy and Enlightenment

Those German authors who were specifically concerned with religious or theological subjects and who became popular in the Netherlands can be divided into three categories. I will briefly discuss each of them in what follows. The first category includes traditionalists, pastors and apologists. These authors were intent on preserving confessional orthodoxies, whether Reformed or Lutheran (traditionalists); they largely ignored doctrinal issues and concentrated on spiritual caregiving instead (pastors); or they opposed indifferentists, sceptics, deists, unbelievers, atheists, naturalists and other non-religious or anti-religious radicals (apologists).

Only the traditionalists were orthodox by definition. They included a number of theologians who took their cue from the philosopher Christian Wolff (1679–1754).[32] Born in Breslau (Wrocław), Wolff moved westwards into Middle Germany, where he became the embodiment of German intellectual rejuvenation. Expelled from Halle in 1723 as a result of the machinations of orthodox pietists, and returning there in 1743 after a very successful two-decade sojourn in Marburg, Wolff's philosophy in due course lost its reputation for heterodoxy. Adapted by a new generation of orthodox theologians, Wolffian divinity became rather popular in the Netherlands. Responsible for this vogue were translations of works by the Lutheran Schubert, whom the Dutch primarily associated with Greifswald in Swedish Pomerania but who began his career in Middle Germany, and by the Swiss Reformed Stapfer. The most famous orthodox Wolffian of the time (at least among the theologians) was Johann Melchior Goeze (1717–1786),[33] whose notoriety as an intransigent critic of all things new and modern (a reputation not wholly deserved) reached from Hamburg to Rotterdam.

The turning of the tide. German-Dutch intellectual influences at the interface of Pietism and Enlightenment

Fig. 1 From Halle to Göttingen: mid-German orientalist Johann David Michaelis (1717–1791)

The only orthodox Wolffian who lived and worked within Middle Germany, at Jena to be precise, was Christian Wilhelm Oemler (1728–1802). In the Netherlands he was recognized primarily as a writer of pastoral books, as was the very popular Christoph Christian Sturm, the *Naturprediger* from Halle and Magdeburg but above all Hamburg, where he became chief minister at the Petrikirche in 1778. The Reformed theologian Heinrich Stähelin (1698–1778) was another writer who did rather well in the Dutch Republic, but his provenance was Switzerland, not Middle Germany. The bestselling writer in the field of 'pastoral theology' (broadly defined) was, however, the philosopher-poet Gellert from Leipzig.

The largest group of authors within the first category whose books were translated into Dutch and read avidly by their colleagues in the Republic were the apologists. They were considered mainstays of the Christian tradition, since they defended it against the attacks of more or less radical critics – although many apologists were themselves hardly orthodox and not all of them were held in equally high esteem by the official spokesmen of Dutch Calvinism. Characteristic of this group was August Friedrich Sack (1703–1786),[34] a Reformed minister who worked in Berlin, just off the western edge of Middle Germany. The same applies to Hermann Samuel Reimarus (1694–1768),[35] the orientalist at Hamburg who posthumously acquired a reputation for orthodoxy. The court preacher at Brunswick, Johann Friedrich Wilhelm Jerusalem (1709–1789),[36] who had been educated at Leipzig and Wittenberg, was also considered less than solid as far as his orthodoxy was concerned. Yet he was as well-known among Dutch readers of the review periodicals as Gottfried Less (1736–1797), who had studied at Halle and Jena and became *ordinarius* in Göttingen. Among the most popular apologists in the Republic were two Swiss writers, Lavater and Albrecht von Haller (1708–1777),[37] as well as the Königsberg theologian Lilienthal. Johann August Nösselt (1734–1807)[38] brings us back to Halle. Nösselt, who attended the *Waisenhaus* of the Francke Foundations in Halle and studied at the university there (where he became professor of theology), wrote a well-received *Vertheidigung der Wahrheit und Göttlichkeit der christlichen Religion* (1766).

The second category of authors who were generally very well received in the Dutch Republic, largely because of their reputation for excellent scholarship, were philologists, exegetes and historians. These shared a concern for history, language and hermeneutic, fields of study that traditionally had been addressed by Dutch scholars (a fact of which the review periodicals were uncommonly proud), but had become German terrain by the second half of the 18th century. German scholars were critical in their approach to ancient texts – including the sacred ones – but not overtly so. A

Fig. 2 Learned *Enfant terrible*: Carl Friedrich Bahrdt (1741–1792), etching by unknown artist, 1789

historian like Mosheim, one of the bestselling authors, can be typified as critical but conservative. Dutch reviewers indeed regarded him as such, although the various periodicals reflected a range of appreciations which also changed over time. In the eyes of the Dutch, Mosheim developed from a staunch Lutheran critic of Calvinist predestinarianism into a celebrated expert in the history of the Christian church, on a par with Eusebius. Admiration of the orientalist Michaelis reflected a similar spectrum. Some thought he was rather too radical in his interpretation of the sacred writings, others believed his learning to be perfectly solid.

There were other scholars within Middle Germany, besides Mosheim at Helmstedt and Michaelis in Göttingen, who drew the attention of Dutch publishers, translators and ultimately reviewers. These included the Göttingen theologian Christoph August Heumann (1681–1764) but especially the orientalist Johann Gottfried Eichhorn (1752–1827),[39] who initially worked in Jena but likewise ended his career in Göttingen – at the university that in the eyes of the Dutch would soon develop into the hub of German scholarship. Outside Göttingen (and outside middle Germany) more conservative writers were also noticed, such as the theologians Cramer (Kiel) and Hess (Zurich).

More exciting to those who adhered to some broader form of Enlightenment in the Dutch Republic was the third category. This consisted of writers who undermined the status of the orthodox confessional establishment, whether Lutheran or Reformed. Within this category there were two groups. One group subverted the clerical establishment by criticizing the status of the sixteenth-century confessions and the intolerance of the clergy who adhered to them; the other group developed a wholly new divinity, one that was adapted to the times, and sought to get rid of the existing theologies. The critics of state-supported confessions were almost wholly to be found to the east, that is, within Prussia, especially Berlin. It was here that three authors operated whose writings were warmly applauded by those in the Dutch Republic who opposed the hegemony of the Synod of Dort: the Reformed minister Friedrich German Lüdke (1730–1792), the *Oberkonsistorialrat* Büsching (held in high regard in the Netherlands since he was a distinguished geographer, a man whose criticism of clerical authority therefore carried weight), and, of course, the publisher and writer Friedrich Nicolai (1733–1811),[40] whose acerbic novels were highly recommended in Dutch 'Enlightened' circles. Even further east worked Johann Gottlieb Töllner (1724–1774), a Reformed professor of theology in Frankfurt/O., who was not enamoured of confessions but did not take an extreme stance.

Theological radicalism was, however, endemic within both Frankfurt/O. and Middle Germany – at least, that seemed to be the case from the point of view of the Dutch. Gotthilf Samuel Steinbart (1738–1800)[41] succeeded Töllner in Frankfurt/O. and gained notoriety through his *System der reinen Philosophie oder Glückseligkeitslehre des Christentums* (1778). The contents of this book reflected its title. The objective of Christianity was not to burden humankind with feelings of guilt, from which only a particular, preferably orthodox confession could release it; the aim of Christian belief, argued Steinbart, was happiness, both on earth and in heaven. With reference to their claim to do the Reformation over again, and to do it properly this time round, the Dutch called these theologians 'new Reformers' – Karl Aner would later dub them the *Neologen*.[42] They included Johann Joachim Spalding (1714–1804), the well-known minister from Berlin who wrote a number of theological bestsellers, such as the *Bestimmung des Menschen* (1748), the *Gedanken über den Wert der Gefühle im Christentum* (1761) and *Über die Nutzbarkeit des Predigtamts* (1773).[43]

The Dutch regarded two authors as particularly drastic. Carl Friedrich Bahrdt (1740–1792)[44] was professor of theology consecutively at Leipzig, Erfurt and Gießen; each institution fired him because of his sexual escapades and his theological extremism. He then taught in Halle as a highly popular

Privatdozent, after which, of all things, he established a public house. A rather less colourful figure was Daniel Heinrich Purgold (1708–1788), a pensioned minister at Magdeburg with no particular love for traditional doctrine. Less radical but controversial nonetheless were Zollikofer, Reformed preacher at Leipzig, and Niemeyer, August Hermann Francke's great-grandson, professor in Halle and director of the Francke Foundations there. The latter's *Charakteristik der Bibel* (1775) was hardly immoderate, nor did it usher in a new period. But it symbolized the turn of the intellectual tide, the changing of the theological guard. Modern intellectual life – Enlightenment, if you will – was there to stay. And as far as the Dutch were concerned, religious innovation came, above all, from Germany.

IV. Conclusion

By Germany we mean, of course, Middle Germany. This is the area to which the Dutch unconsciously turned to for new ideas, refreshing insights and intellectual support. This is where they looked around for sustenance of mind and spirit, regardless of whether representatives of pietism, Enlightenment or confessional orthodoxy produced it. And whether we interpret Middle Germany as the middle of Germany is really quite irrelevant to this contribution. My point is simply that a specific region, roughly between Brunswick and Jena and Göttingen and Wittenberg, apparently brought forth many books worth reading. Why, exactly, Middle Germany became a hotbed of thinking is a complicated story that doesn't need to concern us here. And why the tide turned for the Dutch is an equally thorny question. It obviously has much to do with the oft-told tale of the decline of the Dutch Republic after the Spanish War of Succession, and with what could be regarded as the gradual provincializing of a former European power. The impact of Germany (and to a lesser extent France and Great Britain) on Dutch intellectual life would continue until the Second World War, after which American influences became stronger, and Europe itself was provincialized. This later history is common knowledge and unsurprising. What is much less well-known and much more spectacular is the turning of the tide around 1760, and the central role played by Middle Germany in enlightening the Dutch.

Notes

1 The concept of 'intertraffic' was coined by Cornelis Willem Schoneveld, Intertraffic of the mind. Studies in seventeenth-century Anglo-Dutch translation with a checklist of books translated from English into Dutch, 1600–1700, Leiden 1983.
2 Joris van Eijnatten, History, Reform, and Aufklärung. German Theological Writing and Dutch Literary Publicity in the Eighteenth Century. In: Zeitschrift für neuere Theologiegeschichte/Journal for the History of Modern Theology 7 (2000), pp. 173–204; idem, German Paratexts, Book Reviews and Dutch Literary Publicity. Translations from German into Dutch, 1761–1796. In: Wolfenbütteler Notizen zur Buchgeschichte 25 (2000), pp. 95–127; idem, Liberty and Concord in the United Provinces. Religious Toleration and the Public in the Eighteenth-Century Netherlands, Leiden etc. 2003.
3 Monika Gibas/Rüdiger Haufe (eds.), „Mythen der Mitte". Regionen als nationale Wertezentren. Konstruktionsprozesse und Sinnstiftungskonzepte im 19. und 20. Jahrhundert, Weimar 2005.
4 Recent overviews of religious currents in the two regions include, for Germany: Ulrich Barth, Aufgeklärter Protestantismus, Tübingen 2004; Albrecht Beutel, Aufklärung in Deutschland, Göttingen 2006; and for the Netherlands: Joris van Eijnatten/Fred van Lieburg, Niederländische Religionsgeschichte, Göttingen 2011.
5 Cf. Willem J. van Asselt, The federal theology of Johannes Coccejus (1603–1669), Leiden etc. 2001.
6 The only synopsis of Lampe's life and thought is the Ph. D. dissertation by Gerrit Snijders, Friedrich Adolph Lampe, s. l. [Harderwijk] 1954.
7 Friedrich Adolph Lampe, Gülden Kleinod der Lehre der Wahrheit nach der Gottseligkeit verfasset in dem Heidelbergischen Catechismo weiter ausgeführt, erläutert und befestigt von Johannes d'Outrein nunmehro wegen seiner Fürtrefflichkeit ins Hochteutsche übersetzet durch Henr. Günth. Tegeler, N. C. P. und Organisten der S. Stephans-Kirche in Bremen, Bremen 1721.
8 Concerning the role of translation see the article by Klosterberg/Fischer/Pohl in the present publication.

9 Bibliotheca historico-philologico-theologica, Bremen 1718–1727; Amsterdam, 1720–1727.
10 Annemarie Nooijen, „Unserm grossen Bekker ein Denkmal"? Balthasar Bekkers „Betoverde Weereld" in den deutschen Landen zwischen Orthodoxie und Aufklärung, Münster 2009.
11 Manfred Kock/Jürgen Thiesbonenkamp (eds.), Gerhard Tersteegen – evangelische Mystik inmitten der Aufklärung, Köln 1997.
12 On Dippel, see Stephan Goldschmidt, Johann Konrad Dippel (1673–1734): seine radikalpietistische Theologie und ihre Entstehung, Göttingen 2001.
13 On these thinkers: Pierre Barthel, Jean-Frédéric Ostervald l'Européen 1663–1747, novateur neuchâtelois, Geneva 2001; Camilla Hermanin, Samuel Werenfels. Il dibattito sulla libertà di coscienza a Basilea agli inizi del Settecento, Florence 2003; Martin I. Klauber, Between reformed scholasticism and pan-Protestantism: Jean-Alphonse Turretin (1671–1737) and enlightened orthodoxy at the Academy of Geneva, Selinsgrove, PA/London 1994.
14 At length on this van Eijnatten, Liberty and concord (as in note 2).
15 On 18th-century *Unionsbestrebungen* in this context: Wolf-Friedrich Schäufele, Christoph Matthäus Pfaff und die Kirchenunionsbestrebungen des Corpus Evangelicorum, 1717–1726, Mainz 1998.
16 A brief but still excellent overview of Lavater's life and thought is Horst Weigelt, Johann Kaspar Lavater. Leben, Werk und Wirkung, Göttingen 1991.
17 Friedhelm Ackva, Johann Jakob Hess (1741–1828) und seine Biblische Geschichte, Bern 1992.
18 A useful introduction: Michael Zaremba, Johann Gottfried Herder. Prediger der Humanität: eine Biografie, Köln 2002.
19 The literature on Wieland is immense; a recent biography is: Michael Zaremba, Christoph Martin Wieland. Aufklärer und Poet: eine Biografie, Köln 2007.
20 Hans-Martin Kirn, Deutsche Spätaufklärung und Pietismus. Ihr Verhältnis im Rahmen kirchlich-bürgerlicher Reform bei Johann Ludwig Ewald (1748–1822), Göttingen 1998.
21 Alexander Ritter, Freier Schriftsteller in der europäischen Aufklärung. Johann Gottwerth Müller von Itzehoe, Heide in Holstein 1986.
22 Katja Ludwig, Joachim Heinrich Campe und die Epoche der Aufklärung. Philanthropische Erziehung zum geselligen und nützlichen Bürger am Beispiel von „Robinson der Jüngere", Saarbrücken 2011.
23 Martin Mulsow et al. (eds.), Johann Lorenz Mosheim (1693–1755). Theologie im Spannungsfeld von Philosophie, Philologie und Geschichte, Wiesbaden 1997.
24 Herwart Kemper/Ulrich Seidelmann (eds.), Menschenbild und Bildungsverständnis bei Christian Gotthilf Salzmann, Weinheim 1995.
25 Peter Hoffmann, Anton Friedrich Büsching (1724–1793). Ein Leben im Zeitalter der Aufklärung, Berlin 2000.
26 Hans-Peter Schramm (ed.), Johann Georg Zimmermann – königlich großbritannischer Leibarzt (1728–1795), Wiesbaden 1998.
27 Anna-Ruth Löwenbrück, Judenfeindschaft im Zeitalter der Aufklärung. Eine Studie zur Vorgeschichte des modernen Antisemitismus am Beispiel des Göttinger Theologen und Orientalisten Johann David Michaelis (1717–1791), Frankfurt/M. etc. 1995.
28 Sikander Singh, Christian Fürchtegott Gellert, Hannover 2010.
29 Christian Schmelzer/Sebastian Schaar (eds.), „Gedanke ohne Empfindung ist selten wirksam". Georg Joachim Zollikofer – Prediger der Spätaufklärung, Leipzig/Magdeburg 2009.
30 Günter Schenk, Leben und Werk des halleschen Aufklärers Georg Friedrich Meier, Halle/S. 1994.
31 Karl Menne, August Hermann Niemeyer. Sein Leben und Wirken, Halle/S. 1995.
32 Werner Schneiders (ed.), Christian Wolff, 1679–1754. Interpretationen zu seiner Philosophie und deren Wirkung: mit einer Bibliographie der Wolff-Literatur, Hamburg 1986.
33 Heimo Reinitzer/Walter Sparn (eds.), Verspätete Orthodoxie. Über D. Johann Melchior Goeze (1717–1786), Wiesbaden 1989.
34 Mark Pockrandt, Biblische Aufklärung. Biographie und Theologie der Berliner Hofprediger August Friedrich Wilhelm Sack (1703–1786) und Friedrich Samuel Gottfried Sack (1738–1817), Berlin 2003.
35 Dietrich Klein, Hermann Samuel Reimarus (1694–1768). Das theologische Werk, Tübingen 2009.
36 Wolfgang Erich Müller, Johann Friedrich Wilhelm Jerusalem. Eine Untersuchung zur Theologie der „Betrachtungen über die vornehmsten Wahrheiten der Religion", Berlin 1984.
37 Hubert Steinke/Urs Boschung/Wolfgang Pross (eds.), Albrecht von Haller. Leben, Werk, Epoche, Göttingen 2008.
38 Malte van Spankeren, Johann August Nösselt (1734–1807). Ein Theologe der Aufklärung, Halle/S. 2011.
39 Giuseppe D'Alessandro, L'Illuminismo dimenticato. Johann Gottfried Eichhorn (1752–1827) e il suo tempo, Naples 2000.
40 Rainer Falk/Alexander Košenina (eds.), Friedrich Nicolai und die Berliner Aufklärung, Hannover 2008.
41 Gerhard Alberty, Gotthilf Samuel Steinbart (1738–1809) und seine Stellung in der theologischen Aufklärung des 18. Jahrhunderts, Gotha 1930.
42 Karl Aner, Die Theologie der Lessingzeit, Halle/S. 1929.
43 Cf. Albrecht Beutel, Johann Joachim Spalding. Populartheologie und Kirchenreform im Zeitalter der Aufklärung. In: Peter Walter/Martin H. Jung (eds.), Theologen des 17. und 18. Jahrhunderts. Konfessionelles Zeitalter – Pietismus – Aufklärung, Darmstadt 2003, pp. 226–243.
44 Cf. John Christian Laursen/Johan van der Zande (eds.), Early French and German defenses of freedom of the press. Elie Luzac's "Essay on freedom of expression" (1749) and Carl Friedrich Bahrdt's "On freedom of the press and its limits" (1787) in English translation, Leiden etc. 2003.

Johann Rudolph Deiman (1743–1808). Immanuel Kant's apostle in the Netherlands

Johann Rudolph Deiman (1743–1808) was born in Ostfriesland, studied medicine and philosophy in Halle and went after that to Amsterdam, where he settled as a doctor. In Halle, where he got introduced to the philosophy of Immanuel Kant, the basis for his later activities into Kantianism was laid. Kant was transferred to Holland by two routes: by persons who carried their knowledge literally over the border and by German Enlightenment magazines. From the end of the 1780s onwards, information on early German Kant reception spread to Holland, where it attracted interest by Paulus van Hemert, Johannes Kinker and others. A Kantian movement in Dutch society came into existence, whose strength was its popularization of philosophical ideas and their implementation into society. Deiman, who was a reliable and lifelong ally of Kinker and van Hemert, published four essays on Kant's views on natural science in van Hemerts *Magazine for critical Philosophy*, which is known as the first periodical on critical philosophy outside the German-speaking area. Especially with his close friend Kinker, he tried to introduce Kant's ideas into societies and Freemasonry. His publications, also his introduction to Kantian philosophy, reveal a strong interest in pure reason as a unifying principle of nature.

Johann Rudolph Deiman (1743–1808). Apostel von Immanuel Kant in den Niederlanden

Viktoria Franke

Deiman war eine Persönlichkeit von europäischem Format. Der in Halle ausgebildete und in Amsterdam lebende Naturwissenschaftler und Philosoph wurde durch seine wissenschaftlichen Arbeiten europaweit berühmt und galt als früher Vermittler des Kantianismus nach Holland. In diesem Aufsatz wird anhand von Deimans Leben und Werken versucht werden, einen Einblick in den Kulturtransfer zwischen Deutschland und den Niederlanden zu bieten und die Frage zu beantworten, über welche Wege Kant über die Grenze gelangte und wie sich die kantische Philosophie anschließend in den Niederlanden weiterverbreitete. Deiman ist in den achtzigern Jahren des 20. Jahrhunderts in Deutschland durch die Aufsätze des niederländischen Wissenschaftlers Harry Snelders bekannt geworden.[1] Er erforschte Deiman aus einer wissenschaftshistorischen Perspektive, die die Verbindung mit seinem Kantianismus fast vollständig außer Acht ließ. Daher soll in diesem Aufsatz gezeigt werden, dass Deimans naturwissenschaftliche, philosophische und religiöse Ansichten untrennbar sind und miteinander zusammenhängen.

I. Biographie

Johann Rudolph Deiman wurde am 29. August 1749 in Hage (Ostfriesland) geboren. Er war das jüngste von fünf Kindern. Da sein Vater Albertus Deiman starb, als er 14 oder 15 Jahre alt war, kam er in die Obhut seiner älteren Brüder Johan Diederich Deiman (1732–1783) und Albert Immanuel Deiman. Sie ließen ihn in Leer eine Apothekerausbildung machen und schickten ihn anschließend nach Halle, wo er am 13. Oktober 1767 an der medizinischen Fakultät immatrikuliert wurde. Sein Studium in Halle hatte einen interdisziplinären Charakter: Neben Medizin beschäftigte er sich mit Philosophie, die er bei Georg Friedrich Meier (1717–1777) und Ludwig Martin Träger (1743–1772) studierte. Medizin studierte er bei Friedrich Christian Juncker (1730–1770) und Philipp Adolph Böhmer (1717–1789).[2] 1770 verteidigte er bei Juncker seine Dissertation *De Indicatione Vitali Generatim* („Über die Lebenskräfte als solche und über die dazugehörigen Therapien"). Träger und Böhmer schrieben die Laudatio. Über Kontakte in Halle ist nichts bekannt. Vielleicht hat er Christian Gottfried Schütz (1747–1832), den späteren Herausgeber der *Allgemeinen Literatur-Zeitung*, der ebenfalls bei Träger studierte, kennengelernt.[3] Nachweisen lassen sich bisher jedoch nur Kontakte zwischen Deiman und dem Leipziger Philologen Heinrich Karl Abraham Eichstädt (1772–1848), einem Protegé von Schütz, der 1797 nach Jena berufen wurde und der später die *Jenaische Allgemeine Literaturzeitung* leitete, in der 1807 ein Brief von Deiman veröffentlicht wurde.[4]

Das erste Kapitel von Horst Schröpfers Buch über Christian Gottfried Schütz handelt von der „frühe[n] Kantischen Schule in Halle".[5] Schütz, der die Lateinschule des Waisenhauses besuchte und an der Universität in Halle Philosophie, Geschichte und alte Sprachen bei Johann Salomo Semler und Georg Friedrich Meier studierte, arbeitete anschließend als Inspektor am von Semler geleiteten theologischen Seminar.[6] Schröpfer nennt Ludwig Martin Träger einen „frühe[n] Wegbegleiter Kants in dessen vorkritischer Periode". Seiner Meinung nach wäre Träger, wenn ihn nicht so früh der Tod ereilt hätte, „ein begeisterter Streiter für eine ‚nach Maßgabe der Kritik der reinen Vernunft abgefassten systematischen Metaphysik' geworden, die nach seinen Vorstellungen die vierte Periode der Metaphysik einleitete".[7] Folgende Schriften Kants, von denen er dachte, dass sie „richtungweisende Neuansätze"[8] enthielten, wurden von Träger rezipiert: *Gedanken von der wahren Schätzung der lebendigen Kräfte* (1746), *Versuch, den Begriff der negativen Größen in die Weltweisheit einzuführen* (1763), *Untersuchung über die Deutlichkeit der Grundsätze der natürlichen Theologie und der Moral* (1764), *Träume eines Geistessehers, erläutert durch Träume der Metaphysik* (1766).[9] Träger beklagte die fehlenden Erfahrungsgrundsätze in der Metaphysik. In Kants *Träume eines Geistessehers* sah er seine Ideen über die Grenzen der menschlichen Erkenntnis bestätigt.[10]

Deimans Bemerkung in seiner *Dissertatio* über diese zuletzt erwähnte Schrift kann hingegen nicht positiv gedeutet werden: Er schreibt, laut Alexander Gottlieb Baumgarten soll alles, was sich der Natur erfreut, Leben besitzen, während andere (u. a. Kant in seinen *Träumen eines Geistessehers*) nur solchen Dingen Leben zuschreiben, die mit einem Prinzip, das „immateriell" oder „gefühlshaft" ist,[11] ausgestattet sind. Deiman selber setzt sich auf die Position Herman Boerhaaves und Christian Gottlieb Ludwigs.[12] Mit Blick auf die philosophische Ausrichtung Trägers und Schützes und deren spätere Wirksamkeit für die Verbreitung Kants ist es nicht unwahrscheinlich, dass die Basis für Deimans Interesse an Kant schon an der Universität von Halle gelegt worden ist und nicht, so wie

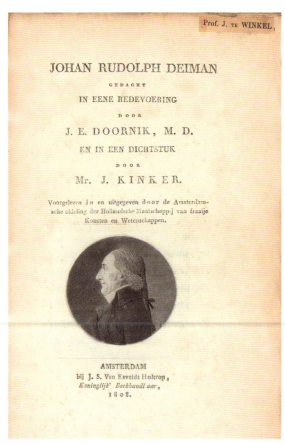

Abb. 1 Johann Rudolph Deiman (1743–1808), Titelblatt des Totengedenkens von J. E. Doornik und Johannes Kinker, Amsterdam 1808

bei anderen Kantianern in den Niederlanden, erst durch die Berichterstattung der frühen Kantdebatte in Deutschland in der in den Niederlanden vielfach zur Kenntnis genommenen deutschen Presse entstanden ist.

Nach der Vollendung seines Studiums ließ Johan Rudolf Deiman sich in Amsterdam als Arzt nieder und beschäftigte sich nebenher mit Chemie und Philosophie. Um 1800 gehörte er mit Johannes Kinker (1764–1845), Paulus van Hemert (1756–1825) und anderen zu den ersten Befürwortern von Immanuel Kants kritischer Philosophie in den Niederlanden. Ende 1790 oder Anfang 1791 gründete Deiman zusammen mit dem Kaufmann und Dilettanten Adriaan Paets van Troostwijk (1752–1837) einen informellen, inno-

Abb. 2 Immanuel Kant (1724–1804), Gemälde von Gottlieb Doeppler 1786

vativen Kreis zur chemischen Forschung, der im Ausland unter dem Namen „die Holländischen Chemiker" bekannt wurde.[13] Der Arbeitskreis war verantwortlich für eine Blütezeit in der holländischen Chemie am Ende des 18. Jahrhunderts und kompensierte das fehlende Interesse und die daher eingeschränkten Möglichkeiten zu grundlegenden chemischen Forschungen an den Universitäten. Die Zusammenarbeit zwischen Paets van Troostwijk, der ein Laboratorium besaß, und Johan Rudolf Deiman hatte schon 1778 ihren Anfang genommen. Die Kooperation zwischen beiden führte Ende 1789 dazu, dass Deiman sich von der Phlogistontheorie des Hallenser Wissenschaftlers Georg Ernst Stahl abwandte und ein Anhänger der Oxidationslehre von Antoine Lavoisier (1743–1749), dem Vater der modernen Chemie, wurde. Es war letztendlich vor allem den Experimenten von Deiman und Paets van Troostwijk zu danken, dass sich die Ansichten von Lavoisier in den Niederlanden durchsetzten.[14] Deiman verband in seinen chemischen Ansichten Lavoisier mit Kant, so geht es aus einem Gedicht Kinkers hervor, aber Texte in denen Deiman näher auf diese Verbindung eingeht, sind nicht erhalten worden.[15] Zwei Jahre vor Deimans Tod 1808 bat ihn Louis Napoléon Bonaparte, König von Holland, sein Leibarzt zu werden, eine Tatsache, die Deimans Reputation, die er bis dahin erworben hatte, hervorragend illustriert.[16]

II. Die Verbreitung der kantischen Philosophie in Holland

Kant kam auf verschiedenen Wegen nach Holland: zunächst über Personen, die ihre Kenntnisse über die Philosophie wortwörtlich über die Grenze trugen, und über Medien, an erster Stelle über Zeitschriften.[17] Für die kantische Philosophie gilt, dass diese nicht direkt aus Königsberg nach Holland gelangte, sondern über Mitteldeutschland, wo sie u. a. an der Universität von Jena Fuß fasste und durch die in Jena gegründete *Allgemeine Literatur-Zeitung* (1785–1849) verbreitet wurde.[18]

Friedrich Wilhelm Dethmar, der deutsche Übersetzer einiger Schriften des Theologen und Philosophen Paulus van Hemert, schrieb 1799 Folgendes über die Art und Weise, wie Kant in Holland ankam: „In Deutschland machte zu dieser Zeit keiner mehr Aufsehen, als I. Kant. Die Gährung, die hier zu herrschen anfing, wurde auch bald durch die *Allg. Lit. Zeitung* und einige andere Journale verbreitet, die bis ins Innere von Holland verschickt und daselbst gelesen werden. Den Helden dieser Gährungen, sprach dieser und jener nach Kenntniss strebende Mann, müsse er kennen lernen und Kants *Kritik der reinen Vernunft* wurde verschrieben. Mit Ungeduld wartete er auf die Ankunft des merkwürdigen Buchs. Es kam; er las es und wunderte sich nicht wenig, wie dieses Buch so viel Aufsehen hatte erregen können. Doch, er war zu wenig Egoist, als dass er es gewagt hätte, zu behaupten, dass so viele Deutsche Gelehrte Unrecht gehabt hätten. Er fing die Lectüre von neuem an, er verdoppelte seine Aufmerksamkeit, die Sprache fing an, ihm bekannter zu werden und er fand, dass – hohe Weisheit in diesem Buche verborgen läge. Dass einige Gelehrte die Geduld hatten, die *Kritik der reinen Vernunft* und einige andere Kantische Schriften, sechsmal nacheinander durchzulesen, muss uns an dem unverdrossenen Holländer nicht wundern. Schon vor der Bekanntschaft mit Kant, wusste er, dass seine vaterländische Politik, Theologie und Philosophie großer Verbesserungen bedürften – nun fühlte er es um desto mehr und wünschte nichts feuriger, als den Deutschen Kant auf Holländischen Boden zu versetzen."[19]

Die Berichterstattung über die kantische Philosophie in der *Allgemeinen Literatur-Zeitung* und in anderen deutschen, namentlich nicht erwähnten Zeitschriften machte manche Holländer neugierig auf Kants *Kritik der reinen Vernunft*.[20] Bei der ersten Lektüre fiel ihnen das Neue, das das Buch zu bieten hatte, nicht auf, jedoch bei der zweiten Lektüre entdeckten sie, dass es eine hohe Weisheit enthielt. Dethmar, der die frühe Kantrezeption in den Niederlanden ausführlich beschrieb, sah eine rosige Zukunft für Kant voraus: Nur die Rezensionszeitschrift *Vaderlandsche Letter-Oefeningen* – die am meisten gelesenen Zeitschrift im 18. Jahrhundert in den Niederlanden – leistete Widerstand, weiter wurde der deutsche Philosoph mit immer größeren Enthusiasmus empfangen.[21] Auch der Schriftsteller Rhijnvis Feith wies rückblickend in seinen *Brieven aan Sophie* (1806) auf die Rolle der deutschen Zeitschriften, an erster Stelle die *Allgemeine Literatur-Zeitung*, die sie bei der Verbreitung Kants gespielt hatten.[22] Dass in den Niederlanden von einer gewissen Zeitverzögerung in Vergleich zu der ersten Kantrezeption in Deutschland die Rede ist, hat mit praktischen Aspekten des Kulturtransfers zu tun: Erst sollten sich im Ursprungsland Strukturen entwickelt haben, die eine Wissensvermittlung ermöglichten. Eine Rezensionszeitschrift wie die *Allgemeine Literatur-Zeitung* – die sich von Anfang an für die Verbreitung der kantischen Philosophie einsetzte – war ein effizientes Medium, um durch Besprechungen Bücher von und zu Kant, die ansonsten im rezipierenden Kulturgebiet gar nicht wahrgenommen worden wären, bekannt zu machen. Erst anschließend entwickelte sich in den Niederlanden eine eigenständige kantische Bewegung.[23]

In den 1790er Jahren bildete sich in den Niederlanden eine Gruppe von Gleichgesinnten, die ihre Energie dem Studium und der Verbreitung der kantischen Philosophie widmeten. Sie gehörten zu den führenden Intellektuellen der niederländischen Aufklärung, und Deiman war unter ihnen. Diese ersten Anfänge der Kantrezeption und die Umstände, wie diese Menschen zusammenfanden, liegen noch im Dunkeln. Den beständigen Kern der Gruppe, deren Zusammensetzung über die Jahre hinweg gelegentlich wechselte, bildeten der Theologe und Philosoph Paulus van Hemert (1756–1825) und der Dichter, Philosoph und Anwalt Johannes Kinker (1764–1825). Andere Kantianer waren: Johann Frederik Schröder, Jean Lambert Joseph Le Fèvre, Cornelis Loots, Jan Frederik Helmers, Jacob Elisa Doornik, Hendrik Franciscus Caroluszoon Tollens, Hendrik Hermann Klijn und Cornelis Vollenhoven.[24] Den Kantianern ging es nicht an erster Stelle um akademische Bildung einer Schule an den Universitäten, sondern um die Implementierung der kantischen Philosophie in die Gesellschaft und damit um die Beförderung der Aufklärung. Die Kantdebatte in den Niederlanden spielte sich im Kontext der Theologie ab. Die Auseinandersetzung zwischen Befürwortern und Gegnern Kants ging um die Frage, ob die Gesellschaft eine christlich-aufgeklärte Basis haben sollte, oder ob sie sich für andere Religionen und Lebensauffassungen öffnen sollte.[25]

1792 veröffentlichte van Hemert den ersten Aufsatz zu Kant in den Niederlanden: *Kort verslag van de inhoud der nieuwe wijsgebeerte van de Heer Kant* [*Kurze Skizze des Inhalts der neuen Philosophie Herrn Kants*],[26] 1796/97 erschien seine *Beginzels der Kantiaansche wysbegeerte* [*Prinzipien der kantischen Philosophie*], vermutlich eine freie Bearbeitung des *Neuen philosophischen Magazins* von Johann Heinrich Abicht und Friedrich Gottlob Born. In den Jahren 1799 bis 1804 gab van Hemert das *Magazyn voor de critsche Wijsgeerte* [*Ma-

gazin für die kritische Philosophie] heraus, in dem Deiman drei Aufsätze veröffentlichte, und 1804–1808 *Lektuur bij het Ontbijt en de Thetafel* [*Lektüre beim Frühstücks- und beim Teetisch*], ein Popularisierungsversuch der kantischen Philosophie. Van Hemert war auch die treibende Kraft hinter der 1806 herausgegebenen Rezensionszeitschrift *Recensent, ook der Recensenten* [*Rezensent, auch der Rezensenten*] (1806–1850), für die u. a. die *Allgemeine Literaturzeitung* als Vorlage diente und womit die Kantianer permanent einen Teil des Publikums für sich gewannen. Dank dieser Zeitschriften und der von Kinker redaktionell betreuten *Schouwburg van in- en uitlandsche Letter- en Huishoudkunde* [*Schauplatz der in- und ausländischer Literatur und Ökonomie*] (1805–1810) wurde Kant schließlich Anfang des 19. Jahrhunderts zu einem Diskussionsthema größeren Ausmaßes. Der Höhepunkt der Kantdebatte in den Niederlanden fiel in dessen erstes Jahrzehnt. Van Hemert beschäftigte sich vor allem mit Zeitschriften, während Kinker die treibende Kraft hinter der Verbreitung der kantischen Aufklärung in Sozietäten war. Dieser versuchte dabei gezielt, Mitstreiter für die Philosophie des Königsbergers in den Sozietäten *Felix Meritis*, *Concordia et Libertate* und *Hollandsche Maatschappij van Wetenschappen* und in der Freimaurerei zu gewinnen.

Welche Rolle spielte Deiman in dieser Gruppe von Kantanhängern? Er war vor allem derjenige, der ein besonderes Interesse für Kant aus naturwissenschaftlicher Sicht bekundete. Er war weiterhin ein permanenter Mitstreiter von van Hemert und

Abb. 3 Karikatur auf den holländischen Kantianismus, Radierung von J. Marcus nach dem Aquarell von J. Smies, ca. 1800–1810. Die Übersetzung des Titels lautet „Dem sittlichen und sinnlichen Menschen"

Kinker. Dass Deiman sich des kontroversen Gehalts, aber auch der grundlegenden Aufgabe der kantischen Philosophie bewusst war, geht deutlich aus einem offenen Brief in der *Jenaischen Allgemeinen Literaturzeitung* von 1807 hervor. Der Brief ist geschrieben anlässlich eines in der *Halleschen Allgemeinen Literaturzeitung* publizierten Berichts eines anonymen Korrespondenten, der zwei wichtige Amsterdamer Sozietäten mit einer „Punschgesellschaft" verglichen und behauptet hatte, dass Kinkers *Briefe van Sophie aan Mr. Rijnvis Feith* viel „falsche[n] Witz und mauvaise plaisanterie"[27] besäßen. Diese *Briefe van Sophie* (1807) sind eine Erwiderung der *Briefe aan Sophie* (1806) des schon erwähnten sentimentalen Schriftstellers und Dichters Rhijnvis Feith, der eine Reihe von fiktiven Briefen über die kantische Philosophie herausgegeben hat, in denen er Kant bekämpft. Deiman wollte das in der deutschen Öffentlichkeit entstandene Bild bezüglich dieser wichtigen Kulturträger berichtigen. Der Korrespondent könne kein Mitglied dieser Gesellschaften sein, so Deiman, denn ansonsten hätte er wohl anders geurteilt. Er warf ihm vor, uninformiert zu sein, unterschrieb den Brief demonstrativ mit seinem Namen und forderte seinen Opponenten auf, das Gleiche zu tun und in die Öffentlichkeit zu treten, damit das Publikum beurteilen könne, ob er in der Lage sei, ein ehrenhaftes Urteil zu fällen. Er verteidigte kantische Mitstreiter wie die Dichter Helmers und Klyn und den Arzt Doornik und sagte von van Hemert, dass dieser „mit unter der gründlichsten Philosophen unserer Zeit gezählt werden"[28] dürfe. Die Bemerkung über Kinkers *Briefe van Sophie* fand er nicht die Rede wert. Kantanhänger und Kantgegner bekämpften sich also nicht nur in den Niederlanden, sondern verlegten ihren Kampf, wenn erforderlich, auch ins Ausland.

Deiman war wie Kinker Mitglied der Amsterdamer Abteilung der *Hollandsche Maatschappij van fraaije kunsten en wetenschappen* und von *Concordia et Libertate*. Ab 1805 versuchten Kinker, Deiman und andere von Kant Inspirierte ihre Auffassungen auch in der Freimaurerei zu verbreiten, indem sie gezielt der Amsterdamer Loge La Charité beitraten.[29] Bei der Aufnahme von Deiman in diese Loge schrieb Kinker einen Liedtext. Etwas später gehörten sie beide zu den Gründern des Blindeninstituts. Diese Gründung, durch La Charité initiiert, war größten Teils Deiman zu verdanken, der sie zusammen mit Kinker und dem Herausgeber Willem Holtrop vorantrieb.[30] Außerdem widmete Kinker seine *Briefe van Sophie* Deiman und informierte den Leser, dass er Feiths *Brieven aan Sophie* erst kenngelernt habe, als Deiman ihm dieses Buch auslieh. 1805 gab Deiman *De geest en strekking der critische wijsgeerte, in een kort overzicht voorgesteld* [*Der Geist und die Absicht der kritischen Philosophie, in einer kurzen Übersicht dargestellt*] heraus. In dieser Abhandlung versucht Deiman zu erläutern, dass der Geist der kantischen Philosophie ein Geist der Einheit war. Sie wurde anlässlich des Todes Kants 1804 zusammen mit einem Gedicht von Kinker veröffentlicht: *Gedachten bij het graf van Immanuel Kant* [*Gedanken beim Grab von Immanuel Kant*].[31] Nach Deimans Tod 1808 schrieb Kinker ein ehrendes Gedicht für ihn, dass in der *Hollandsche Maatschappij* verlesen wurde:[32]

Jedoch was wage ich [Kinker] mich, Ungeweihter,
Auf einem Grundgebiet, wo er
Nun meine Leitfigur nicht mehr sein kann,
Nun für mich eine Wüstenei?
An seiner Seite, neben ihn tretend,
Sah ich, obwohl nur ein Fremdling,
Auf diesem Weg, bedeckt mit Nebel,
Etwas bei fahler Dämmerung:
Ich dachte dort das hohe philosophische System
Tief in beider Seelen gepflanzt,
Von seiner Hand geleitet, zu entdecken:
Ich traute Lavoisier mit Kant.[33]
Es war, als ob der eine sah, was der andere,
In einem heiligeren Ort,
Hatte gedacht, erkannt, gefunden
Und gebietend aufgespürt.
[...]
Unveränderliche Gesetze
Herrschen ewig, überall.

Unerschütterlich strebt eine Ordnung
Schöpfend hindurch die Schöpfung;
Eine Beziehung zwingt andauernd
Alles Geschaffene zu einem Ganzen!
Deiman, ja, ihre beide Leitfiguren,
Kamen jedes Mal zu diesem Schluss,
Denn Natur und Vernunft, beide,
Verkünden nur ein Urteil!
Überall herrscht Gesetzeszwang;
Aber – es sind Gesetze der Natur –
Schmelzend, in den Flut der Sinnen;
Dampfend vor einem edlen Feuer.[34]

III. Deimans Schriften zur kantischen Philosophie

Deiman veröffentlichte insgesamt drei Aufsätze im *Magazyn voor de critische Wijsgeerte* – eine Zeitschrift, die übrigens den Ruf hat, das erste Magazin zur kantischen Philosophie außerhalb Deutschlands gewesen zu sein. Außerdem veröffentlichte er, sowie bereits erwähnt, in einer Koproduktion mit Kinker eine Abhandlung unter dem Titel *De Geest en strekking der critische wijsgeerte* (1805). Ursprünglich betraf es bei den drei Aufsätzen die im *Magazyn* veröffentlicht wurden, Vorträge für die Amsterdamer Sozietät *Concordia et Libertate*. *Concordia et Libertate* wurde auch die „Dienstagabendgesellschaft" genannt, da die Mitglieder sich an diesem Wochentag trafen; sie hatte eine freisinnige Signatur und ihre Mitglieder stammten aus der Amsterdamer Intelligenz.[35] Die Aufsätze sollten die kantische Philosophie einem aufgeklärten und gebildeten Publikum bekannt machen. Ihre popularisierende Art bestand u. a. darin, dass sie versuchten dem Publikum Kants Philosophie vorzustellen, jedoch ohne den Gebrauch komplexer philosophischer Fachbegriffe. Zwei von diesen Aufsätzen wurden auch ins Deutsche übersetzt und im *Archiv für die Physiologie*, herausgegeben von dem Hallenser Medizinprofessor Johann Christoph Reil (1759–1813), veröffentlicht: *Ueber die Grundkräfte, nach den Vorstellungen des Immanuel Kant* und *Ist die Lebenskraft im Thier- und Pflanzenreich der allgemeinen Grundkraft der Materie untergeordnet, oder ist sie eine eigene Grundkraft?*[36]

In *Geest en strekking der critische wijsgeerte* versucht Deiman ein allgemeines Bild der kantischen Philosophie zu zeichnen. Er möchte zeigen, dass der Geist dieser Philosophie einer der Einheit ist, der die „die stufenweise Vervollkommnung und Veredelung der Menschheit" [„de trapsgewijze volmaking en veredeling der menschheid"] beabsichtige.[37] Den Begriff der „notwenigen Freiheit" will Deiman auf drei philosophische Disziplinen anwenden, auf das Wahre, das Schöne und das Gute.[38] Er bespricht Spinoza, den er ablehnt: Sogar der Spinozismus, wie sehr dieser auch auf Mathematik gebaut und bis zur höchst denkbaren Einheit hinaufgestiegen ist, bildet im Grunde keine wirkliche Einheit, sondern es werden dort gleichfalls Systemlücken mit Ideen aufgefüllt, die keinen sicheren Grund haben, denn die Lehre des Schicksals und der sittlichen Freiheit werden auch bei ihm nicht vereinigt. Laut Deiman ist im Spinozismus von einer „freien Notwendigkeit" die Rede, und dies ist seiner Meinung nach ein Macht- resp. Widerspruch, denn wenn etwas notwendig ist, kann es nicht frei sein.[39] Er kehrt sich damit gegen den Determinismus. Deiman versucht die Metaphysik als Spinozismus zu denunzieren: Die kritische Philosophie – die im Grunde antispinozistisch ist – aber hat dieses Problem gelöst und unseren Kenntnissen die Einheit gegeben, nach der die menschliche Vernunft strebt. Freiheit ist der höchste Begriff unserer Seele, denn ohne Freiheit kann es kein Ziel geben. Der Mensch ist frei, die Mittel zu wählen, um seine Ziele zu erreichen.[40] Der Unterschied zwischen der kantischen Philosophie und älteren philosophischen Systemen – die in ihrer Metaphysik laut Deiman alle auf Spinozismus hinauslaufen – ist, dass diese die völlige Freiheit mit einem Machtspruch außerhalb des Menschen in ein unabhängiges Wesen platzierten, die kritische Philosophie dagegen sie in Verbindung mit Sittlichkeit als Basisprinzip des menschlichen Handelns ansieht. Deiman dreht den Spieß um und redet von einer notwendigen Freiheit.⁴¹ Diese notwendige Freiheit sei der einzige Gesichtspunkt, aus dem das Reich des Wahren, das Reich des Schönen und das Reich des Guten überschaut werden könne. Im Reich des Guten oder der Tugend werde das wahre Wesen der Freiheit, im Reich der Schönheit das glänzende Bild und im Reich der Wahrheit, d. i. in der Natur, das widergespiegelte Bild der Freiheit aufgefunden.⁴² Überall in der Natur findet der Mensch die Vernunftgesetze wieder. Ohne die Anwendung dieser auf die Erscheinungen würde weder Ordnung noch Kohärenz, noch Einheit für den Menschen in der Natur vorhanden sein. Naturforschung ist für Deiman gleichzeitig Erforschung des Menschen. Das Erhabene in der Natur, das heißt die Schönheit, Ordnung und Regelmäßigkeit in ihr, ist die Reflexion der menschlichen Veranlagung. Die Natur ist eine zielmäßige Einheit. Die erhabenen Ideen im menschlichen Gemüt, durch die Natur versinnlicht und veranschaulicht, erheben das Gemüt zur Übung der Tugend, die den Menschen zur Perfektibilität anspornt. Nur der gemeinschaftliche Geist in Mensch und Natur kann nicht in der Natur versinnlicht werden. Dieser Geist ist laut Deiman das erhabene Ideal von Freiheit und Heiligkeit, und er ist göttlichen Charakters.⁴³

In seinem Vortrag über die Grundkräfte [*Redevoering over De Grondkrachten, volgends de Beginzelen van Immanuel Kant*] stützt Deiman sich auf zwei Quellen: Kants *Anfangsgründe der Naturwissenschaft* (1786) und seine *Kritik der reinen Vernunft* (1781).⁴⁴ Laut Deiman hat Kant auf die Frage, ob die verschiedenen Kräfte, die uns in der Natur begegnen, allgemeine Grundkräfte sind oder nur daraus hergeleitet werden, von allen Philosophen das hellste Licht geworfen.⁴⁵ Er argumentiert mit Kant, dass Materie zwei Anfangsgründen unterworfen ist: „terugstootende en aantrekkende kracht" („Abstoßungs- und Anziehungskraft").⁴⁶ Das Wesen der reinen Vernunft sei Allgemeinheit. Sie versuche, aus dem Allgemeinen das Besondere herzuleiten, und gebe der Erfahrungskenntnis und den Grundsätzen des Verstandes somit einen einheitlichen Zusammenhang, bringe in jedwede Erfahrungskenntnis eine systematische Einheit und damit also ein allgemeines Prinzip, von dem aus alle übrigen Prinzipien hergeleitet werden. Die Vernunft strebe danach, jede Erscheinung, die es in der Natur gibt, unter einem einzigen Grundsatz zu subsumieren und so ein regelmäßiges Ganzes zu entwerfen.⁴⁷

Für Deiman beinhaltet das Studium der Einrichtung der Natur gleichzeitig das Studium der Einrichtung der Vernunft. Der Mensch erkennt nicht die Dinge an sich, sondern nur ihre Erscheinung, die vom Verstand geformt wird. Deiman rezipiert hier Kants „doppelte Grenzbestimmung", demnach die Vernunft nicht nur keinen Zugang zur Metaphysik schafft, sondern auch der „Erfahrungskenntnis überhaupt" Grenzen setzt.⁴⁸ Je mehr der Mensch die „Einrichtung der Natur" erforscht und den „großen Plan", nach dem sie funktioniert, besser kennenlernt, je mehr Schönheit, Ordnung und Regelmäßigkeit er in ihr entdeckt und davon überzeugt wird, dass alle Erscheinungen, die uns auf dem „grenzlosen Schauplatz der Sinnenwelt" umgeben, Auswirkungen von sehr einfachen Prinzipien sind, umso mehr wird er begreifen, dass die scheinbare Verwirrung, die wir bei einer oberflächlichen Betrachtung zuweilen wahrzunehmen, bei näherer Erforschung sich als die „schönste Harmonie" herausstellt.⁴⁹

Die Feststellung, dass überall in der Natur alles auf ein Ziel, die Einheit, hinausläuft, veranlasst Deiman dazu, am Ende des Textes ein Zitat aus Vergils *Aeneis* zu geben, ohne übrigens dessen Namen zu nennen: „Der Kreis des Himmels, die Erde und des Weltmeers weite Fläche, / Das Mondlicht und die Sonne, und der Sterne nie gezähltes Heer, / Alles wird von Einem, des Sterblichen Auge verborgener Geist, / Der Seele des großen Ganzen, belebet, genährt, beweget".⁵⁰ Durch dieses Zitat zieht Deiman implizit eine Parallele zwischen der eigenen Religiosität und einer antiken, heidnischen. Es macht die Motivation der Kantianer aus, sich mit missionarischem Eifer für Kants Philosophie einzusetzen. Weder Kinker noch Deiman waren Christen. Für van Hemert gilt, dass sich für

Abb. 4 Johannes Kinker (1764–1845), Gemälde von Jan Cornelis van Rossum, 1845

ihn kantische Philosophie und Christentum sehr wohl vereinigen ließen, er aber dafür Anschuldigungen des Atheismus hinnehmen musste. Der kantische Grundsatz, die menschliche Vernunft könne nichts über das Übernatürliche sagen, liefert für sie die wissenschaftliche Unterbauung des individuellen subjektiven Glaubens. Die *Kritik der reinen Vernunft* schafft auf diese Weise einen Freiraum des Glaubens.[51] Deimans persönliche Glaubensauffassung könnte man am besten als holistisch qualifizieren. In Bezug auf Kinker ist diese philosophische Haltung von André Hanou auch als „Verbundenheit mit der Schöpfung-in-ihrer-Totalität" qualifiziert worden.[52]

Der zweite Aufsatz im Magazin über die Lebenskraft im Tier- und Pflanzenreich [*Is de levenkracht, in het dieren- en plantenrijk, van de algemeene grondkracht der stoffe afgeleid, of eene bijzondere grondkracht?*] baut auf Deimans ersten Aufsatz im Magazin auf, er kehrt aber gleichzeitig zu seinem Dissertationsthema zurück.[53] Hat Deiman in seiner *Dissertatio* noch die Lebenskraft in den Nerven lokalisiert, erklärt er sie in seinem Aufsatz im *Magazyn* aus dem Prinzip des Stoffes und schließt damit an den Mediziner Johann Christian Reil an, der erste Ansätze dieser Theorie herausgearbeitet hatte.[54] Der letzte Aufsatz *Over de bestemming van den mensch, en inzonderheid van den Geleerden* [*Über die Bestimmung des Menschen, insbesondere des Gelehrten*] stützt sich auf Fichtes *Über die Bestimmung des Menschen* und dehnt seine Überlegungen auf den Gelehrten aus. Der Gelehrte, so Deiman, beantwortet die Frage nach seiner Bestimmung, wenn er seine Geisteskräfte gänzlich darauf verwendet, die Wissenschaft zu dem höchstmöglichen Maß der Vollkommenheit zu bringen, damit die allgemeine Zivilisation vergrößert und die Verbesserung des menschlichen Geistes befördert wird.[55] Deiman war der Meinung, dass Wissenschaft sich nicht im Elfenbeinturm aufhalten dürfe, sondern sich in der Gesellschaft nützlich machen solle. Die aufklärerische Intention, die die Kantianer hatten, um ihre Texte zu veröffentlichen, legt er in diesem Aufsatz offen.

IV. Fazit

Es steht noch offen, welche Personen in der niederländischen Aufklärung für kürzere oder längere Zeit von Kant beeinflusst waren, ebenso fehlt eine genaue Untersuchung der Schriften der Kantianer. Obwohl soziokulturell als ein hauptsächlich Amsterdamer intellektuelles Phänomen eingestuft, hatte die Forschung bisher sehr wenig Aufmerksamkeit für diese Menschen als *Philosophen*. Der Grund dafür ist, dass die Erforschung der frühen Kantrezeption auf Basis von neuen Quellen bisher entweder eine Angelegenheit literaturgeschichtlich orientierter Kulturhistoriker oder kulturhistorisch wenig interessierter Philosophiehistoriker gewesen ist. Aus kulturhistorischer Sicht war vor allem die Verbreitung und Popularisierung in Sozietäten und darüber hinaus sowie die Debatte in den Medien um 1800 von Interesse, während eine gediegene ideenhistorische Erforschung niederländischer kantischer Schriften auf der Strecke blieb. Die Frage, wie sich die Texte der niederländischen Kantianer sich *genau* zu Kant verhalten, bleibt daher offen. Darüber hinaus gilt, dass wer vorhat, den niederländischen Kantianismus zu erforschen, sich nicht auf Philosophie im engen Sinne konzentrieren darf, sondern sich mit einer bunten Mischung aus wissenschaftlichen Studien, Antworten auf Preisfragen, Übersetzungen, Vorträgen, Abhandlungen, Gedichten, Lied- und Theatertexten, Briefen, Rezensionszeitschriften und moralischen Wochenschriften konfrontiert sieht, die nur mit einem interdisziplinären Zugang zu erschließen ist. Sogar Bildmaterial ist vorhanden.[56] Dass die erste niederländische Kantrezeption nicht unbedingt eine intellektuell geringwertige Erscheinung darstellt, geht aus der Tatsache hervor, dass die Niederlande als Umschlagplatz der Philosophie Kants nach Frankreich und England fungiert haben.[57] In diesem Aufsatz wurde anhand einer Fallstudie über den deutschen Arzt, Philosophen und Naturforscher Johann Rudolph Deiman gezeigt, dass bei ihm nicht nur Philosophie, Naturforschung und religiöse Empfindung in einem engen Zusammenhang standen, sondern auch, dass Kant über leibhaftige Personen, die ihr Interesse für Kant nach Holland verpflanzten, und über Medien nach Holland gelangte. Im Falle von Deiman, aber auch etwa bei van Hemert spielte der Rücktransfer nach Deutschland eine Rolle, indem Veröffentlichungen ins Deutsche übersetzt wurden und er dort Kontakte pflegte. Wer sich vorstellt, dass darüber hinaus kantisches Gedankengut von Holland aus in andere europäische Länder weitergeleitet wurde, während fast zeitgleich Nachrichten über Kant aus Deutschland dorthin gelangten und man anschließend den Blick direkt auf Deutschland richtete, versteht, dass die frühe Kantrezeption in Europa letztendlich nur als kompliziertes Beziehungsgeflecht erforscht werden kann.

Anmerkungen

1 Henricus Adrianus Marie Snelders, Jan Rudolph Deiman (1743–1808). In: Die Entwicklung des medizinhistorischen Unterrichts, hg. v. Arina Völker und Burchard Thaler, Halle 1982 (Wissenschaftliche Beiträge 1982/6), S. 154–164; ders., Johann Christian Reils „Lebenskraft" und die niederländischen Ärzte. In: Johann Christian Reil (1759–1813) und seine Zeit. Hallesches Symposium 1988, hg. v. Wolfram Kaiser und Arina Völker, Halle 1989, S. 31–37.

2 J. Ch. H. Gittermann, Deiman, Johann Rudolph. In: Johann Samuel Ersch/Johann Gottfried Gruber: Allgemeine Enzyklopädie der Wissenschaften und der Künste. Sektion 1, 23. Teil, Leipzig 1832, S. 343–346, hier S. 343.

3 Siehe über Schütz: Horst Schröpfer, Kants Weg in die Öffentlichkeit. Christian Gottfried Schütz als Wegbereiter der kritischen Philosophie, Stuttgart/Bad Cannstatt 2003.

4 Vgl. Viktoria Franke, Een gedeelde wereld? Duitse theologie en filosofie in het verlichte debat in Nederlandse recensietijdschriften, 1774–1837, Amsterdam 2009, S. 88 f., 219–221. Es handelt sich um den folgenden Text: Brief von J. R. Deiman, Med. Doctor zu Amsterdam, an den Redacteur der Jenaischen Allgemeinen Literaturzeitung. In: Jenaische Allgemeine Literaturzeitung (im Folgenden JALZ), Bd. 4: Intelligenzblatt 56 (1807), Sp. 486–488. Übrigens gibt es Hinweise, dass Deiman für die JALZ als Rezensent tätig gewesen ist. Siehe: Franke, Wereld (wie oben), S. 217–219.

5 Schröpfer, Kants Weg (wie Anm. 3), S. 22–78.

6 Ebd., S. 22–34.

7 Ebd., S. 51.

8 Ebd., S. 38.

9 Ebd., S. 38 f.

10 Ebd., S. 39, 43.

11 Johan Rudolph Deiman, Dissertatio inauguralis medica de indicatione vitali generatim, Halle 1770, S. 7 f.

12 Ebd., S. 24–29.

13 H. A. M. Snelders, Het gezelschap der Hollandsche scheikundigen. Amsterdamse chemici uit het einde van de achttiende eeuw, Amsterdam 1980, S. 56–68, hier S. 56 f.

14 Ebd., S. 41–53. Vgl. Snelders, Reils „Lebenskraft" (wie Anm. 1), S. 31.

15 Johannes Kinker, Klaag-Zang bij het graf van mijnen waardigen vriend, den Ridder Johan Rudolph Deiman, Amsterdam 1808, S. 77–82.

16 Gitterman, Deiman (wie Anm. 2), S. 345.

17 Vgl. Franke, Een gedeelde wereld? (wie Anm. 4), S. 213–217. – Gottlieb Immanuel Huschke (1761–1828), von dem gemeldet wird, dass sein Vater Kaufmann in Amsterdam gewesen war, verschlug es 1789 nach Amsterdam, wo er als Hauslehrer arbeitete. Als ehemaliger Student von Schütz an der Universität von Jena, wurde er von diesem als Rezensent niederländischer philologischer Schriften für die *Allgemeine Literaturzeitung* eingespannt.

18 Siehe für eine kurze Übersicht: Horst Schröpfer, „… zum besten der Teutschen Gelehrsamkeit und Litteratur …". Die Allgemeine Literatur-Zeitung im Dienst der Verbreitung der Philosophie Kants. In: Der Aufbruch in den Kantianismus. Der Frühkantianismus an der Universität Jena von 1785–1800 und seine Vorgeschichte, hg. v. Norbert Hinske, Stuttgart/Bad Cannstatt 1995, S. 85–100.

19 Friedrich Wilhelm Dethmar: Vorrede des Übersetzers. In: Paulus van Hemert: Ueber die Existenz der Principien eines reinen uneigennützigen Wohlwollens im Menschen. Aus dem Holländischen, nebst einer Vorrede und kurzen Geschichte der Schicksale der Kantischen Philosophie in Holland von F. W. Dethmar, Dortmund 1799, S. V–XXVI, hier S. XIV f.

20 Es gibt in niederländischen Quellen keinen Hinweis darauf, welche Zeitschriften hier gemeint sein könnten. Zu vermuten wäre, dass es sich hier um allgemein-wissenschaftliche Zeitschriften handelt, durch welche das niederländische Publikum über die Entwicklungen in Deutschland auf dem Laufenden gehalten wurde. Dabei braucht es sich nicht unbedingt um Zeitschriften, die dem Kantianismus positiv gegenüberstanden, zu handeln. Insofern könnte u. a. auch die *Allgemeine Deutsche Bibliothek* gemeint sein.

21 Es war um 1800 möglich, den Empfang von Kant in den Niederlanden so zu betrachten. In Wirklichkeit fasste Kant nur bei einem kleinen Teil des Publikums Fuß. Vgl. Franke, Een gedeelde wereld? (wie Anm. 4), S. 230 f.

22 Ebd., S. 208–211.

23 Vgl. Schröpfer (wie Anm. 3), S. 191–198.

24 Ich möchte an dieser Stelle auf das Œuvre von Prof. Dr. André Hanou verweisen, vor allem auf seine Dissertation: Sluiers van Isis. Johannes Kinker als voorvechter van de Verlichting, in de vrijmetselarij en andere Nederlandse

genootschappen, 1790–1845, 2 Bde., Deventer 1988, hier S. 39, 74, 128 f., 137, 199 f.
25 Franke, Een gedeelde wereld? (wie Anm. 4), S. 191–195, 223–226.
26 Paulus van Hemert, Kort verslag van de inhoud der nieuwe wijsgebeerte van de Heer Kant. In: Nieuwe bijdragen tot het menschelijk Geluk 1(1792), S. 26–36.
27 Vermischte Anzeigen. In: JALZ. Bd. 4: Intelligenzblatt 39 (1807), Sp. 340–342. Der anonyme Korrespondent könnte der ursprünglich aus der Schweiz stammenden Philologen Daniel Wyttenbach sein, der sich in Holland als Kantgegner profiliert hatte. Siehe: Franke, Een gedeelde wereld? (wie Anm. 4), S. 196–198, 219–221.
28 Brief von J. R. Deiman (wie Anm. 4), Sp. 487.
29 Hanou, Sluiers van Isis (wie Anm. 23), Bd. 1, S. 446.
30 Ebd., S 220–238.
31 Ebd., S. 136–143. Die Ausgabe erschien Amsterdam 1805.
32 Um den Tod geliebter Personen existierte in den Niederlanden eine starke Gedenkkultur, in der Lebensbeschreibungen und ehrende Poesie eine wichtige Rolle spielten. Solche Poesie hat selbstverständlich eine starke soziale Funktion und weniger eine künstlerische.
33 In der Forschung gehen die Meinungen darüber auseinander, wann Kant Anhänger von Lavoisier wurde. Laut manchen soll er in den 1790er Jahren zur Oxidationslehre hinübergegangen sein, andere vermuten jedoch, dass seine „Bekehrung" schon in den achtziger Jahren stattfand. Die gängige Meinung scheint jedoch zu sein, dass er Anfang der 1790er zur Theorie Lavoisier hinüberging, also nach Deiman. Auf jeden Fall besagt der Satz „Ich traute Lavoisier mit Kant", dass für Deiman beide Denker in einem engen Verhältnis standen, obwohl leider keine persönlichen Ausführungen Deimans bezüglich dieses Themas existieren. Vgl. Martin Carrier, Kants Theory of Matters and his Views on Chemistry. In: Kant and the Sciences, hg. v. Eric Watkins, Oxford/New York 2000, S. 205–205, hier S. 226; Paolo Vasconi, Fragen der Datierung des Opus postumun im Verhältnis zur chemischen Revolution Lavoisiers. In: Kant und die Berliner Aufklärung. Akten des IX. Internationalen Kant-Kongresses, Bd. 4, hg. v. Volker Gerhardt, Rolf-Peter Horstmann und Ralph Schumacher, Berlin 2001, S. 658–675, hier S. 658.
34 Johannes Kinker, Klaag-Zang bij het graf van mijnen waardigen vriend, den Ridder Johan Rudolph Deiman, Amsterdam 1808, S. 77–82: "Doch wat waag ik me, ongewijde, / Op een grondgebied, waar hij / Thans mijn gids niet meer kan wezen, / Thans voor mij een woesternij? / Aan zijn zijde, naast hem treden, / Zag ik, schoon slechts vreemdeling, / Op dien weg, bedekt met neevlen, / Iets, bij flaauwe schemering: / 'k Dacht daar 't schoon wijsgeerig stelsel / Diep in beider Ziel geplant, / Aan zijn hand geleid, te ontdekken: / 'k huwde Lavosier aan Kant. / 't was of de eene zag, 't geen de ander, / In een meer verheven oord, / Had gedacht, gekend, gevonden / En gebiedend opgespoord./ [...] Onveranderlijke wetten / Heerschen eeuwig, overal. / Onverstoorbaar streeft één orde /Scheppend door de schepping heen; /Eén verband dwingt onophoudelijk /Al 't geschapene tot één! / Deiman, Ja, uw beide gidsen, / Vonden telkens dit besluit, / Want Natuur en Rede, beide, / Spreken slechts één vonnis uit! / Overal heerscht dwang van wetten; / Maar – 't zijn wetten der Natuur – / Smeltend, in den vloed der zinnen; / Dampend, voor een hooger vuur."
35 Hanou, Sluiers van Isis (wie Anm. 23), S. 445–449.
36 Johan Rudolph Deiman, Ueber die Grundkräfte, nach den Vorstellungen des Immanuel Kant. In: Archiv für die Physiologie 6 (1805), S. 491–517; ders., Ist die Lebenskraft im Thier- und Pflanzenreich der allgemeinen Grundkraft der Materie untergeordnet, oder ist sie eine eigne Grundkraft? In: Archiv für die die Physiologie 6 (1805), S. 518–548.
37 Johann Rudolph Deiman, De geest en strekking der critische wijsgeerte, in een kort overzicht voorgesteld, Amsterdam 1805, S. 43–44.
38 Ebd., S. 20.
39 Ebd., S. 18–22.
40 Ebd., S. 38.
41 Ebd., S. 18–22.
42 Ebd., S. 42–44.
43 Ebd., S. 44 f.
44 Ebd., S. 8.
45 Johan Rudolph Deiman, Redevoering over de grondkrachten, die wij in de Natuur ontmoeten, volgends de beginselen van Imm. Kant. In: Magazyn voor de critische wijsgeerte en de geschiedenis van dezelve 3 (1801), S. 1–38, hier S. 8.
46 Ebd., S. 29.
47 Ebd., S. 24–26.
48 Norbert Hinske, Die Kritik der reinen Vernunft und der Freiraum des Glaubens. Zur Kantinterpretation des Jenaer Frühkantianismus, Erlangen/Jena 1995, S. 6–9, hier 9.
49 Deiman, Redevoering (wie Anm. 44), S. 37.
50 Virgil, Aeneis, Buch VI, Vs 24–27: "Het hemelrond, deze aarde, en 't ruime pekelveld, / En heldre maan, zon, en sterren nooit geteld, / 't wordt alles door een' geest vervuld, gevoed, bewogen, / Die 't groot gestel bezielt, verborgen voor onze oogen". Deiman, Redevoering (wie Anm. 44), S. 38. Das Zitat stammt aus der Übersetzung: Deiman, Grundkräfte (wie Anm. 35), S. 517.
51 Hinske, Kritik (wie Anm. 47), S. 4.
52 Hanou, Sluiers van Isis (wie Anm. 23), S. 278.
53 Johan Rudolph Deiman, Is de levenskracht, in het dieren- en plantenrijk, van de algemeene grondkracht der stoffe afgeleid, of eene bijzondere grondkracht? In: Magazyn voor de critische wijsgeerte en de geschiedenis van dezelve 4 (1801), S. 71–107.
54 Ebd., S. 82; Vgl. Johann Christian Reil, Von der Lebenskraft. In: Archiv für Physiologie 1 (1795/1796), S. 8–162.
55 Johan Rudolph Deiman, Over de Bestemming van den Mensch, en inzonderheid van den geleerde. In: Magazyn voor de critische wijsgeerte 5 (1802), S. 121–160; ebd. 6 (1803), S. 153–176, hier S. 166.
56 Bereits 1801 war ein Text Kinkers Proeve van eener opheldering van de Critiek der zuivere Rede unter dem Essai d'une exposition succincte de la Critique de la Raison-Pure. Traduit du Hollandais par J. C. F. [Jean le Fèvre] (Amsterdam 1801) ins Französische übersetzt worden. Dieser Text veranlasste dem sensualistischen Philosophen Destutt de Tra-

cy, eine Rede an dem Institut de France in Paris zu halten, wodurch Kant in Frankreich zur Bekanntheit gelangte. Seine Rede wurde 1802 in den *Memoires* unter dem Titel *De la métephysique de Kant, ou observations sur un ouvrage intitulé:"Essai d'une exposition succinte de la critique de la Raison pure, par J. Kinker, traduit du hollandais par le J. le F., en vol. in 8°, à Amsterdam 1801" par le citoyen Destutt-Tracy* veröffentlicht. Stendhal schrieb hierüber im *Paris Monthly Review* von 1822 und auch Victor Cousin soll ein Exemplar von Kinkers Text besessen haben. Siehe Hanou, Sluiers van Isis (wie Anm. 23), Bd. 1, S. 104; ebd., Bd. 2, S. 26 f. Ab 1790 wurde über die holländische Kant-Rezeption im *Monthly Review* informiert. Der britische Philosoph Thomas Wirgman (1771–1840) berichtete 1818 in einem Brief über Werke Kinkers und van Hemerts an den schottischen Philosophen Dugald Stewart (1753–1828). Vgl. Giuseppe Micheli, The early Reception of Kant's Thought in England 1785–1805. In: Kant and his Influence, hg. v. Georg MacDonald Ross und Tony McWalter, London 2005, S. 202–314, hier S. 213–231; André Hanou/Mandy Ruthenkolk: Britse waardering voor Nederlandse Kantianen (1818). In: Geschiedenis van de wijsbegeerte in Nederland 4 (1993), S. 41–47.

57 Vgl. André Hanou, De schone slapers van de Verlichting. In: Nederlandse literatuur van de Verlichting (1670–1830), hg. v. André Hanou, [Nijmegen] 2002, S. 245–248.

„... anything can be found there, but nature". The Dutch garden as observed by mid-German travelers around 1800

No other country had to suffer so much hostility concerning its garden layouts than eighteenth- and nineteenth-century Netherlands: As Marie Luise Gothein points out in her classical study *Geschichte der Gartenkunst*, anything that could be referred to as "knotty, fussy, vulgar and adverse to nature" was marked as a "Dutch garden". The almost xenophobe ferocity of German statements on Dutch garden may surprise, particularly in a field that we would consider today to be a minor domain of aesthetic discussion. But as the following remarks intend to show, the Dutch garden debate entangles two pivotal discourses of late Enlightenment: landscape garden as a medium of the cultivation of taste and thus moral culture, and the cross-Europe controversy on national character. For the travelers from Mid-Germany around 1800, gardens became *laboratories* or *showrooms* for national taste: Here, they could generate an alleged superior national consciousness by blaming the foreign (garden) culture and (garden) taste as residual.

"... alles ist darin zu finden, nur keine Natur."
Holländische Gärten in der Wahrnehmung mitteldeutscher Reisender um 1800

Erdmut Jost

„Kein zweites Land", so notiert Marie Luise Gothein in ihrer klassischen Studie *Geschichte der Gartenkunst*, habe so viel „Feindseligkeit" in Bezug auf seine Gärten „zu erdulden gehabt wie Holland. Alles was verzwickt, kleinlich, abgeschmackt und naturwidrig erschien, wurde im XVIII. und XIX. Jahrhundert als holländischer Garten bezeichnet".[1] Nun ist das Faktum, dass etwa um 1750 im Zuge nationalkultureller Emanzipation die positive Vorstellung der niederländischen Kultur in Deutschland dem Klischee des kleinbürgerlichen, phlegmatischen und erwerbssüchtigen ‚Holländers' zu weichen beginnt,[2] in der Forschung längst bekannt. Dennoch überrascht die oft geradezu xenophobe Heftigkeit der deutschen Auslassungen zum niederländischen Garten um 1800, zumal auf einem Gebiet, das man heute eher als *Nebenschauplatz* einordnen würde. Tatsächlich aber verschränken sich in der Debatte um den holländischen Garten zwei zentrale Diskurse der Spätaufklärung. Zum einen die Frage nach dem Landschaftsgarten als Medium der Geschmacksbildung und damit der Erziehung zu sittlicher Kultur, zum anderen der Nationalcharakterdiskurs. Dabei kommt zum Tragen, was man mit Dieter Heimböckel die ‚Inszenierung von Wissen bzw. Nichtwissen' über die Niederlande nennen könnte:[3] Nationale Stereotype werden als komplexitätsreduzierende Muster eingesetzt, mit deren Hilfe sich ein eigenes, superiores kulturnationales Bewusstsein auf der Folie des als inferior begriffenen ‚Anderen' generieren lässt. Landschaftsgärten avancieren so zu *Laboren* oder *Schauräumen* des Nationalgeschmacks; hier erweist sich, wie weit eine Kultur fortgeschritten – oder wie rückständig sie ist.[4]

Die folgenden Bemerkungen sollen dem Anteil mitteldeutscher Reisender an der Debatte um den holländischen Garten gelten, wobei die Leserinnen und Leser mir bitte nachsehen, dass ich, im Hinblick auf die nicht eben üppige Quellenlage, als Kriterium für die Herkunftsbezeichnung ‚mitteldeutsch' entweder die Geburt *oder* einen längeren Aufenthalt im mitteldeutschen Raum angelegt habe.

I. Zur Auswahl der Gärten im Kontext der Gartendebatte

Vorauszuschicken ist, dass mit Ausnahme der Wahl-Weimaranerin Johanna Schopenhauer (1766–1836), die den ersten Band ihrer *Erinnerungen von einer Reise*, erschienen 1813–1817,[5] als theoretische Untersuchung des englischen Landschaftsgartens gestaltet, keiner der von mir betrachteten Autoren als Experte für Gärten gelten kann. Zwar verfolgten sie alle breite, auch touristische Interessen, doch standen fachliche im Vordergrund. Johann Friedrich Karl Grimm (1737–1821), der 1774 Holland besuchte,[6] war Leibarzt des Herzogs von Sachsen-Gotha und interessierte sich vor allem für Botanik. Johann Friedrich Droysen (1770–1814), Professor für Mathematik und Astronomie in Greifswald, der einen Teil seines

Studiums in Jena absolviert hatte, wollte auf seiner Reise im Sommer 1801, wie er selbst notiert, „vorzüglich alles dessen [gedenken], was für meine Wissenschaften [...] von irgend einiger Wichtigkeit seyn konnte".[7] August Hermann Niemeyer (1754–1828) schließlich, Theologe, Pädagoge und Urenkel August Hermann Franckes, kam es 1806 in erster Linie auf Fragen des Religionswesens und den sozialen Bereich an.[8] Dennoch bildete der Besuch von Gärten einen integralen Bestandteil ihrer Reiseberichte. Schon bei der oberflächlichen Betrachtung der Texte fällt eines sofort auf: die Identität des Besuchsprogramms. Zwei Erscheinungsformen des Gartens stehen im Fokus: Erstens unternehmen alle Reisenden einen Ausflug mit dem Boot – der sogenannten *Trekschuyt* – von Amsterdam nach Utrecht und durchqueren dabei das, was man das ‚Gartenreich' von Holland nennen könnte: Seit dem 17. Jahrhundert hatten sich wohlhabende Kaufleute entlang des Kanals und des Flusses Vecht von Gärten umgebene Landhäuser, *Buiten Plaatsen* genannt, errichtet, so dass, wie es in der Literatur immer wieder heißt, ein einziger großer Garten entstand.[9] Den zweiten Punkt stellt das Dorf Broek im Waterland in Nordholland dar, welches noch der *Baedeker* von 1861 als das meist „genannte und verspottete Dorf"[10] Hollands bezeichnet. Hierher waren seit dem 16. Jahrhundert vor allem reiche Reeder gezogen und hatten auf ihren Grundstücken symmetrische Gärten im barocken Stil angelegt.[11]

Angesichts dieses überschaubaren Besuchsprogramms begegnet dem Leser eine zweite Auffälligkeit: ‚Echte' holländische Landschaftsgärten, d. h. Gärten, die im sogenannten englischen Stil als idealisierte Naturlandschaften gestaltet waren, kommen darin nämlich – mit Ausnahme von Grimm, doch dazu später – nicht vor, obwohl ihre Besichtigung keinerlei Mühe erfordert hätte: Broek etwa besaß deren gleich zwei, die um die Jahrhundertwende errichtet worden waren.[12] Auch die großen Landschaftsgärten von Elswout und Velserbeek, beide in der Nähe von Haarlem gelegen, sind den Reisenden nicht einmal eine Erwähnung wert. Tat-

Abb. 1 Das Utrechter Fährschiff, Zeichnung von Simon Fokke, o. J.

„… alles ist darin zu finden, nur keine Natur."

Abb. 2 Landgut Elswout bei Overveen, Vue zum Landhaus, kolorierter Umrissstich von unbekanntem Künstler nach einer Zeichnung von Hermanus Numann, 1797

sächlich war, wie wir heute wissen, um 1800 der größte Teil der ehemals barocken Gartenanlagen zu Landschaftsgärten umgestaltet oder als solche neu errichtet worden.[13] Die Frage stellt sich also, warum die Autoren die holländischen Landschaftsgärten derartig ignorierten, dass der Eindruck entstehen konnte, als hätte es diese Gartenform in Holland gar nicht gegeben. Und das, wo ihre ästhetische Präferenz eindeutig beim „englischen Geschmack"[14] (Niemeyer), dem so „reitzenden Englischen Garten"[15] (Droysen) lag.

Um Antworten auf diese Frage zu finden, ist es nötig, kurz auf die *Gartenrevolution* des 18. Jahrhunderts einzugehen, d.h. auf die Ablösung des für Jahrhunderte gültigen Vorbilds des französischen Barockgartens durch den englischen Landschaftsgarten.[16] Entstanden aus der Kritik der frühen englischen Aufklärung am französischen Absolutismus, setzte er dessen formalen, durch gerade Linien, typisierte Ornamentik, künstlich geformte Wasserspiele und beschnittene Pflanzen bestimmten Gärten den ‚Garten der Freiheit' entgegen,[17] in welchem Regellosigkeit, Abwechslung und Mannigfaltigkeit landschaftlicher Szenen sowie eine natürlich geformte Topographie vorherrschen sollten. Um 1800 hatte sich der englische Landschaftsgarten als vorherrschender Gartentypus in ganz Europa ausgebreitet. Dies lag nicht zuletzt an der sittlich-moralischen

Abb. 3 Landgut Velserbeek bei Velsen. Insel mit Eremitage, kolorierte Zeichnung von Hermanus Numan, 1793

Wirkung, die gerade dieser Kunstform zugeschrieben wurde: Als simulierte vollkommene ‚Natur im Kleinen' bot sie dem Betrachter genau jenes Repertoire abwechselnder Wahrnehmungsreize, das, gemäß der Wirkungsästhetik, am besten dazu geeignet war, Verstand, Empfindung, Einbildungskraft und Geschmack in Tätigkeit zu versetzen und damit sittliche „Cultur" zu erzeugen.[18] Christian Cay Lorenz Hirschfeld, mit seiner *Theorie der Gartenkunst* gewiss der einflussreichste Propagandist des Landschaftsgartens in Deutschland, sah denn auch im englischen Garten alles vereinigt, „wodurch die Natur, von der bescheidenen Kunst unterstützt, einnehmen und bezaubern kann", nämlich „das Natürliche und Große […] im wahren Geschmack".[19]

Auf der Basis der Rezeption des ‚guten' englischen Vorbildes, aber ebenso, und das ist für unseren Zusammenhang wichtig, der *schlechten* Vorbilder, wollte Hirschfeld im letzten Drittel des Jahrhunderts die Entwicklung eines ‚deutschen' Gartengeschmacks befördern. Er initiierte damit eine „patriotische Gartenbewegung",[20] die den Diskurs gerade auch über den holländischen Garten in Deutschland für nahezu 150 Jahre dominieren sollte.[21] Dieser – und mit ihm seine Schöpfer – geriet in der Folge zur Negativfolie alles dessen, was wahr, gut und schön, mit einem Wort, *deutsch* sein soll. Der holländische Garten wird, mit Christian Bertram, als „Inbegriff des geometrischen Gartenstils" denunziert, und der geometrische Gartenstil wiederum gilt als „Indiz für einen konservativen, phlegmatischen und beschränkten Geist".[22] So gelingt mittels der für die Nationalcharakterdebatte so typischen „Identifikation nationaler und ästhetischer Charakteristika"[23] eine Aufwertung der deutschen Position im Nationendiskurs über die Abwertung der holländischen. Indem sich die mitteldeutschen Reisenden in Holland auf jene Gärten konzentrieren, die dem gängigen Stereotyp entsprachen, inszenierten sie bewusst ein selektives Wissen – die imagologischen Klischees – bzw. ein *Nichtwissen*: Verschwiegen wurde, was der Darstellungsabsicht der deutschen Überlegenheit widersprach. Denn hätte man zugeben, dass die Holländer begabte Landschaftsgärtner waren, dann hätte sich auch das Vorurteil von ihrem mangelnden Geschmack bzw. von ihrer Unfähigkeit zur Produktion echter Kunst nicht mehr aufrechterhalten lassen.

II. Unterwegs im Gartenreich

Hirschfeld begründet in seiner *Theorie der Gartenkunst* sowie in der überaus populären Zeitschrift *Gartenkalender* (1782–1789) aber nicht nur die negative Tradition eines unterlegenen holländischen Gartenstils, er schreibt zugleich auch das Repertoire von Beispielgärten fest. Nach dem, was wir bereits gehört haben, wird es niemanden mehr verwundern, dass er im Wesentlichen auf zwei Beispiele abhebt: das Gartenreich zwischen Amsterdam und Utrecht sowie den vermeintlichen ‚Broeker Gartentypus'. Die Darstellung des Gartenreiches nun besteht fast ausschließlich aus einem langen Zitat aus einer anonymen Reisebeschreibung, deren Urheber in der Gartenforschung bis heute, so weit ich es überblicken kann, nicht ermittelt werden konnte. Dieses Zitat aber, und das war eine glückliche Entdeckung in der Vorbereitung des vorliegenden Aufsatzes, stammt aus dem Reisebericht Grimms, der damit unfreiwillig zu einem der ‚Gründerväter' der Debatte avanciert. Als Einwohner Gothas kennt Grimm den engli-

Abb. 4 Das Gartenreich: Landsitz Breukelen an der Vecht, Lithographie von Petrus Josephus Lutgers, 1836

Abb. 5 Das Gartenreich: Landhaus Hofsteede an der Vecht, Radierung von Abraham Rademaker, 1730

schen Landschaftsgarten aus eigener Anschauung, weil der Schlosspark Gotha der erste dieser Art in Deutschland war.[24]

Obwohl Grimm die Flora der Gärten deutlich mehr interessiert als die Gärten an sich – die Aufzählungen einheimischer und fremder Pflanzen füllen viele Seiten –, ist er doch der Einzige der untersuchten Autoren, der sich tatsächlich auf die Gärten, und zwar deutlich mehr, als das *nach* Hirschfeld der Fall sein wird, *einlässt*; der sie zu Fuß durchquert und ihre unmittelbare Wirkung auf sich selbst beschreibt. Ihm allein fällt auf, dass beispielsweise der Garten Sorghvliet bei Den Haag inzwischen zum Teil „nach Art der englischen Gärten" eingerichtet wurde, und er ist auch der Einzige, der ein ästhetisches Vergnügen aus dem Nebeneinander symmetrischer und asymmetrischer Gartengestaltung zieht.[25] Kurz gefasst, seine Ansprüche gegenüber der Gartenkunst sind in erster Linie ästhetischer, nicht ideologischer Natur. Zwar reproduziert auch er die Stereotype von übertriebener Reinlichkeit, Phlegma und Erwerbssucht der Holländer,[26] aber er verknüpft sie nicht mit den Gärten, wie das die anderen Reisenden 20 Jahre später tun werden. Grimm – wir dürfen nicht vergessen, dass er 1774 reist – geht noch nicht von einer natürlichen *Ungleichheit* der Nationen, sondern von einer natürlichen *Gleichheit* aus. Seine Reisen, so notiert er in der Vorrede des Reiseberichts, würden Zeugnis ablegen „von der großen und alten Wahrheit, daß sich die Menschen im wesentlichen von allen Seiten auch da gleichen, wo ihr Aeußeres ganz verschieden ist".[27]

Wenden wir uns Grimms Beschreibung des Gartenreiches zu. Er schreibt: „Eine Reise auf dem Flusse durch diese Gegend im Frühjahr gehört zu den aller angenehmsten […], die sich die menschliche Einbildungskraft schaffen kann. Alle Augenblicke verändert sich die Aussicht auf einen Garten mit Labyrinthen, dann auf eine in tausendfache Formen künstlich geschnittene Hecke, aus Linden, Ulmen oder Iben, dann in lange Alleen aus Linden und Kastanien. Zuweilen geht ein Kanal darzwischen durch, ein andermal trennt zween herrliche Gärten ein klein Stückgen Wiese. Wieder ein anderer Garten hat die angenehmsten und dicht zugezogenen Lauben und lange bedeckte Gänge. Zuweilen liegt hart am Ufer ein schönes Landhaus aus Backsteinen, ein andermal sind die Gärten mit eisern Gatterwerk eingefasst".[28]

Im Anschluss an die Beschreibung diskutiert Grimm dann, wie in der Frühzeit der Landschaftsgartenrezeption üblich, seine Wahrnehmungserfahrungen und kommt zu einem differenzierten Ergebnis: „Wenn jemals der französische und holländische Geschmack in der Gärtnerey wohl angebracht ist, so ist es hier geschehen, und um dieser Anlagen allein willen, ist man verbunden, gegen seine Fehler Nachsicht zu haben, die eben dadurch entstanden sind, daß man ihn am unrechten Orte, zumal in [Deutschland], wo die Natur so viel Schönes *für sich* bildet, angewendet hat".[29]

Allerdings macht er einschränkend geltend, dass diese schöne Wirkung nicht absichtsvoll durch Menschenhand, sondern durch Zufall, „ein Ungefähr" entstehe: Die Gärten gefielen vor allem deswegen, weil „der schnell vorüberfahrende Reisende, über die Abwechslung und die Folge so vieler [Gärten], die in einem Jeden insbesondere angebrachte steife Einförmigkeit und tödende Regelmäßigkeit, nicht [genügend] bemerken kann".[30]

In seiner Bearbeitung nur vier Jahre später geht Hirschfeld in einer für die Ideologisierung der Gartendebatte charakteristischen Weise vor. Zunächst tilgt er die Spuren individueller Wahrnehmung und Empfindung, so z. B., wenn Grimm notiert, dass er über den „erfrischenden" Aussichten „alles Leid vergaß".[31] Wichtiger aber ist die Streichung der kompletten Passage über die Vorzüge des französischen und holländischen Geschmacks in der Gartenbaukunst. Denn Grimm hatte diese ja nicht nur – wenn auch unter bestimmten Umständen – als legitim bezeichnet, er war noch weiter gegangen, indem er für die Fehler der beiden Künste ihre schlechte Nachahmung in Deutschland verantwortlich machte. Dies kann Hirschfeld nicht dulden. Was er aber beibehält, ist die Reflexion über den *Zufall*; wird doch auf diese Weise den holländischen Gartenbauern jede eigenständige Leistung abgesprochen. Und so kann Hirschfeld im Anschluss feststellen, dass es keine ‚echten' Landschaftsgärten in Holland gäbe: „Selbst die berühmten Gärten bey den Lustschlössern zu Ryswik, Houslaerdik, Sorguliet" seien „voll von zierlichen Abmessungen und gekünstelten Anlagen".[32] Somit bleibt nur ein einziger holländischer Gartenstil übrig: der von Broek. Dabei zeigt die falsche Schreibweise der Gartennamen, welche vermutlich auf Fehllektüren der meist französischsprachigen Fachliteratur zurückgeht,[33] dass Hirschfeld sich nicht einmal die Mühe gemacht hat, über diese Gärten gesicherte Informationen einzuholen.

Denn was Sorghvliet betrifft, so handelte es sich dabei ja durchaus zum Teil um eine englische Anlage.

Nur zwanzig Jahre später hat sich die Wahrnehmung des Gartenreiches hirschfeldscher Prägung etabliert, zugleich jedoch auch verschärft. Droysen, der 1801 zwar die Schönheit der sich ständig verändernden Aussicht lobt, „indem nicht nur die Gartenhäuser unter sich mannigfaltig abwechseln, sondern auch oft die ganze Scene durch ein großes Dorf, oder eine fette Wiese verändert wird", verknüpft seine Darstellung mit einer stereotypen Imago des ‚Holländers', der eine solche Szene bewohnt: „In diesen Erholungsplätzen, die sich selten durch geschmackvolle Baukunst und hervorstechende Größe auszeichnen, und gewöhnlich nur auf einem kleinen Terrain ein gutes Wohnhaus und einen kleinen Pavillon, oder Chinesisches Häuschen hart am Canal besitzen, [...] sitzt der Holländer mit seiner irdenen Pfeife und seinem Schlafrock ganze Tage, und divertirt sich an den Vorüberfahrenden".[34]

Johanna Schopenhauer dagegen kommt nur zwei Jahre später angesichts des Gartenreiches zu dem knappen und vernichtenden Urteil, dass „ermüdende Gleichförmigkeit [...] der Charakter dieses Landes" sei,[35] während Niemeyer 1806, die moderne Zugreise vorwegnehmend, kurz hinausschaut, sich langweilt und zu Buch bzw. Schreibzeug greift.[36]

III. Broeker Geschmack

Im Unterschied zum Gartenreich, dessen Reiz mit den Jahren abgenommen hatte, widmen alle Autoren der Epochenschwelle dem „berühmten" Dorf Broek im Waterland jeweils ausführliche Beschreibungen.[37] Denn Broek stellt für sie nicht nur den Inbegriff des ‚holländischen Gartengeschmacks' bzw. -ungeschmacks dar, sondern es repräsentiert gleichzeitig Holland insgesamt. Wie im Labor, gleichsam unter dem Mikroskop, lässt sich hier der holländische Nationalcharakter beobachten. Und das bedeutet, die wahrgenommene Realität Broeks wird ohne Ausnahme dem vorgefertigten Stereotypenkatalog angepasst; man lässt sich nicht, wie Grimm, auf sie ein. Dass die Texte sich inhaltlich und der Dramaturgie nach frappant ähneln, versteht sich da fast von selbst. Im Vordergrund stehen zunächst die beiden bekanntesten Vorurteile gegen die Holländer, nämlich ihre *Gewinnsucht* und ihr *Reinlichkeitswahn*. Die Einwohner Broeks, so Schopenhauer, seien „lauter reiche Kapitalisten, [...] einzig und allein beschäftigt, alles um sich her zu scheuern und zu putzen und mit den Fliegen Krieg zu führen".[38] Droysen wartet, was Sauberkeit betrifft, noch mit einer Steigerung auf: „So wie wir gingen fegte und wusch man hinter uns her".[39] Als weitere Punkte auf der Liste werden anschließend die *Häuslichkeit* und *Selbstgenügsamkeit* der Holländer abgehandelt, verbunden mit der ihnen nachgesagten *Kälte* und *Gleichgültigkeit* gegenüber ausländischen Besuchern. „Sowie ein Fremder im Orte erscheint", notiert Schopenhauer, „ziehen sich die Einheimischen wie Schnecken in ihre Häuser zurück, riegeln die Tür zu und schielen nur verstohlen durch die schneeweißen Gardinen".[40] Droysen, der eines der Häuser besichtigen möchte, berichtet, er sei zehn bis zwölf Mal von einem „kaum aus der Thür hervorragenden Kopf" unfreundlich abgewiesen worden.[41] Niemeyer hält fest, er glaube nicht „daß uns während unsers Dortseyns vier lebendige Wesen begegnet sind".[42]

Derart vorbereitet, kann es an den gewichtigsten Vorwurf gehen, der den Holländern zu machen ist: ihre prinzipielle Geschmacklosigkeit, verkörpert in den Gärten. Dabei lassen sich drei Leitbegriffe der Gartendebatte ausmachen: *Kleinlichkeit*, *Künstlichkeit* und *Natürlichkeit*. In Bezug auf Kleinlichkeit fällt als Erstes die Wahl der Spielzeugmetapher auf: Schopenhauer etwa vergleicht die Gärten mit einem „Nürnberger Spielzeugladen",[43] Niemeyer fühlt sich an „hölzerne [...] Bäume, die wir unsern Kindern zu Weihnachten schenken", erinnert.[44] Signifikant ist weiter der Gebrauch einer Fülle von Diminuitiven wie „Gärtchen",

Abb. 6 Reinlichkeitswahn in Broek: Einwohner hindern einen Reisenden während eines Regengusses daran, sich bei ihnen unterzustellen, Lithographie von unbekanntem Künstler, 1796

„... alles ist darin zu finden, nur keine Natur."

Abb. 7 Broek in Waterland, Ecke Dorpstraat und Laan. Vorgarten mit Plastik und Ars topiaria. Kolorierte Zeichnung von R. Bransby Cooper, 1785

„Steinchen", „Figürchen" oder „Ringelchen".[45] Wenn Niemeyer schließlich resümiert, in den Gärten herrsche „der kleinlichste Geschmack",[46] dann klingt geradezu überdeutlich Sulzers Verdikt über den *kleinen* bzw. *schlechten* Nationalgeschmack in der *Allgemeinen Theorie der schönen Künste* heraus: Wenn einer Nation, so heißt es da, der Aufstieg aus ihrer „natürlichen Rohigkeit"[47] bis hin zur Stufe des „großen Geschmaks",[48] der das Schöne im „ganzen Umfange" empfinden kann, nicht gelänge,[49] so bleibe sie dem „kleinen Geschmak" verhaftet, habe nur am „Kleinen, Subtilen und Raffinirten" Gefallen und verliere das Gefühl für die „einfachen Schönheiten der Natur".[50]

Damit wären die anderen beiden Leitbegriffe angesprochen: Künstlichkeit und Natürlichkeit. Künstlichkeit macht sich für die Autoren vor allem an zwei Gartenelementen fest, der sogenannten *Ars topiaria*, dem Formschnitt der Pflanzen, und der Gestaltung der Parterres (Beete). Die Pflanzen weisen dabei, wie Schopenhauer indigniert schreibt, die Form aller „mögliche[n] und unmögliche[n] Tiere der bekannten und unbekannten Welt" auf,[51] wenn sie nicht gar „Schiffchen, Leitern [...] und Kaffehkannen" nachgebildet würden.[52] Die Beete sind im spätbarocken Stil statt mit Blumen mit toter Materie wie Glasperlen, Korallen, Muscheln und bunten Steinchen „nach der schönsten, steifsten Symmetrie" befüllt und gleichen so „kolossalen geschmacklosen Stickereien".[53] Damit bestätigt sich für die Reisenden vor Ort das Bild des holländischen Gartens, wie ihn Hirschfeld in der *Theorie der Gartenkunst* anprangert: Da der holländische „Krämer" nichts an der Natur bewundere, „als die Bereitwilligkeit, womit sie so mannichfaltige Gestalten von der Künsteley annimmt, und dem alles schön ist, was in die Augen fällt, Aufwand erfordert",[54] seien diese Anlagen nur mehr „lächerlich".[55] Natürlichkeit schließlich macht sich in den Broeker Gärten nur durch ihre Abwesenheit bemerkbar. „Gemahlte Blumen an den Einfassungen", so notiert Niemeyer, „sollen die natürlichen ersetzen. Da ist denn freylich, weil nichts keimt, nichts wächst und blüht, auch kein Unkraut auszujäten, kein verwelktes Blatt wegzukehren."[56] Unisono sprechen alle drei von der „Oede"[57] und „Langweiligkeit"[58] dieser Gärten, die „nichts von der Natur, sondern alles von der Kunst" haben.[59]

IV. Imagologische Essayistik

In der Reiseliteratur und der Publizistik um 1800 lassen sich die Anfänge eines literarischen Genres beobachten, das seine Hochblüte hundert Jahre später im Zeitalter eines globalisierten Chauvinismus erreichen sollte. Gemeint ist der imagologische Essay.[60] Ganz allgemein lässt sich der Essay als eine Textgattung definieren, die Wissen auf unterhaltsame Art und Weise einem breiteren Publikum zur Verfügung stellt. Er verfährt dabei selektiv und konstruktiv, d. h., das Wissen wird ausgewählt und meistens unter einem übergeordneten Gesichtspunkt verarbeitet. Essays kommen vor allem immer dann zum Einsatz, wenn es gilt, unübersichtliche oder unübersichtlich gewordene Wissensbestände zu vermitteln; in unserem Fall wären das solche über das zeitgenössische Holland. Die Besonderheit des imagologischen Essays nun ist es, dass er das Wissen über eine Kultur oder Nation unter dem Gesichtspunkt einer nationalen Abgrenzung der als überlegen betrachteten Eigen-

Abb. 8 Broek in Waterland, Garten des Cornelis Schoon, Mittelachse des Gartens, Federzeichnung von Cornelis Schoon, 1755

kultur von der fremden behandelt. Dabei setzt er Stereotype als komplexitätsreduzierende Muster ein, durch welche die unendliche Vielfalt charakterlicher Züge einer Bevölkerung auf ein handhabbares Set von wenigen beschränkt wird.

Genau in diesem Sinne verfahren Droysen und Niemeyer, wenn sie in ihren Essays *Einige allgemeine Bemerkungen über Holland und seine Bewohner* sowie *Rückblick auf Holland* nahezu jegliche von ihnen auf der Reise gewonnene Information an den Stereotypenkatalog rückbinden und ihn damit als gesichertes ‚Wissen' festschreiben. Sie durchmustern alle denkbaren Felder – Sprache, Literatur, Künste, Wissenschaft, Wirtschaft, Gesellschaft – und kommen dabei zum immer gleichen Ergebnis: der Rückständigkeit der holländischen Kultur im Vergleich mit der eigenen. Man könne „schwerlich zugeben", heißt es etwa bei Niemeyer, „daß die Holländer auf jeder Bahn der Wissenschaft und Kunst mit dem was in andern Ländern geschah, gleichen Schritt gehalten haben, so gereicht es ihnen desto mehr zur Ehre, daß sie fremdes Verdienst ehren, ihre Literatur, wie es ja auch in Deutschland lange Zeit der Fall war, durch fremde Schätze bereichern, und die Erzeugnisse des Auslands in ihren Boden verpflanzen".[61]

Soll heißen, die Holländer stehen noch auf einer niedrigeren Kulturstufe, welche die Deutschen bereits verlassen haben. Sie müssen erst durch Nachahmung ‚fremder Schätze' dahin gelangen, wie ihre Nachbarn selbst schöpferisch zu werden.

Noch einen Schritt weiter als Niemeyer, der den Holländern ja immerhin zubilligt, besserungs- bzw. bildungsfähig zu sein, geht Droysen. Er zementiert die Unterlegenheit des Nachbarlandes, indem er nochmals auf die essentielle Unterscheidung von ‚kleinem' und ‚großem' Geschmack rekurriert. „Reichthum oder Wohlhabenheit", so Droysen „die in Holland ererbt, oder leicht ohne Kenntniß von Künsten und Wissenschaften erworben werden konnten, mußten den Geschmack bey eigener Selbstgenügsamkeit tödten, daher in ihren Kunstsachen, Gärten, Gebäuden u.s.w. das ans läppisch gränzende Bunte, Kleinliche. Die Natur führte sie so wenig auf Landschaftsmahlerey in Gärten, als auf große erhabene Gegenstände, sie blieben bloß an der Kunst hängen, die in ihren Händen verkümmern, kleinlich werden musste".[62]

Mit Sulzer ließe sich ergänzen: Das „Volk, bey dem [der kleine Geschmack] überhand genommen hat, ist verlohren".[63]

Schopenhauer schließlich, obwohl sie an der Ideologisierung der Gartendebatte in der Beschreibung von Broek sichtbar partizipiert, verzichtet darauf, ihre Ansichten über Holland in einem Essay zu verallgemeinern. Dies erstaunt umso mehr, als sie genau das im ersten Band ihrer Reisebeschreibung am Beispiel Englands getan hat. Dort allerdings diente der Essay *Allgemeiner Blick* auf England dazu, aus den negativen Charaktereigenschaften der Briten („Sucht zu besitzen", Liebe zum Luxus) gerade ihre *Befähigung* zur Gartenkunst abzuleiten.[64] Schopenhauer verfolgt mit ihrem Verzicht auf einen imagologischen Holland-Essay jedoch keinesfalls eine Ehrenrettung der Holländer in Sachen des wahren Kunstgeschmacks. Vielmehr bereitet sich hier jene vom deutschen Patriotismus der Befreiungskriege geprägte Sichtweise der niederländischen Kunst vor, die sie 1822 in der Studie *Johann van Eyck und seine Nachfolger* gestalten sollte. Nämlich die einer „uns […] eigenthümlichen, ursprünglich deutschen Kunstschule […], welche Jahrhunderte lang, von allen andern sich unterscheidend, am Nieder-Rheine blühte".[65] Aus der Perspektive der Umdeutung des holländischen Kunstschaffens im Sinne einer ‚altdeutschen' Tradition konnte eine forcierte Abwertung desselben nicht anders als kontraproduktiv sein.

Insgesamt betrachtet zeigt sich bei den mitteldeutschen Reisenden um 1800 unter dem Einfluss neuer politischer Konstellationen eine *Abwehr* möglicher positiver Erfahrungen mit dem fremden Land und damit eine *Verweigerung* kulturellen Transfers. Während die aufklärerischen Hollandbesucher, wie z.B. Grimm, noch durchaus dazu bereit waren, ihre mitgebrachten Vorurteile durch die beobachtete Realität des Gastlandes korrigieren zu lassen, unternehmen ihre Nachfolger ‚Bestätigungsreisen', bei denen die etablierten Stereotypen ,bewiesen' und schließlich festgeschrieben werden.

Bleibt zu fragen, wie denn eigentlich Gärten im deutschen Geschmack, wie sie Hirschfeld in der *Theorie der Gartenkunst* fordert,[66] beschaffen sein sollten. *Eine* mögliche Antwort gibt der anonyme Rezensent der *Darstellung und Geschichte des Geschmacks der vorzüglichsten Völker* des Freiherrn von Racknitz im *Journal des Luxus und der Moden* von 1797: Dessau-Wörlitz. „Wenn viele Fürstensitze Männer, einen wie Racknitz und Erdmannsdorff in ihrer Mitte besitzen", so notiert der Autor hoffnungsvoll, „dann wird das tausendfach Zerstückelte und Vereinzelte – der Hauptgrund aller Uneinigkeit der Teutschen in Sachen des Geschmacks, so wie der Politik – sich immer mehr zusammenschließen und zur Einheit hinaufbilden. Denn die Schönheit ist Wahrheit, und die Wahrheit ist nur in der Einheit".[67]

Anmerkungen

1. Marie Luise Gothein, Geschichte der Gartenkunst, 2 Bde., Jena 1914, Bd. 2: Von der Renaissance in Frankreich bis zur Gegenwart, S. 302.
2. Vgl. Jan Konst/Inger Leemans/Bettina Noak, Einleitung. In: dies. (Hg.), Niederländisch-deutsche Kulturbeziehungen 1600–1830, Göttingen 2009, S. 9–28, hier S. 16.
3. Vgl. Dieter Heimböckel, Wissen Nichtwissen Alterität. Niederlande-Projektionen an der Epochenschwelle. In: Konst/Leemans/Noak, Kulturbeziehungen (wie Anm. 2), S. 61–74, hier S. 65.
4. Zur Geschmacksdebatte um 1800 vgl. vor allem Astrid Ackermann: Warum ist Geschmack wichtig? In: Konst/Leemans/Noak, Kulturbeziehungen (wie Anm. 2), S. 235–254.
5. Johanna Schopenhauer, Erinnerungen von einer Reise in den Jahren 1803, 1804 und 1805, 3 Bde., Rudolstadt 1813–1817, Bd. 1: Reise von London durch England und Schottland, Rudolstadt 1813. Zitiert wird im Folgenden – wenn nicht anders ausgewiesen – nach der Ausgabe: Johanna Schopenhauer, Reise nach England, hg. v. Konrad Paul, Berlin 1973.
6. Johann Friedrich Karl Grimm, Bemerkungen eines Reisenden durch Deutschland, Frankreich, England und Holland. In Briefen an seine Freunde, 3 Bde., Altenburg 1775, Bd. 3.
7. Johann Friedrich Droysen, Bemerkungen, gesammelt auf einer Reise durch Holland und einen Theil Frankreichs im Sommer 1801, Göttingen 1802, S. 6.
8. August Hermann Niemeyer, Beobachtungen auf Reisen in und außer Deutschland, 4 Bde., Halle/Berlin 1820–1824, Bd. 3: Beobachtungen auf einer Reise durch einen Theil von Westphalen und Holland im Jahr 1806, Halle/Berlin 1823. Zu Niemeyers Reisen vgl. vor allem Eva Kuby, Über Stock und Stein – August Herrmann Niemeyer unterwegs in Europa. In: Christian Soboth (Hg.), „Seyd nicht träge in dem was ihr thun sollt." August Herrmann Niemeyer (1754–1828): Erneuerung durch Erfahrung, Halle/Tübingen 2007, S. 37–55.
9. Vgl. Christian Cay Lorenz Hirschfeld, Theorie der Gartenkunst, 5 Bde., Leipzig 1779–1785, Bd. 1, Leipzig 1779, S. 51; Gothein, Geschichte der Gartenkunst (wie Anm. 1), S. 304. – *Trekschuyt*, dts. Treckschute, in Niederdeutschland und Holland kleinere Boote zum Personen- und Frachtverkehr, die auf den Kanälen und Flüssen von Menschen oder Pferden fortgetreckt, d. h. getreidelt wurden.
10. Karl Baedeker, Belgien und Holland. Handbuch für Reisende, 7. Aufl., Koblenz 1861, S. 267.
11. Vgl. Christian Bertram, „Der *holländische Geschmack* ist denn auch nicht zu Unrecht ein Zerrbild des Schönen genannt worden." Mit Johanna Schopenhauer und Gustav Meyer auf der Suche nach dem „typisch holländischen Garten". In: Gartenkunst 11 (1999), Heft 2, S. 217–239.
12. Vgl. ebd., S. 221.
13. Vgl. ebd., S. 237 f.; Carla S. Oldenburger-Ebbers, Introduction to Dutch gardens and garden architecture. URL: http://library.wur.nl/speccol/intro.html (17.01.12). Zur Geschichte des niederländischen Gartens vgl. insbes. Erik de Jong, Nature and Art. Dutch Garden and Landscape Architecture, 1650–1740, Philadelphia 2000.
14. Niemeyer, Beobachtungen auf einer Reise (wie Anm. 8), S. 156.
15. Droysen, Bemerkungen (wie Anm. 7), S. 435.
16. Zur europäischen Gartenrevolution vgl. vor allem John Dixon Hunt, Der malerische Garten. Gestaltung des europäischen Landschaftsgartens, Stuttgart 2004.
17. Vgl. Erdmut Jost, Landschaftsblick und Landschaftsbild. Wahrnehmung und Ästhetik im Reisebericht 1780–1820, Freiburg i. Br. 2005, S. 97.
18. Johann Georg Sulzer, Geschmak. In: ders., Allgemeine Theorie der Schönen Künste, Bd. 1, Leipzig 1771, S. 461–465, hier S. 464.
19. Hirschfeld, Theorie der Gartenkunst (wie Anm. 9), S. 54.
20. Vgl. Urte Stobbe, Neophyten im Spannungsfeld von Repräsentation, Nutzen und Patriotismus gegen Ende des 18. Jahrhunderts In: Bernd Herrmann/Urte Stobbe (Hg.), Schauplätze und Themen der Umweltgeschichte. Umwelthistorische Miszellen aus dem Graduiertenkolleg. Werkstattbericht, Göttingen 2009, S. 189–225, hier S. 210.
21. Vgl. etwa die Hirschfeld-Rezeption im Artikel „Gartenkunst" in: Allgemeine Enzyklopädie der Wissenschaften und Künste, hg. v. Johann Samuel Ersch und Johann

Gottfried Gruber, Bd. 54, S. 65–86, hier S. 73, sowie noch bei Gothein, Geschichte der Gartenkunst (wie Anm. 1), S. 310 f.
22 Bertram, Der holländische Geschmack (wie Anm. 11), S. 236.
23 Heimböckel, Wissen – Nichtwissen – Alterität (wie Anm. 3), S. 73.
24 Vgl. Michael Niedermeier, Vorhöfe, Tempel und Heiligstes. Der Herzoglich Englische Garten – Entstehung und Bedeutung In: Werner Greiling/Andreas Klinger/Christoph Köhler (Hg.), Ernst II. von Sachsen-Gotha-Altenburg. Ein Herrscher im Zeitalter der Aufklärung, Köln 2005, S. 185–199, hier S. 185.
25 Grimm, Bemerkungen (wie Anm. 6), S. 286 f.
26 Vgl. ebd., S. 366 ff.
27 Ebd., S. V.
28 Ebd., S. 379.
29 Ebd., S. 381. Hervorhebung E. J.
30 Ebd., S. 382.
31 Ebd., S. 380, Hirschfeld, Theorie der Gartenkunst (wie Anm. 9), S. 51.
32 Hirschfeld, Theorie der Gartenkunst, S. 52.
33 Vgl. die entsprechende Literaturliste in ebd., S. 269. Die korrekte Schreibweise der ersten beiden Gärten lautet *Rijswijk* und *Honselaarsdijk*.
34 Droysen, Bemerkungen (wie Anm. 7), S. 61 f.
35 Schopenhauer, Reise nach England (wie Anm. 5), S. 37.
36 Vgl. Niemeyer, Beobachtungen auf einer Reise (wie Anm. 8), S. 82.
37 Schopenhauer, Reise nach England (wie Anm. 5), S. 35.
38 Ebd., S. 34.
39 Droysen, Bemerkungen (wie Anm. 7), S. 95.
40 Schopenhauer, Reise nach England (wie Anm. 5), S. 34.
41 Droysen, Bemerkungen (wie Anm. 7), S. 96.
42 Niemeyer, Beobachtungen auf einer Reise (wie Anm. 8), S. 139.
43 Schopenhauer, Reise nach England (wie Anm. 5), S. 35.
44 Niemeyer, Beobachtungen auf einer Reise (wie Anm. 8), S. 139.
45 Schopenhauer, Reise nach England (wie Anm. 5), S. 35 f.; Droysen, Bemerkungen (wie Anm. 7), S. 95.
46 Niemeyer, Beobachtungen auf einer Reise (wie Anm. 8), S. 139.
47 Sulzer, Geschmak (wie Anm. 18), S. 465.
48 Ebd., S. 464.
49 Ebd.
50 Ebd.
51 Schopenhauer, Reise nach England (wie Anm. 5), S. 36.
52 Droysen, Bemerkungen (wie Anm. 7), S. 95.
53 Schopenhauer, Reise nach England (wie Anm. 5), S. 36.
54 Hirschfeld, Theorie der Gartenkunst (wie Anm. 9), S. 50.
55 Ebd., S. 49.
56 Niemeyer, Beobachtungen auf einer Reise (wie Anm. 8), S. 140.
57 Ebd., S. 139.
58 Droysen, Bemerkungen (wie Anm. 7), S. 97.
59 Ebd., S. 95. Vgl. das nahezu gleichlautende, Titel gebende Zitat von Johanna Schopenhauer: „alles ist darin zu finden, nur keine Natur", Schopenhauer, Reise nach England (wie Anm. 5), S. 36.
60 Vgl. dazu vor allem Erdmut Jost, Auf der Suche nach einer „Nationallehre der Deutschen". Zur Entwicklung des kulturpolitischen Zeitschriftenessays der Aufklärung. Erscheint voraussichtlich Ende 2012 in *Das achtzehnte Jahrhundert*.
61 Rückblick auf Holland. Bemerkungen über Sprache, Literatur, Gelehrsamkeit, Universitäten, Kirchenwesen und Nationalcharakter. In: Niemeyer, Beobachtungen auf einer Reise (wie Anm. 8), S. 196–227, hier S. 205.
62 [E]inige allgemeine Bemerkungen über Holland und seine Bewohner. In: Droysen, Bemerkungen (wie Anm. 7), S. 149–155, hier S. 152.
63 Sulzer, Geschmak (wie Anm. 18), S. 465.
64 Vgl. Allgemeiner Blick auf England. In: Schopenhauer, Reise von London durch England und Schottland (wie Anm. 5), S. 3–18, insb. S. 3, 4, 7. Siehe auch Jost, Landschaftsblick und Landschaftsbild (wie Anm. 17), S. 425–433.
65 Johanna Schopenhauer, Johann van Eyck und seine Nachfolger, 2 Bde., Frankfurt a. M. 1822, Bd. 1, S. 4.
66 Vgl. Hirschfeld, Theorie der Gartenkunst (wie Anm. 9), S. 73.
67 Anonymus: Ueber des Hr. Hausmarschalls v. Racknitz Geschmacks Darstellungen, 2ten Heft. In: Journal des Luxus und der Moden 12 (1797), Bd. 2, S. 401–405, hier S. 405.

Autorinnen, Autoren und Herausgeber

Prof. Dr. Joris van Eijnatten, geb. 1964, Studium der Geschichte an der Vrije Universiteit Amsterdam, Promotion 1993, anschließend Forschungsarbeit an diversen Projekten, ab 2007 Professor für Kulturgeschichte an der Vrije Universiteit Amsterdam, seit 2009 Professor für Kulturgeschichte an der Universiteit Utrecht und Sprecher des Fachgebiets „History of Culture, Mentalities and Ideas since 1500". Zuletzt erschien von ihm: Niederländische Religionsgeschichte, Göttingen 2011.

Ole Fischer M.A., geb. 1982, Studium der Geschichte und Philosophie an der Christian-Albrechts-Universität Kiel, 2006–2008 Volontariat im Nordelbischen Kirchenarchiv, seit 2009 Stipendiat der Doktorandenschule „Laboratorium Aufklärung" an der Friedrich-Schiller-Universität Jena mit einem Dissertationsprojekt zu „Religion und Männlichkeit in der Biographie Adam Struensees".

Dr. Viktoria Franke, geb. 1977, Studium der Kultur- und Mentalitätsgeschichte sowie der Germanistik in Nijmegen (Niederlande) und Berlin, 2003–2007 wiss. Mitarbeiterin am Institut für deutsche Sprache und Kultur, 2009 Promotion, seit 2010 wiss. Mitarbeiterin am Interdisziplinären Zentrum für Pietismusforschung in Halle. Zuletzt erschien von ihr: Een gedeelde wereld? Duitse theologie en filosofie in het verlichte debat in Nederlandse recensietijdschriften 1774–1837, Amsterdam/Utrecht 2009.

Dr. Frank Grunert, geb. 1961, Studium der Philosophie, der deutschen Philologie und der Soziologie in Münster, 1995–2007 wiss. Mitarbeiter an den Universitäten Hamburg, Basel, Gießen und der LMU München, seit 2008 wiss. Mitarbeiter am Interdisziplinären Zentrum für die Erforschung der Europäischen Aufklärung an der Martin-Luther-Universität Halle-Wittenberg. Zuletzt erschien von ihm (Hg. zus. mit Gideon Stiening): Johann Georg Sulzer (1720–1779). Aufklärung zwischen Christian Wolff und David Hume, Berlin 2011.

Dr. Erdmut Jost, geb. 1968, Studium der Germanistik und Publizistik in Berlin, Promotion 2004, nach Stationen als wiss. Mitarbeiterin an der Technischen Universität Berlin (2004/05) und der Universität Bielefeld (2005–2009) seit September 2009 Wiss. Assistentin des Geschäftsführenden Direktors am Interdisziplinären Zentrum für die Erforschung der Europäischen Aufklärung an der MLU Halle-Wittenberg sowie ehrenamtliche Geschäftsführerin der Dessau-Wörlitz-Kommission. Forschungsschwerpunkte sind u. a. Gartenkultur, Reiseliteratur, Literatur und bildende Künste. Zuletzt erschien von ihr (Hg.): Sitten der schönen Pariser Welt. Sophie von La Roche und das *Monument du Costume*. Mit den 24 Stichen und dem vollständigen, erstmals ins Deutsche übertragenen Text der ersten beiden Folgen des französischen Originals, Halle 2011.

Dr. Brigitte Klosterberg, geb. 1960, Studium der Geschichte und Germanistik in Bonn, 1995 Promotion, seit 1997 Leiterin der Bibliothek der Franckeschen Stiftungen zu Halle, seit 2003 Leiterin des Studienzentrums August Hermann Francke der Franckeschen Stiftungen zu Halle, Publikationen zur Geschichte der Franckeschen Stiftungen, bes. zur Bibliotheks- und Verlagsgeschichte.

Suzanne Lambooy M.A., geb. 1980, Studium der Restauration und Erhaltung von Glas und Keramik am Netherlands Institute for Cultural Heritage (2003) sowie Kunstgeschichte an der Universität von Leiden (B.A. 2009, M.A. 2011). Seit 2009 verantwortliche Redakteurin der Website www.delftsaardewerk.nl, 2010/11 als Expertin für europäische Keramik bei der Königin-Juliana-Auktion von Sotheby's Amsterdam tätig. Gegenwärtig ist sie am Gemeentemuseum Den Haag mit der Ausstellung und wiss. Dokumentation von weißer, undekorierter Delfter Keramik betraut; Seit 2012 zudem wiss. Beraterin für Keramik und Glas im Schloss Het Loo. Zuletzt erschien von ihr: Dutch Delftware, Facing East, Oriental sources for Dutch Delftware chinoiserie figures, Amsterdam 2010.

Dr. Bettina Noak, geb. 1968, Studium der Geschichte und Niederlandistik in Leipzig, Gent und Berlin, 2001 Promotion, 1996–2008 wiss. Mitarbeiterin und wiss. Assistentin an der Freien Universität Berlin, 2009–2011 wiss. Mitarbeiterin in der DFG-Forschergruppe „Topik und Tradition" der FU Berlin. Forschungsschwerpunkte sind die niederländische Literatur und Kultur des 17. und 18. Jahrhunderts, insbesondere Wissenstransfer, Medizin- und Kolonialgeschichte. Zuletzt erschien von ihr (Hg. zus. mit Jan Konst und Inger Leemans): Niederländisch-Deutsche Kulturbeziehungen 1600–1830, Göttingen 2009.

Mirjam-Juliane Pohl M.A., geb. 1976, Studium der Kunstgeschichte und Germanistischen Literaturwissenschaft in Halle, 2002–2006 Mitarbeit am bibliographischen Projekt der Franckeschen Stiftungen zur Erfassung der Buchproduktion des Verlages der Buchhandlung des Waisenhauses zu Halle, 2007–2011 Mitarbeit am DFG-Projekt der Franckeschen Stiftungen „Rekonstruktion, Katalogisierung und Provenienzverzeichnung von Pietistenbibliotheken", 2010 Mitarbeit am DFG-Projekt „Friedrich Breckling" des Forschungszentrums Gotha für kultur- und sozialwissenschaftliche Studien. Zuletzt erschien von ihr: Hallesche Wahrheitszeugen in Brecklings Gothaer *Catalogus testium veritatis*. In: Brigitte Klosterberg/Guido Naschert (Hg.): Friedrich Breckling (1629–1711). Prediger, „Wahrheitszeuge" und Vermittler des Pietismus im niederländischen Exil, bearb. v. Mirjam-Juliane Pohl, Halle 2011, S. 41–48.

Prof. Dr. Michael Rohrschneider, geb. 1966, Studium der Mittelalterlichen und Neueren Geschichte, Neueren deutschen Literaturwissenschaft und Politikwissenschaft in Bonn, 1993 M.A., 1997 Promotion, 2005 Habilitation (Universität zu Köln), 1997–2009 (mit Unterbrechungen) Mitarbeiter bei den *Acta Pacis Westphalicae*, seit 2009 Projektmitarbeiter an der Universität Salzburg, 2011 Ernennung zum außerplanmäßigen Professor. Zuletzt erschien von ihm (Hg. zus. mit Christoph Kampmann, Maximilian Lanzinner und Guido Braun): L'art de la paix. Kongresswesen und Friedensstiftung im Zeitalter des Westfälischen Friedens, Münster 2011.

Dr. Freek Schmidt, geb. 1963, Dozent für Architekturgeschichte an der Vrije Universiteit Amsterdam, 2007 Gastprofessor an der University of California, Berkeley. Er publiziert regelmäßig über Architektur, Stadtplanung und Denkmalpflege im frühmodernen und modernen Zeitalter. Zuletzt erschien von ihm: Paleizen voor prinsen en burgers. Architectuur in Nederland in de achttiende eeuw, Zwolle 2006.

Prof. Dr. Udo Sträter, geb. 1952, Studium der Geschichte, Germanistik und Evangelischen Theologie, Promotion (1985) und Habilitation (1991) im Fach Kirchengeschichte, seit 1992 Professor für Kirchengeschichte an der MLU Halle-Wittenberg, 1994–1996 Dekan der Theologischen Fakultät, 1996–1998 Prorektor für Studium und Lehre, 1998–2000 Vorsitzender des Akademischen Konzils. Mitglied der Historischen Kommission zur Erforschung des Pietismus und des Kuratoriums der Stiftung Luthergedenkstätten des Landes Sachsen-Anhalt. 1996–2002 Rektoratsbeauftragter für das Jubiläum „500 Jahre Universität Halle-Wittenberg", 1994–2010 Geschäftsführender Direktor des Interdisziplinären Zentrums für Pietismusforschung der MLU Halle-Wittenberg in Verbindung mit den Franckeschen Stiftungen. 2006–2010 Sprecher des Forschungsschwerpunkts „Aufklärung – Religion – Wissen" und Rektoratsbeauftragter für das Reformationsjubiläum 2017. Seit 2010 Rektor der MLU Halle-Wittenberg.

PD Dr. Holger Zaunstöck, geb. 1967, Studium der Geschichte, Sozialgeschichte und Volkswirtschaftslehre in Halle, 1998 Promotion, 2008 Habilitation, seitdem wiss. Mitarbeiter und Kurator in den Franckeschen Stiftungen zu Halle sowie Privatdozent an der Universität Halle, Vorstandsmitglied der Dessau-Wörlitz-Kommission seit 2001. Zuletzt erschienen: Das Milieu des Verdachts. Akademische Freiheit, Politikgestaltung und die Emergenz der Denunziation in Universitätsstädten des 18. Jahrhunderts, Berlin 2010; (Hg.): Gebaute Utopien: Franckes Schulstadt in der Geschichte europäischer Stadtentwürfe. Katalog zur Jahresausstellung der Franckeschen Stiftungen vom 8. Mai bis 3. Oktober 2010, Halle 2010.

Bildnachweis

Umschlag: © Kulturstiftung DessauWörlitz/Bildarchiv.
Frontispiz: © Kulturstiftung DessauWörlitz/Bildarchiv.
Fonds: © Kulturstiftung DessauWörlitz/Bildarchiv.
S. 8: © Kulturstiftung DessauWörlitz/Bildarchiv.
S. 13, Abb. 1: Archiv der Franckeschen Stiftungen zu Halle, Sign. AFSt/A 04/01/03. © Franckesche Stiftungen zu Halle.
S. 20, Abb. 1: Anhaltische Gemäldegalerie, Dessau. © Anhaltische Gemäldegalerie, Dessau.
S. 21, Abb. 2: Anhaltische Gemäldegalerie, Dessau. © Anhaltische Gemäldegalerie, Dessau.
S. 22, Abb. 3: Aus: Bruno Gloger: Friedrich Wilhelm. Kurfürst von Brandenburg. Biografie, Berlin 1985, S. 138.
S. 22, Abb. 4: Bibliothek der Franckeschen Stiftungen zu Halle, Bötticherische Porträtsammlung, Sign. BÖTT: C 582. © Franckesche Stiftungen zu Halle.
S. 23, Abb. 5: Anhaltische Gemäldegalerie, Dessau. © Anhaltische Gemäldegalerie, Dessau.
S. 24, Abb. 6, 7: Kulturstiftung DessauWörlitz. © Kulturstiftung DessauWörlitz/Bildarchiv.
S. 25, Abb. 8: Kulturstiftung DessauWörlitz. © Kulturstiftung DessauWörlitz/Bildarchiv.
S. 26, Abb. 9: © Berlin Museum.
S. 27, Abb. 10: Bibliothek der Franckeschen Stiftungen zu Halle, Bötticherische Porträtsammlung, Sign. BÖTT: A 1059. © Franckesche Stiftungen zu Halle.
S. 34, Fig. 1, 2: Schloss Wörlitz. © Kulturstiftung DessauWörlitz/Bildarchiv.
S. 35, Fig. 3: Kulturstiftung DessauWörlitz. © Kulturstiftung DessauWörlitz/Bildarchiv.
S. 36, Fig. 4: Kulturstiftung DessauWörlitz. © Kulturstiftung DessauWörlitz/Bildarchiv.
S. 38, Fig. 5: Kulturstiftung DessauWörlitz. © Kulturstiftung DessauWörlitz/Bildarchiv.
S. 39, Fig. 6: Aus: Nicolai Goldmann: Vollständige Anweisung zu der Civil-Bau=Kunst/ In welcher nicht nur Die fünff Ordnungen/ samt den darzu gehörigen Fenster=Gesimsen/ Kämpffern/ Geländer-Docken und Bilderstühlen/ […] deutlich gewiesen […], Leipzig 1708.
S. 40, Fig. 7: Aus: Nicolai Goldmann: Vollständige Anweisung zu der Civil-Bau=Kunst/ In welcher nicht nur Die fünff Ordnungen/ samt den darzu gehörigen Fenster=Gesimsen/ Kämpffern/ Geländer-Docken und Bilderstühlen/ […] deutlich gewiesen […], Leipzig 1708, S. 148.

S. 41, Fig. 8: Privatbesitz.
S. 48, Abb. 1: Bibliothek der Franckeschen Stiftungen zu Halle, Bötticherische Porträtsammlung, Sign. BÖTT: B 1102. © Franckesche Stiftungen zu Halle.
S. 49, Abb. 2: Bibliothek der Franckeschen Stiftungen zu Halle, Bötticherische Porträtsammlung, Sign. BÖTT: 77 M 14. © Franckesche Stiftungen zu Halle.
S. 50, Abb. 3: Frontispiz. Aus: Steven Blankaart, Schau-Platz Der Raupen/ Würmer/ Maden Und Fliegenden Thiergen Welche daraus erzeuget werden / Durch eigene Untersuchung zusammen gebracht Von Steph. Blankaart, P. & M.D. und Practicum zu Amsterdam/ Aus dem Niederländischen ins Hochteutsche übersetzt Durch Johann Christian Rodochs, P. & M.D. und Practicum in Weißenfels, Leipzig 1690.
S. 52, Abb. 4: Frontispiz. Aus: Steven Blankaart, Die belägert- und entsetzte Venus, Das ist/ Chirurgische Abhandlung Der sogenannten Frantzoßen/ Auch Spanischen Pocken-Kranckheit, Leipzig 1689.
S. 55, Abb. 5: Bibliothek der Franckeschen Stiftungen zu Halle, Bötticherische Porträtsammlung, Sign. BÖTT: C 1802. © Franckesche Stiftungen zu Halle.
S. 56, Abb. 6: Bibliothek der Franckeschen Stiftungen zu Halle, Bötticherische Porträtsammlung, Sign. BÖTT: B 2161. © Franckesche Stiftungen zu Halle.
S. 57, Abb. 7: Titelblatt von: René Descartes: Principia Philosophiæ. Ultima Editio cum optima collata, diligenter recognita, & mendis expurgate, Amsterdam 1685.
S. 63, Abb. 1: Bibliothek der Franckeschen Stiftungen zu Halle, Bötticherische Porträtsammlung, Sign. BÖTT: P 431. © Franckesche Stiftungen zu Halle.
S. 65, Abb. 2: Bibliothek der Franckeschen Stiftungen zu Halle, Bötticherische Porträtsammlung, Sign. BÖTT: B 4317. © Franckesche Stiftungen zu Halle.
S. 67, Abb. 3: Bibliothek der Franckeschen Stiftungen zu Halle, Bötticherische Porträtsammlung, Sign. BÖTT: C 287. © Franckesche Stiftungen zu Halle.
S. 71, Abb. 4: Bibliothek der Franckeschen Stiftungen zu Halle, Sign. BFSt: 204 A 13 (76), Fotografie: Klaus E. Göltz, Halle.
S. 81, Abb. 1: Bibliothek der Franckeschen Stiftungen zu Halle, Bötticherische Porträtsammlung, Sign. BÖTT: B 3253. © Franckesche Stiftungen zu Halle.

Bildnachweis

S. 82, Abb. 2: Bibliothek der Franckeschen Stiftungen zu Halle, Bötticherschen Porträtsammlung, Sign. BÖTT: B 5072. © Franckesche Stiftungen zu Halle.

S. 83, Abb. 3: Bibliothek der Franckeschen Stiftungen zu Halle, Bötticherschen Porträtsammlung, Sign. BÖTT: B 2089. © Franckesche Stiftungen zu Halle.

S. 85, Abb. 4: © Graphik: Ronny Edelmann, 2011, basierend auf: Johannes Janssonius: Belgii Foederati Nova Descriptio. In: ders.: Nieuwen Atlas ofte Werelt-Beschrijvinge, 6 Bde., Amsterdam 1657–1660, Bd. II, 1, 1658, Karte Nr. 903.

S. 87, Abb. 5: © Graphik: Ronny Edelmann, 2011, basierend auf: Johannes Janssonius: Belgii Foederati Nova Descriptio. In: ders.: Nieuwen Atlas ofte Werelt-Beschrijvinge, 6 Bde., Amsterdam 1657–1660, Bd. II, 1, 1658, Karte Nr. 903.

S. 89, Abb. 6: © Graphik: Ronny Edelmann, 2011, basierend auf: Johannes Janssonius: Belgii Foederati Nova Descriptio. In: ders.: Nieuwen Atlas ofte Werelt-Beschrijvinge, 6 Bde., Amsterdam 1657–1660, Bd. II, 1, 1658, Karte Nr. 903.

S. 90, Abb. 7: Aus: Gustav Könnecke: Bilderatlas zur Geschichte der deutschen Nationallitteratur. Eine Ergänzung zu jeder deutschen Litteraturgeschichte. Zweite verb. und verm. Auflage, Marburg 1895, S. 197.

S. 96, Abb. 1: Aus: Johannes Kunckel: Ars vitraria experimentalis, Oder Vollkommene Glasmacher=Kunst, Frankfurt a. M./Leipzig 1679. Bd. 2: Von der Holländischen kunstreichen weissen und bunten Töpffer=Glasur= und Mahlwerck (von etlichen/Holländischen Barcellanarbeit genennt), 1679, S. 55.

S. 98, Abb. 2: Rastatt, Schloss Favorite, Inv.-Nr. G 2834/5. © Staatliche Schlösser und Gärten Baden-Württemberg, Fotografie: A. Bachinger, Karlsruhe.

S. 99, Abb. 3: Den Haag, Gemeentemuseum Den Haag, Inv.-Nr. 0400296. © Gemeentemuseums Den Haag.

S. 100, Abb. 4: Berlin, Stiftung Stadtmuseum Berlin, Inv.-Nr. II 72, 679B. © Stiftung Stadtmuseum Berlin.

S. 101, Abb. 5: Links: Apeldoorn, Paleis Het Loo Nationaal Museum, Inv.-Nr. RL6211. © Paleis Het Loo Nationaal Museum.
Mitte: Oranienbaum, Schloss Oranienbaum, Inv.-Nr. KH 01/01/2001 und KH 01/02/2001. © Kulturstiftung DessauWörlitz/Bildarchiv.
Rechts: Rastatt, Schloss Favorite, Inv.-Nr. G 2834/5. © Staatliche Schlösser und Gärten Baden-Württemberg.

S. 102, Abb. 6 a: Den Haag, Gemeentemuseum Den Haag, Inv.-Nr. 0400008. © Gemeentemuseum Den Haag.

S. 102, Abb. 6 b: London, Victoria and Albert Museum, Inv.-Nr. C.10-2005. © Victoria and Albert Museum.

S. 103, Abb. 7: Den Haag, Gemeentemuseum Den Haag, Inv.-Nr. 0400388. © Gemeentemuseum Den Haag.

S. 104, Abb. 8: Makkum, Koninklijke Tichelaar Makkum. © Koninklijke Tichelaar Makkum.

S. 115, Abb.1: Bibliothek der Franckeschen Stiftungen zu Halle, Sign. 78 D 14 [1]. © Franckesche Stiftungen zu Halle.

S. 116, Abb. 2: Bibliothek der Franckeschen Stiftungen zu Halle, Sign. 5 C 14. © Franckesche Stiftungen zu Halle.

S. 120, Abb. 3: Bibliothek der Franckeschen Stiftungen zu Halle, Sign. 15 F 22 [2]. © Franckesche Stiftungen zu Halle.

S. 120, Abb. 4: Bibliothek der Franckeschen Stiftungen zu Halle, Sign. 167 B 8. © Franckesche Stiftungen zu Halle.

S. 122, Abb. 5: Bibliothek der Franckeschen Stiftungen zu Halle, Sign. 167 B 8. © Franckesche Stiftungen zu Halle.

S. 124, Abb. 6: Bibliothek der Franckeschen Stiftungen zu Halle, Bötticherschen Porträtsammlung, Sign. BÖTT: B 600. © Franckesche Stiftungen zu Halle.

S. 130, Map 1: © Graphik: Ronny Edelmann, 2011, basierend auf: Spezial Karte von dem Römisch=Deutschen Reiche in seinen Haupttheilen dargestellet. Nro. 93. Aus: Schauplatz der Fünf Theile Der Welt nach und zu Anton Friedrich Büschings grosser Erdbeschreibung, hg. v. Franz Johan Joseph von Reilly. Gestochen von Ignaz Albrecht. Zweyter Theil: Enthælt 1. Deutschland und die Schweitz, 2. Italien und seine Inseln, 3. Frankreich und die Niederlande, 4. Spanien und Portugall, Wien 1791.

S. 133, Map 2: © Graphik: Ronny Edelmann, 2011, basierend auf: Spezial Karte von dem Römisch=Deutschen Reiche in seinen Haupttheilen dargestellet. Nro. 93. Aus: Schauplatz der Fünf Theile Der Welt nach und zu Anton Friedrich Büschings grosser Erdbeschreibung, hg. v. Franz Johan Joseph von Reilly. Gestochen von Ignaz Albrecht. Zweyter Theil: Enthælt 1. Deutschland und die Schweitz, 2. Italien und seine Inseln, 3. Frankreich und die Niederlande, 4. Spanien und Portugall, Wien 1791.

S. 135, Fig. 1: Bibliothek der Franckeschen Stiftungen zu Halle, Bötticherschen Porträtsammlung, Sign. BÖTT: P 210. © Franckesche Stiftungen zu Halle.

S. 136, Fig. 2: Aus: Gustav Könnecke: Bilderatlas zur Geschichte der deutschen Nationallitteratur. Eine Ergänzung zu jeder deutschen Litteraturgeschichte. Zweite verb. und verm. Auflage, Marburg 1895, S. 239.

S. 142, Abb. 1: Titelblatt aus: Johan Rudolph Deiman gedacht in eene Redevoering door J. E. Doornik, M. D. en in een Dichtstuk door Mr. J. Kinker, Amsterdam 1808.

S. 143, Abb. 2: Verbleib unbekannt. Aus: Norbert Borrmann: Kunst und Physiognomik. Menschendeutung und Menschendarstellung im Abendland, Köln 1994, S. 96.

S. 145, Abb. 3: © Stadsarchief Amsterdam.

S. 149, Abb. 4: © Amsterdam, Rijksmuseum.

S. 156, Abb. 1: Privatbesitz.

S. 157, Abb. 2: Aus: Die Gartenkunst 11 (1999), Heft 2, S. 226.

S. 158, Abb. 3: Aus: Die Gartenkunst 11 (1999), Heft 2, S. 229.

S. 159, Abb. 4: Aus: Petrus Josephus Lutgers: Gezigten aan de rivier de Vecht, naar de natuur geteekend en op steen overgebragt, Alphen aan den Rijn 1970 [Reprint der Ausgabe Amsterdam 1836].

S. 159, Abb. 5: © Joods Historisch Museum, Amsterdam.

S. 162, Abb. 6: Aus: Die Gartenkunst 11 (1999), Heft 2, S. 218.

S. 163, Abb. 7: Aus: Die Gartenkunst 11 (1999), Heft 2, S. 222.

S. 164, Abb. 8: Aus: Die Gartenkunst 11 (1999), Heft 2, S. 220.

Personenregister

Kursive Seitenzahlen beziehen sich auf Nennungen in den Anmerkungen.

Abicht, Johann Heinrich (1762–1816) 144
Achilles, Andreas (1656–1721) 70, 110
Aitzema, Lieuwe von (1600–1669) 119
Albertina Agnes von Nassau-Dietz (1634–1696) 48, 97
Alsted, Johann Heinrich (1588–1638) 114
Amalie von Oranien-Nassau (1602–1675) 24, 33f., 36, *43f.*, 94, 96f., 106
Ammersbach, Heinrich (1632–1691) 114
Aner, Karl 137, *139*
Anton Ulrich, Fürst von Braunschweig-Wolfenbüttel (1633–1714) 66
Anton, Paul (1661–1730) 110
Aristoteles (384 v. Chr.–322 v. Chr.) 56
Arnold, Gottfried (1666–1714) 91, 111, *125*
Augustinus, Aurelius (354–430) 114

Bacon, Francis (1561–1626) 117, *126*
Bahrdt, Carl Friedrich (1741–1792) 134, 136f., 139
Baker, Richard (1568–1644) 119, *127*
Baumgarten, Alexander Gottlieb (1714–1762) 142
Bayle, Pierre (1647–1706) 85–88
Bayly, Lewis (1565–1631) 119f., *126f.*
Baynes, Paul (1573–1617) 119
Bechler, Katharina 20, 23, *30f., 43f.*, 106
Bekker, Balthasar (1634–1698) 131, *139*
Benjamin, Jacob 121
Benthem, Henrich Ludolff (1661–1723) 83f., *93*
Berg, Gunnar 14
Berkhout, Pieter Teding van (1643–1713) 95, 100, *105f.*
Bernières-Louvigny, Jean de (1602–1659) 115
Bertram, Christian 158, *166f.*
Beverwijck, Johan van (1594–1647) 50, *60*
Beynon, Elias 55
Blankaart, Nicolaas (1624–1703) 48, *60*
Blankaart, Steven (1650–1702) 13, 46–58, *59ff.*
Bleijswijck, Dirck van (1639–1681) 95, *105*
Bleiswijk, Johan Cornelisz van 114
Boerhaave, Herman (1668–1738) 58, 142
Böhme, Jakob (1575–1624) 69, 85, *93*
Böhmer, Philipp Adolph (1717–1789) 141
Bolton, Robert (1572–1631) 119
Bontekoe, Cornelis (1647–1685) 56, 58, *61*
Boom, *Verlegerfamilie* 121, 123

Boreel, Adam (1603–1666) 115
Born, Friedrich Gottlob (1743–1807) 144
Bothmar, Johann Caspar von (1656–1732) 68
Böttger, Johann Friedrich (1682–1719) 103, *107*
Bouman, Jan (1706–1776) 42
Boyle, Robert (1627–1692) 56
Breckling, Friedrich (1629–1711) 9, 14, 63, 69, 73f., *75ff.*, 86f., 89, 108, 110–118, 121, 123ff., *125f.*, 169
Bril, Jacob (1639–1700) 66
Budde, Johann Franz (1667–1729) 86, 89, 91
Bullinger, Heinrich (1504–1563) 117, *126*
Burmann d. Ä., Frans (1628–1679) 131
Büsching, Anton Friedrich (1724–1793) 132ff., 137, *139*

Campe, Joachim Heinrich (1746–1818) 132, 134, *139*
Campen, Jacob van (1595–1657) 26, 35, 37f., *43*
Canstein, Carl Hildebrand (1667–1719) 65ff., 73, *74f.*, 108, 110, 117–125, *126*
Canstein, Raban von (1617–1680) 117f., *126*
Canu, Robert Robbertsz le (1563–ca. 1630) 114
Cassius, Georg Andreas (1716–1791) 80, 82, *92f.*
Castellios, Sebastian (1515–1563) 117, *126*
Christianszoon, Pieter Bor (1559–1635) 119f., *127*
Chrysostomus, Johannes (344–407) *93*, 114
Clairvaux, Bernhard von (1090–1153) 117, *126*
Clarke, Samuel (1675–1729) 117, *126*
Claus, Jean 89
Cocceius, Johannes (1609–1669) 129f., 138
Codde, Petrus (1648–1710) 66, *75*
Colerus, Johannes (1647–1707) 70, 74, *76*, 114
Comenius, Johann Amos (1592–1670) 114
Coolhaes, Casper Johanneszon (1536–1613) 114
Court, Pieter de la (1613–1685) 119f.
Cramer, Johann Andreas (1723–1788) 132, 134, 137
Crusius, Thomas Theodor (1648–1728) 69, *76*

Dale, Anton von (1638–1708) 86, 91
Déguileville, Guillaume de (1295–1360) 115, *126*
Deiman, Albert Immanuel 141
Deiman, Albertus 141
Deiman, Johan Diederich (1732–1783) 141
Deiman, Johann Rudolph (1743–1808) 140–151, *151f.*
Descartes, Réne (1596–1663) 46, 48, 50f., 57, *59*

Personenregister

Dethmar, Friedrich Wilhelm (1773–?) 143 f., *151*
Dextra, Zacharias (1722–1759) 103
Dibbits, Paulus 64, *75*
Dippel, Johann Conrad (1673–1734) 131, *139*
Droysen, Johann Friedrich (1770–1814) 155, 157, 161, 165, *166 f.*
Duchhardt, Heinz 18, *29 f.*
Dürer, Albrecht (1471–1528) 120, 122, *127*
Dyck, Anthonis van (1599–1641) 25, 34
Dyke, Jeremiah (1584–1639) 119

Edelmann, Ronny 15
Eenhoorn, Labertus van (1651–1721) 97, *106 f.*
Eenhoorn, Samuel van (1655–vor 1687) 97
Ehrenberger, Bonifacius Heinrich (1681–1759) 89
Eichhorn, Johann Gottfried (1752–1827) 137, *139*
Eichstädt, Heinrich Karl Abraham (1772–1848) 141
Eijnatten, Joris van 14, *138 f.,* 168
Elisabeth von der Pfalz (1596–1662) 33, 41
Episcopius, Simon (1583–1643) 115
Erdmannsdorff, Friedrich Wilhelm von (1736–1800) 166
Escher, Rudolf 15
Eskildsen, Kasper 91, *93*
Espagne, Michel 12, *15,* 17, *29*
Ewald, Johann Ludwig (1748–1822) 132, 134, *139*
Eyck, Jan van (1390–1441) 165, *167*

Feith, Rhijnvis (1753–1824) 144, 146
Fichte, Johann Gottlieb (1762–1814) 150
Fischer, Ole 13, *138,* 168
Flacius, Mathias (1520–1575) 114
Foljanti-Jost, Gesine 14
Fox, George (1624–1691) 115
Franck, Sebastian (1499–1542) 120, *127*
Francke, Anna Magdalena (1670–1734) 65, 69
Francke, August Hermann (1663–1727) 9, 11, 13 f., 27, *31*, 62–74, *74–77*, 83, 91, 110 f., 117, 123, *126*, 138, 156
Franke, Viktoria 14, *151 f.,* 168
Freudenthal, Jakob 76, 83, *93*
Fricke, Kurt 15
Friedrich II., König von Preußen (1712–1786) 42
Friedrich III., Kurfürst von Brandenburg (1657–1713) 95, 97, 99–102, 117
Friedrich V., Kurfürst von der Pfalz (1596–1632) 33, 43
Friedrich August I., Kurfürst von Sachsen (1670–1733) 103, *106*
Friedrich Heinrich von Oranien-Nassau, Statthalter der Niederlande (1584–1647) 12, 20 f., 23, 33–36, 38, 40, *43 f.,* 96
Friedrich Wilhelm, Kurfürst von Brandenburg (1620–1688) 20 ff., 24–27, *30 f.,* 38, 42, 97, 99, 101, 118
Friedrich Wilhelm I., König von Preußen (1688–1740) 42
Fuchs, Paul von (1640–1704) 68
Fulda, Daniel 14
Furly, Benjamin (1636–1714) 115

Gellert, Christian Fürchtegott (1715–1769) 132–135, *139*
Gemert, Guillaume van 79 f., *92*
Georg Wilhelm, Herzog von Braunschweig-Lüneburg (1624–1705) *106*

Gerstorff, Wolf Abraham von (1662–1719) 68
Gichtel, Johann Georg (1638–1710) 69, 73, *75 f.,* 131
Gifftheil, Ludwig Friedrich (1595–1661) 114
Gleditsch, Johann Friedrich (1653–1716) 48, 50 f., *59*
Goeze, Johann Melchior (1717–1786) 134, *139*
Goldmann, Nikolaus (1611–1665) 39 f., *44*
Goodwin, Thomas (1600–1680) 119, 121, *127*
Gothein, Marie Luise 154 f., *166 f.*
Grammendorf, Laurentius (ca. 1575–1650) 114
Grentz, Gottlieb Heinrich (1686–1692) 48
Grimm, Johann Friedrich Karl (1737–1821) 155 f., 159 ff., 165, *166 f.*
Grotius, Hugo (1583–1645) 7, 19
Gruling, Philipp (1593–1667) 55, *60*
Grün, Kornelia 15
Grunert, Frank 13, *77, 92,* 168
Guhrauer, Gottschalk Eduard 83, *92*

Hall, Joseph (1574–1656) 119, *126*
Haller, Albrecht von (1708–1777) 135, *139*
Hallmann-Halmenfeld, Sigismund Hans von (?–1720) 80, 86
Halmenfeld, Johann Ferdinand von (1680–?) 80, 86
Hammer, Ulrike 20, *30*
Hanneman, Adriaen (1604–1671) 20, 25
Hanou, André 150, *151 f.*
Haraeus, Franciscus (1550–1631) 115
Hase, Theodor (1682–1731) 130
Heimböckel, Dieter 155, *166 f.*
Heinrich IV., König von Frankreich (1553–1610) 34
Heldt, Kerstin 14
Hemert, Paulus van (1756–1825) 140, 142–146, 148, 151, *151 f.*
Henriette Catharina von Anhalt-Dessau (1637–1708) 20 f., 24, 26, 28, *30,* 33, *43,* 97, *116*
Herder, Johann Gottfried (1744–1803) 132, 134, *139*
Hess, Johann Jacob (1741–1828) 132, 134, 137
Heul, Johanna van der 99
Heumann, Christoph August (1681–1764) 13, 80, 82 ff., 86, 89, 91 f., *92 f.,* 137
Hildebrand, Joachim (1623–1691) 69
Hinrichs, Carl (1900–1962) 68, *76*
Hippokrates, (um 460–um 370) 52, *60*
Hirschfeld, Christian Cay Lorenz (1742–1795) 158-160, 163, 166, *166 f.*
Hoff, Dick van 94, 104 f.
Hoffmann, Friedrich (1660–1742) 56, 58, *61*
Holtrop, Willem (1751–1835) 146
Honthorst, Willem van (?–nach 1680) 25
Horlacher, Conrad 55
Huygens, Constantijn (1596–1687) 35–38, *43 f.*

Jacobi, J. F. 134
Jerusalem, Johann Friedrich Wilhelm (1709–1789) 135, *139*
Johann Georg I., Kurfürst von Sachsen (1585–1656) 55
Johann Georg II., Fürst von Anhalt-Dessau (1627–1693) 20 f., 23, 26, 28, *30,* 33
Johann Moritz, Fürst von Nassau-Siegen (1604–1679) 20, 22, 25 ff., *30 f.,* 33, 37 f., *44*
Jones, Inigo (1573–1652) 36, *44*

Jongerius, Hella 94, 105
Jost, Erdmut 7, 14, *166f.*, 168
Juncker, Friedrich Christian (1730–1770) 141
Jurieu, Pierre (1637–1713) 117

Kant, Immanuel (1724–1804) 10, 140–148, 150f., *151ff.*
Karl I., König von England (1600–1649) 35
Karl II., König von England (1630–1685) 35
Karl VIII., König von Frankreich (1470–1498) 52
Kaufmann, Thomas DaCosta 40, *45*
Kinker, Johannes (1764–1845) 140, 142–150, *151ff.*
Klemm, Johann Conrad (1655–1717) 131
Klinkgräfe, Elias 68
Klosterberg, Brigitte 13, *75f.*, 125f., 138, 169
Knigge, Adolph (1752–1796) 134
Kocx, Adrianus 97, 101, *106*
Kocx, Pieter 99f., *106*
Kok, Jillis 121, 123
Koningh, Eduart de 101
Konst, Jan *15*, 18, *29*, *59*, *92*
Koschig, Klemens 14
Kotzebue, August Friedrich Ferdinand von (1761–1819) 134
Kramer, Gustav 66f., 70, *74ff.*, 125
Kunckel, Johannes (1632–1703) 96, *105*

Labadie, Jean de (1610–1674) 115
Lademacher, Horst *15*, 18ff., 28, *29ff.*, 44, *59*, *92*
Laeven, Hubert 82, 84, *92f.*
Lambooy, Suzanne M. R. 14, *107*, 169
Lampe, Friedrich Adolph (1683–1729) 130f., *138*
Lange, Johann Joachim (1670–1744) 131
Lavater, Johann Kaspar (1741–1801) 132, *134f.*, 139
Lavoisier, Antoine (1743–1794) 143, 146, *152*
Le Clerc, Jean (1657–1736) 85, 87
Lead, Jane (1623–1704) 73, 115
Lee, Pieter Frans van der 101
Leemans, Inger *15*, 18, *29*, *59*, *92*
Leenhof, Frederik van (1647–1712) 66
Leeuwenhoek, Anthonie van (1632–1723) 53
Leopold I. von Habsburg, Kaiser des HRR (1640–1705) 18
Leopold III. Friedrich Franz, Fürst von Anhalt-Dessau (1740–1817) 42
Less, Gottfried (1736–1797) 134
Lilienthal, Theodor Christoph (1717–1781) 132, 135
Limborch, Philippus van (1633–1712) 85, 87
Lipsius, Justus (1547–1606) 19
Littmann, Matthias 15
Lodenstein, Jodocus von (1620–1677) 115
Long, Isaac Le (1683–1762) 131
Louis Napoléon Bonaparte, König von Holland (1778–1846) 143
Louise Henriette von Brandenburg (1627–1667) 20, 22, 24f. 27f., *30f.*, 97
Love, Christopher (1618–1651) 114f., 119f.
Lück, Karoline 15
Lüders, Justus (um 1656–1708) 110
Lüdke, Friedrich German (1732–1792) 137
Ludwig Wilhelm, Markgraf von Baden-Baden (1655–1707) 97

Maria II., Königin von England (1662–1694) 41
Maria von Oranien-Nassau (1556–1616) 28
Maria Henrietta von Oranien-Nassau, geb. Stuart (1631–1660) 41
Mark, Johannes van der (1656–1731) 69
Marlborough, John Churchill 1. Duke of (1650–1722) 67
Marot, Daniel (1661–1752) 41, *45*
Masius, Hector Gottfried (1653–1709) 131
Medici, Maria de (1573–1642) 34
Meier, Georg Friedrich (1718–1777) 132f., *139*, 141f.
Meissner, August Gottlieb (1753–1807) 134
Memhardt, Johann Gregor (um 1615–um 1678) 24, 38
Mencke, Johann Burckhard (1674–1732) 13, 80ff., 84ff., *92f.*
Mencke, Otto (1644–1707) 84f.
Mendelssohn, Moses (1729–1786) 134
Meyster, Everard (ca. 1617–1679) 115
Michaelis, Johann David (1717–1791) 132–135, 137, *139*
Mijtens, Jan (1614–1670) 25
Milde, Heinrich (1676–1708) 110
Molin, Gerrit 101
Molin-Hobbers, Anna Maria 101f.
Mollet, André (um 1600–1665) 35, *43*
Mörke, Olaf 19, *29f.*, *43*
Mosheim, Johann Lorenz (1693–1755) 132ff., 137, *139*
Müller, Johann Gottwerth (1743–1828) 132, *139*
Müller-Bahlke, Thomas 14
Mulsow, Martin *76*, 82, *92f.*, *139*

Nagel, Erik 15
Neubauer, Georg Heinrich (1666–1725) 9, 27, 63ff., 67–74, *75*, *77*, 110f., 114
Nicolai, Friedrich (1733–1811) 137, *139*
Niemeyer, August Hermann (1754–1828) 132f., *138f.*, 156f., 161, 163ff., *166f.*
Niet, Marco de 109, *125*
Nilson, Johann Esaias (1721–1788) 104
Noak, Bettina 13, *15*, 18, *29*, *59*, *166*, 169
Nösselt, Johann August (1734–1807) 135, *139*

Oemler, Christian Wilhelm (1728–1802) 135
Opitz, Martin (1597–1639) 19f.
Ostervald, Jean-Frédéric (1663–1747) 131, *139*
Outrein, Johannes de (1662–1722) 131, *138*

Paddenburg, Amelis Jansz van, 121, 123
Palladio, Andrea (1508–1580) 36, 41, *43*
Paracelsus, (1493–1541) 54f., *60*
Parnell, James (1637–1656) 115
Paulli, Holger (1644–1714) *75*, 114, *126*
Paullini, Franz Christian (1643–1712) 55, *60*
Penn, William (1644–1718) 115
Perizonius, Jacobus (1651–1715) 85
Perkins, William (1558–1602) 119, *126*
Peter, Christine 14
Pfaff, Christoph Matthäus (1686–1760) 131, 139
Pick, Bianca 15
Plenck, Joseph Jakob (1735–1807) 134
Plinius Caecilius Secundus, Gaius (61–ca. 114) 52

Personenregister

Pliske, Roman 15
Pohl, Mirjam-Juliane 13, *75f.*, *125f.*, 138, 169
Poiret, Pierre (1646–1719) 69, 73, *76*, 85, 87f., 91, *93*
Popp, Johann (1577–?) 55
Post, Pieter (1608–1669) 22, 24, 26, 35, 37
Pufendorf, Samuel (1632–1694) 79f.
Purgold, Daniel Heinrich (1708–1788) 138
Purmann, Matthias Gottfried (1648–1721) 55, *60*

Quilitzsch, Uwe 14

Racknitz, Joseph Friedrich von (1744–1818) 166, *167*
Ravesteyn, *Verlegerfamilie* 121
Reil, Johann Christian (1759–1813) 147, 150, *151f.*
Reimarus, Hermann Samuel (1694–1768) 135, 139
Richter, Christian Friedrich (1676–1711) 65, 72, *75*
Rieuwertsz d. J., Jan 88
Rieuwertsz d. Ä., Jan (1617–1685) 88
Roëll, Hermann Alexander (1653–1718) 91
Rohrschneider, Michael 12, *15*, 30f., *43f.*, *106,* 169
Rothe, Johannes (1628–1702) 114f., *126*
Rotman, Hans 15
Rubens, Peter Paul (1577–1640) 36
Ruopp, Johann Friedrich (1672–1708) 110
Ryckwaert, Cornelis (?–1693) 22f., 26, 33

Sack, August Friedrich (1703–1786) 135, *139*
Saeghman, Gillis Joosten 121
Saenredam, Pieter (1597–1665) 72
Salzmann, Christian Gotthilf (1744–1811) 132ff., *139*
Savelsberg, Wolfgang 7, 14, *15*, *30*, *45*, *105f.*
Scamozzi, Vincenzo (1552–1616) 36
Schaaf, Karl (1646–1729) 69, 73, *76*
Schledorn, Loet A. 101, *107*
Schmettau, Wolfgang von (1648–1711) 68f., *76*
Schmidt, Freek 12, *106,* 169
Schopenhauer, Johanna (1766–1836) 155, 161, 163, 165, *166f.*
Schrader, Johannes Henricus (1701–1787) 131
Schröpfer, Horst 141f., *151*
Schubert, Johann Ernst (1717–1774) 132ff.
Schütz, Christian Gottfried (1747–1832) 141f., *151*
Schütze, Friedrich Wilhelm (1677–1739) 84
Schweinitz, Johann Friedrich von (1647–1712) 69, *76*
Sedgwick, Obadiah (ca. 1600–1658) 121, 127
Semler, Johann Salomo (1725–1791) 142
Sennert, Daniel (1572–1637) 55f., *60f.*
Smets, Johannes 64, *75*
Smids, Michael Matthias (1626–1692) 24
Snelders, Henricus Adrianus Marie 141, *151*
Someren, Johannes van 121, 123
Sophie Charlotte von Brandenburg (1668–1705) 97, *107*
Spalding, Johann Joachim (1714–1804) 134, 137, *139*
Späth, Johann Peter (1630–1701) 115, *126*
Spener, Philipp Jakob (1635–1705) 64, *75*, 111, 117
Spinoza, Benedictus de (1632–1677) 70, *76f.*, 86, 88, *93*, 147
Spitzius, Johannes 69f.
Stähelin, Heinrich (1698–1778) 135

Stahl, Georg Ernst (1659–1734) 143
Stapfer, Johann Friedrich (1708–1775) 132, 134
Steinbart, Gotthilf Samuel (1738–1800) 137, *139*
Stöcken, Johann Henrich von 68, *76*
Stolle, Gottlieb (1673–1744) 13, 80, 82, 84, 86ff., 91, *92f.*
Sträter, Udo 13f., *31*, *75f.*, 83, *93*, 119, *125f.*, 170
Sturm, Christoph Christian (1740–1786) 132–135
Sulzer, Johann Georg (1720–1779) 134, 163, 165, *166f.*
Swammerdam, Jan (1637–1680) 53, *60*
Sybilla Augusta von Baden-Baden (1675–1733) 98, *106*

Taylor, Thomas (1576–1633) 119
Teelinck, Willem (1579–1629) 114f.
Tersteegen, Gerhard (1697–1769) 131, *139*
Thomasius, Christian (1655–1728) 86–91, *93*
Thomasius, Jakob (1622–1684) 85
Til, Salomon van (1643–1713) 69, 131
Töllner, Johann Gottlieb (1724–1774) 134, 137
Träger, Ludwig Martin (1743–1772) 141f.
Trigland, Jacobus (1652–1705) 69
Troostwijk, Cornelis Paets van (1752–1837) 142f.
Tschirnhaus, Ehrenfried Walther von (1651–1708) 103, *107*
Tulp, Nicolaas (1593–1674) 50, *60*
Turretin, Jean-Alphonse (1671–1737) 131, *139*

Überfeld, Johann Wilhelm (1659–1732) 69, 73f.
Unzer, Johann August (1727–1799) 132, 134

Vallée, Simon de la (1600–1642) 35, 37, *43*
Veely, Jan 121, 123
Velde, Abraham van de (1614–1677) 115
Vergilius Maro, Publius (70 v. Chr.–19 v. Chr.) 148, 152
Versteegh, Henrick 121
Vetter, Klaus 21, *30*
Vischer, Loth 73f.
Vitringa, Campegius Sr. (1669–1722) 131
Vitruvius, (1. Jh. v. Chr.–?) 37
Voetius, Gisbert (1589–1676) 115
Voragine, Jacobus de (1228–1298) 115f., *126*
Vorstius, Conradus (1569–1622) 115

Weidmann, Moritz Georg (1658–1693) 48, *59*
Weiss, Thomas 14, *30*, *43*, *106*
Werenfels, Samuel (1657–1740) 131, *139*
Werner, Michael 17, *29*
Wieland, Christoph Martin (1733–1813) 132, 134, *139*
Wilhelm III. von Oranien-Nassau, Statthalter der Niederlande (1650–1702) 41, *45*, 94, 96, 98, 102, *106*
Witsius, Herman (1636–1708) 69, 131
Wolbeer, Gerhard (um 1663–1721) 100–102
Wolff, Christian (1679–1754) 134f., *139*
Wouw, *Verlegerfamilie* 121

Zaunstöck, Holger 7, 9, *15,* 170
Zimmermann, Johann Georg (1728–1795) 132f., *139*
Zollikofer, Georg Joachim (1733–1788) 132f., 138, *139*
Zwierlein, Cornel 12, *15*